COLLECTION TEL

Michel Deguy

La machine matrimoniale ou Marivaux

ÉDITION AUGMENTÉE

Gallimard

Comment feront-ils pour observer et pour trahir en même temps les mesures qu'ils doivent prendre contre leur mariage?

Marivaux

(*préface des* Serments indiscrets).

ENTRÉE EN MATIÈRES

Ingressions, d'abords.

Faire un journal de lectures du théâtre de Marivaux? Ingressions dans son œuvre, et digressions; recension des motifs, des types, perquisition vers une structure, s'il en est une; questions à ses questions, non sans élaboration parasitaire de notions ou de fables pour nous (1980) – car j'aimerais autant écrire avec Marivaux que sur lui, et faire s'éclairer l'un par l'autre son temps et notre époque marivaudeuse... Une composition à la Ponge (cf. le *Malherbe*) aurait été un bon modèle. A défaut, une lecture plurielle, avec ses pages de moraliste, de critique, de réflexions sur la littérature, et autres manières de s'entretenir, voire avec poèmes et ton de correspondre comme à quelqu'un qui vient de disparaître. En évitant qu'un lecteur (ici auteur) ait le dernier mot, abusant de la situation. A certains passages, j'ai rêvé de tirer, par transposition, des scenarii pour aujourd'hui : quels Arlequins, Trivelins et autres Merlins, devenus concierges espagnols ou factotums portugais chez quels Dorantes et Aramintes, industriels ou publicistes, comment profitent-ils les uns des autres, se feintant et s'aidant, dans le semblant ou ce semblant de semblant dont parle un Blaise (*Les Acteurs de bonne foi,* sc. XII), sur quelle tacite reconduction du contrat d'humanité et de tendresse pareil à celui qui se repasse depuis *L'Ile des esclaves* (sc. IX et X), pour la défense et illustration de quelle loi, n'est-ce pas toujours cette loi générale qu'expose le Baron de *La Surprise de l'amour* (I, VIII) selon laquelle Nature et Culture veulent le même, à savoir qu'« on s'épouse quand on s'aime », comme redit en écho le Lépine du *Legs* (sc. II) – mais comment, c'est toute la question –, et de quelles règles de jeu subordonnées à la loi, ou, comme nous dirions, selon quels codes, si le code du Village n'est pas celui du « Petit-Maître » (cf. *Le Petit-Maître corrigé*), ni celui de Blectrue *(L'Ile de la raison),* se « faisant l'amour » dans quel langage et quels idiomes, et souvent imaginant des colonies utopiques, mais pour quel ordre à restaurer ou à préserver?

Pourquoi ne prendre en vue, à quelques excursions près, que le théâtre de Marivaux? Cette question que je me suis posée, revient à me poser celle-ci : quelle est la supériorité du théâtre sur le genre moralisateur, sur le point de vue du *Spectateur* ou de *L'Indigent philosophe;* sur le point de vue même du romancier ventriloqueur de Marianne ou de Jacob? Comment la littérature peut-elle s'arracher au plan où des opinions luttent et où l'une, confondue avec l'effacement simulé d'un écrivain derrière des narrateurs vraisemblables, s'arroge le point de vue supérieur de « l'habile », et laisser juges les autres, les lecteurs, contemporains et postérité? Peut-être au théâtre où l'auteur a disparu, à la fois ubiquisé et diffracté dans la multiplicité dialogique des affrontés, et où, quelle que soit la prescription qui pèse, et pour cause d'écriture, il appartient, au dernier instant, à la liberté de metteurs en scène et de comédiens, de ménager la différence dans la répétition...

A supposer qu'un lecteur lise mon essai selon la pagination ascendante, mais l'ordre ne s'impose pas, il ne lira qu'épars ce que le XVIIIe siècle eût appelé un « éloge de Marivaux », et où je tente de répondre à la question qui inquiétait ce travail et ce plaisir : mais pourquoi diable préférer à d'autres une œuvre qui, selon d'Alembert, n'aurait dit qu'une seule chose, et dont on pourrait réduire les spécifications à n'être que les variantes d'une constante structurale : d'un chiasme des positions de désir en « double inconstance » pour revenir au même dans la mise en couples réglée des partenaires?

Chemin faisant cependant on pourra rencontrer quelques

questions qui me motivaient à reprendre celui des théâtres où se joue Marivaux, encore et toujours, des éditions où se perfectionne sa publication, et des commentaires où s'approfondit sa lecture.

Par exemple : qu'y a-t-il dans ce langage et ce discours, le marivaldien et le marivaudé, de plus fort que ses stéréotypes et ses astuces? Pourquoi aimons-nous entendre le marivaudage, qui court plus vite que sa parodie et son arthritisme, et avons-nous besoin de le parler? Quels points d'application trouvent, avec cette œuvre, les théorèmes modernes, et qui les éclairent en retour? De quoi s'agit-il avec la loi? qu'est-ce que le désir par rapport à la loi? comment jouent les paroles par rapport au désir et à la loi? que peut l'Autre entendu comme socialité et langage, par rapport au sujet qui dit non à sa loi, et par quelle machination, qui non seulement ménage mais suscite la liberté, peut-il assujettir le sujet, pris dans la contradiction de l'Amour-Propre et de la coquetterie séductrice, à la machine matrimoniale? Quelle topologie théâtrale permet aux nœuds de se nouer au dénouement, quelle « profondeur » paradoxale permet de sortir du « plan » où les antagonismes en miroir se bloquent aporiquement; permet de s'en sortir à la contradiction apparemment insurmontable d'êtres qui par leur refus initial de la loi se sont mis en postures de sujets, c'est-à-dire d'exception à la loi des autres, la loi de tous, et comment retourneront-ils cette maxime d'exception à leur usage pour se nouer l'un à l'autre : « Comment feront-ils pour observer et pour trahir en même temps les mesures qu'ils doivent prendre contre leur mariage? » Quelle réflexion du genre littéraire sur lui-même, mise en abyme de la représentation dans la représentation, permet à la scène de proposer une solution théâtrale, de favoriser une catharsis?

Bibliographie; exergues.

C'est grâce aux éditions de Marcel Arland que beaucoup ont d'abord appris à connaître Marivaux :

MARIVAUX : *Théâtre complet*. Bibliothèque de la Pléiade, Gallimard, 1949.
MARIVAUX : *Romans*. Bibliothèque de la Pléiade, Gallimard, 1949.

Lire aujourd'hui Marivaux c'est recourir pendant des mois aux livres construits par F. Deloffre et M. Gilot :

MARIVAUX : *Théâtre complet*. Édition de F. Deloffre, deux tomes. Éditions Garnier, Paris, 1968.
MARIVAUX : *Journaux et Œuvres diverses*. Édition de F. Deloffre et M. Gilot, un tome. Éditions Garnier, Paris, 1969.
MARIVAUX : *Œuvres de jeunesse*. Édition de F. Deloffre avec le concours de C. Rigault. Bibliothèque de la Pléiade, Gallimard, 1972.

C'est aussi travailler avec et grâce à leurs thèses procurant des instruments de lecture dont le condensé sert de notices introductives aux œuvres théâtrales publiées chez Garnier.

FRÉDÉRIC DELOFFRE : *Une préciosité nouvelle. Marivaux et le marivaudage*. Armand Colin, 1971.
MICHEL GILOT : *Les Journaux de Marivaux. Itinéraire moral et accomplissement esthétique* (deux tomes). Service de reproduction des thèses. Université de Lille III, 1974.

☆

De d'Alembert à Jean Fabre, qui a donné à l'*Histoire des littératures* (Édition Pléiade, t. III) une synthèse subtile et charmante, il conviendrait de dédier le présent essai à la mémoire des grands ou bons esprits qui ont fait la chaîne marivaldienne.

Mais la liste s'allongerait, de maintes lectures contemporaines dont se sustentait l'analyse malaisément terminable d'une telle œuvre. Et, comme ceux qui écrivent, j'ai lu avec des lectures : aussi bien de ces *thèses,* auxquelles l'économie de l'édition, mais aussi la mutation culturelle aujourd'hui de la lecture ne permettent pas de trouver le public qu'elles appellent, qui sont souvent des *arts de la mémoire* faisant repasser jusqu'à nous le passé par des synthèses originales, j'ai nommé Paul Hoffmann, par exemple, auteur de *La Femme dans la pensée des Lumières,* ou Henri Lagrave pour *Le Théâtre et le public à Paris de 1715 à 1750;* aussi bien des monographies érudites, donc, que de belles œuvres par chance rencontrées à ce moment, je pense à *Masse et puissance* de Canetti, dont j'aimerais recopier ici beaucoup de pages, en particulier celles qui traitent du masque et des métamorphoses. Et, chemin faisant, tantôt avec les *Fragments du discours amoureux,* de Roland Barthes, dont la *Tabula gratulatoria* aurait pu rétribuer Marivaux tant le livre recoupe la fortune moderne et les avatars du marivaudage; tantôt avec Robert Mandrou dont l'essai sur *La Culture populaire aux* XVII*e et* XVIII*e siècles* nous aide à entrevoir les rapports entre l'esprit de la comédie et celui du conte, la dette des « féeries » marivaldiennes à l'égard d'un merveilleux païen et folklorique *colporté,* et la proximité, dans la différence, de la sensibilité populaire et de la littérature bourgeoise du mariage; mais aussi *contre,* par exemple contre Nicolas Bonhôte, auteur d'un essai consacré exclusivement au théâtre de Marivaux dans une vue goldmannienne réductrice; et derechef en compagnie, profitable, de P. Watzlawick ou de Ch. Rosen, le premier aux prises avec la *logique de la communication* et le désaccord conjugal sur la manière de « ponctuer la séquence des faits » qui est à l'origine des conflits portant sur la relation (« qui a *commencé;* qui s'est mis *dans son tort?* » etc.), et le second nous aidant à comprendre l'homologie de l'œuvre musicale et de l'œuvre théâtrale par les lois de l'*harmonie classique* où la dissonance se résout vers la consonance finale.

☆

Exergues possibles, où il est question de l'amour, de la musique, de l'anthropologie, de la logique, du désir, des discours amoureux...

qu'ien sui tornatz de mi mezeis gilos
(je me suis changé en jaloux de moi-même)

Folquet de Marseille, cité par Jacques Roubaud.

☆

Ce qui donne au motif *son sens et sa consistance dans toute œuvre composée entre 1700 et 1900, c'est le mouvement qui l'affecte à l'intérieur d'une structure stable et symétrique, une structure définie par la modulation qui abandonne puis retrouve un accord parfait donné.*

Charles Rosen.

☆

On pourrait concevoir les plus anciennes lois matrimoniales comme une forme de l'interdiction de métamorphose, c'est-à-dire comme une interdiction de toute métamorphose, hormis celles qui, bien déterminées et définies, sont permises et souhaitées. Il faudrait suivre dans le détail cette forme sexuelle de métamorphose. Il me semble qu'elle devrait mener à des éclaircissements très importants.

Les interdictions sociales de métamorphose sont peut-être les plus importantes de toutes. Aucune hiérarchie n'est possible qu'en supposant de telles interdictions, qui empêchent les membres d'une classe de se sentir apparentés ou égaux à ceux d'une classe supérieure. Il faut déjà tenir compte de ces interdictions dans les classes d'âge *des peuples primitifs. Une fois établies les séparations, elles sont de plus en plus nettement marquées. Tous les moyens sont bons pour mettre obstacle à l'élévation de la basse classe à la haute. Elle n'est possible que grâce à des initiations particulières, et celles-ci donnent, il est vrai, le sentiment d'une métamorphose au sens propre du terme. L'élévation est souvent conçue comme une obligation de mourir dans la basse classe avant d'être ressuscité dans la haute. C'est la mort elle-même que l'on interpose entre les classes, frontière on ne peut plus stricte. La métamorphose devient un cheminement long et périlleux. Il faut y subir toutes les épreuves et les terreurs imaginables, on n'épargne rien au candidat. Mais tout ce qu'il a souffert jeune, il pourra plus tard, membre de la haute classe, le faire à son tour souffrir au novice qu'il mettra alors à l'épreuve. L'idée de la haute classe prend ainsi un caractère strictement détaché, elle est à elle seule comme toute une existence séparée. La connaissance des chants et mythes sacrés, parfois une langue distincte lui sont rattachées. Des masques terrifiants, des clameurs inquiétantes maintiennent dans la terreur et l'obéissance les membres des basses classes, ainsi les femmes, entièrement exclues de toutes les classes supérieures.*

Elias Canetti.

☆

Pour un observateur extérieur, une série de communications peut être considérée comme une séquence ininterrompue d'échanges. [...] *Il n'en demeure pas moins que, dans une longue séquence d'échange, les organismes intéressés, surtout s'il s'agit d'êtres humains, ponctueront de fait la séquence de manière que l'un ou l'autre paraîtra avoir l'initiative, ou la prééminence, ou un statut de dépendance, ou autres choses du même genre. Ce qui veut dire qu'ils éta-*

bliront entre eux des modèles d'échange (sur lesquels ils peuvent être ou non d'accord), et ces modèles seront en réalité des règles régissant l'échange des rôles dans le renforcement. [...] La ponctuation structure *les faits de comportement, et [...] elle est donc essentielle à la poursuite d'une interaction. Du point de vue culturel, nous avons en commun beaucoup de conventions de ponctuation. Elles ne sont ni plus ni moins exactes que d'autres manières de ponctuer les mêmes faits, mais elles servent à structurer des séquences d'interaction à la fois banales et importantes. Nous disons par exemple que dans un groupe un individu se comporte en « leader », et un autre individu en « suiveur », mais à la réflexion, il est difficile de dire qui commence, et ce que deviendrait l'un sans l'autre. [...] Le désaccord sur la manière de ponctuer la séquence des faits est à l'origine d'innombrables conflits qui portent sur la relation. [...] Dans ce dernier cas, comme le dit Bateson, le dilemme provient d'une ponctuation fallacieuse de la suite : faire semblant de croire qu'elle a un commencement; c'est en ce point précis que réside l'erreur des partenaires dans une situation de ce genre.*

Paul Watzlawick.

☆

Je rencontre dans ma vie des millions de corps; de ces millions je puis en désirer des centaines; mais, de ces centaines, je n'en aime qu'un. L'autre dont je suis amoureux me désigne la spécialité de mon désir.

Roland Barthes.

☆

Les signes ne sont pas des preuves, puisque n'importe qui peut en produire de faux ou d'ambigus. De là à se rabattre paradoxalement, sur la toute-puissance du langage : puisque rien n'assure le langage, je tiendrai le langage pour la seule et dernière assurance : je ne croirai plus à l'interprétation.

Roland Barthes.

I

JOURNAL DE LECTURES

ÉGLÉ : *N'est-ce rien que d'être un autre? Cela est fort joli, au moins; ce sont des perfections qu'Azor n'a pas.*

(La Dispute.)

Ah! Ah! nous avons pris un plaisant détour pour arriver là.

(Les Sincères.)

PHÉNICE : *Pourquoi donc ne vous accordez-vous pas?*

DAMIS : *Ma foi, je l'ignore.*

PHÉNICE : *Mais ce n'est pas là parler raison.*

DAMIS : *Je ne saurais pourtant y en mettre davantage.*

(Les Serments indiscrets.)

Vous traitez cette affaire-ci comme une partie de piquet.

(L'Épreuve.)

Les Sincères; un film.

La volonté de ne rien taire, à la moderne, le parler cru, n'est-il pas l'opposé du marivaudage? Et la sincérité de nos modernes (voire de nos Anciens, car de Querelle en Querelle, depuis Marivaux, les Anciens ont beaucoup rajeuni) plus vertigineusement sincère que celle d'Ergaste et de la Marquise *(Les Sincères)?* Pourtant elle ne rapproche pas davantage d'une vérité de l'amour qui serait à portée de franchise, d'un secret de l'amour à portée d'audace, et nos héros ne sont guère plus avancés, tout aussi emmêlés, occupés à changer de position au jeu des quatre coins de l'amour sans se heurter au milieu, sans rester de trop. L'amour est à dire, bon à dire, mais sa complexité, affaire à jouer, où se jouer, dans l'interlocution réelle qui en révèle plus que le soliloque moraliste, ne se réduit pas au dire, aux manières de le dire... Des progrès en brutalité ne rapprochent pas les partenaires, ne simplifient pas une chose qui à la fois tient et ne tient pas en phrases. Marivaux savait la différence entre la rencontre, moment de la nouveauté, et la surprise seconde de l'amour : « Dans le mariage on a plus souvent affaire à l'homme raisonnable qu'à l'aimable homme » (*Le Jeu de l'amour et du hasard,* I, 1); la différence entre l'attrait, que nous disons sexuel, et la fidélité (cf. *La Femme fidèle*) de l'esprit. Le désir et la résolution d'aimer, qui sont un moment en phase, dans l'émoi, dans la rencontre d'un « objet nouveau », et d'autant plus solidement que le pour-toujours du serment à ce point est le vœu même du désir consentant à la condition que la société met à l'union, vont se séparer. Marivaux fixe ces premiers temps mais n'ignore rien de l'usure des sens, de l'émoussement de la curiosité, du déclin du désir : le deuxième émoi s'empare de Valville à la vue d'une jeune fille pâmée (le mot de gorge n'est pas fréquent chez Marivaux, mais il palpite ici). Mais Valville n'est pas encore vaudeville, et c'est l'histoire de Marianne qui s'écrit...

J'entre donc au cinéma; le film s'appelle ***... Suite de clichés : c'est le retour à la nature dans le Sud-Ouest des soixante-huitards au bord de la quarantaine, et le paysage même est devenu cliché, poster de restaurant, décor écolo-cool avec les boots, pulls sans soutien, jeans et autres salopettes, murs de pierres sèches, bûchers et portes-fenêtres sur la campagne, si stéréotypés que l'on cherche (l'œil scrute l'écran comme une « toile », pour moins s'ennuyer) les signaux qui manquent : surpris de ne pas voir, par exemple, de chiens ni de chats ou autres « pets » omis dans ce Retour. Ce qui étonnera toujours : comment ne pas reconnaître pour en rire les stéréotypes dont on nous gave ici ou ailleurs? Mais ce qui me retient : le caractère théâtral de tout cela, et l'équivoque alors d'un mécontentement à l'égard de ce film doublé d'un intérêt pour cet avatar de la forme dramatique française : voici encore une fois mis en scène le Spectacle de l'Amour, dans la tradition de Racine, Marivaux, Musset...

Car c'est du théâtre : millième version d'*Andromaque*, reprise de cette *Terrasse de midi*[1], ou de la tragédie modernisée à la Dassin. Absence... de film. Dialogues, monologues, allées et venues de l'un à l'autre et aux deux autres, rideau noir du *cut* séparant les scènes, apartés (ce sont les conversations téléphoniques qui remplissent cette fonction dans un angle de la scène), et, comme on l'a dit des personnages du théâtre français, ils sont « sans travail », bourgeois types : – en l'occurrence de ce film, c'est la classe moyenne des

1. Titre, on s'en souvient, d'une pièce de Maurice Clavel.

cadres et hôtesses, ou photographes et esthéticiennes, coiffeurs et céramistes qui jouissent de se reconnaître de la salle à l'écran, à ces signaux : BMW ou R5 Ts, etc.

Quant aux comédiens, si on les admire, et c'est juste, c'est d'arriver maintenant au niveau, presque, des Américains : c'est fait; on improvise, colères, pleurs; le naturel actor's studio, inouï, est atteint...

Que se disent-ils, les « personnages »? Qu'est-il arrivé au texte de l'amour, au texte racinien-marivaldien? qu'y a-t-il de fascinant pour les contemporains dans ce mode de s'entretenir, ce ton de dire, du simple, non affecté, le tout-(se)-dire de l'intimité approchée enfin dans le noir de la salle par la fenêtre de l'écran...

Ce sont des « sincères » : à la fois comme du temps de Marivaux et le plus loin de Marivaux. Simple histoire d'amour et de l'impossibilité de l'amour, en dialogues et rien d'autre, avec les variantes de l'enfant unique moderne, gage du couple, et la mode des scènes d'amour du père-avec-sa-fille.

La même histoire, la même chose... Alors ça devrait m'intéresser, le ton moderne, cool, du tout-dire, l'intimité de la chiasse et des règles, la vraie vie du couple...

On ne peut s'aimer, c'est connu. Et dans la différence extrême, de 1734 à 1978, est-ce une affaire de ce genre qui intéressait le public des *Sincères?* Mais qu'est devenu le langage et l'argent et le pouvoir; la scène se serait-elle encore réduite?

La Marquise et Dorante.

Les Sincères (1739) sont une épure; le chiasme des maîtres et celui des valets font une double figure accomplie. Dorante sera à la Marquise; Frontin à Lisette. La Marquise est une véridique; une coquette consciente du mal de la coquetterie (elle aurait lu Marivaux); Ergaste, sincère, lutte pour sa différence : originalité à tout prix, par le moyen original de la dépréciation de soi. La scène des caractères le confirmera. Ils prônent la sincérité, comme des Alcestes. Ils se louent d'être pareils dans l'exception de la véridicité. La recherche éperdue du beau rôle est percée à jour, par eux, sur les autres. Ce faisant, ils ne sortent pas de la médisance. Ils finiront par s'avouer qu'ils s'ennuient ensemble (sc. XIV). La sincérité joue le mécanisme du dépit quand même. A la fin : rétablissement des amours antérieures.

Un sincère – Ergaste – est inquiet (sc. III) de la différence entre être et paraître qui recule sous l'argutie même qui la dépiste. Le bien parler et le parler vrai, confondus dans les propos, ne peuvent pas être dissociés. Il faut qu'un critère extrinsèque vienne jouer : le caractère affermi par une réputation de sincérité vient garantir le propos du sincère : si l'autre sait qu'il ne dit que ce qu'il pense. Mais c'est l'ennui, les sincères ne peuvent que se prouver par la médisance subtile leur véridicité : ils dévorent tout ce qui leur tombe sous la langue pour cette preuve insatiable qui consume le dire où le dit n'importe plus, mais seule l'improuvable sincérité du sujet de l'énonciation. La conversation tombe faute de combustibles à portraiturer. Le plus-rien-à-dire menace. Parasites de la situation mondaine de l'échange pour la nier, leur inviabilité rejoint celle des sceptiques. La *fides* est le milieu, la trêve, l'élément de la socialité même, tellement que le premier (dernier) témoin venu est celui qui est cru, aussitôt dit. Quel qu'il soit, quoi qu'il dise, il dit le vrai. Et la convention la plus stable est bien qu'aucun personnage jamais n'interrompt une scène, ne brise le contrat social du théâtre en objectant soudain : « Je ne t'entends pas; je ne te crois pas; tu dis faux. » Le je ne-te-comprends-pas implique le fonds d'entente où les interlocuteurs reçoivent le dire de l'autre pour ce qu'il dit, comme c'est dit; y décelant parfois, à deux, un malentendu qui, dans la mesure où il ne provient pas de la fausseté radicale de l'autre, ni de l'impossibilité radicale de se croire en général, est réparable. Le témoin est cru; de cela Alceste ne revient pas, maudissant Célimène comme médisante (la Méduse médiseuse) mais réclamant pour lui-même d'être cru; en appelant donc à la même loi, de la sincérité présumée (c'est ainsi que les *nouvelles,* toujours fausses, n'ont pas besoin d'être démenties; et que les promesses politiques, jamais réalisées, n'ont pas besoin de mémoire ni d'excuses). Le coup de talent de Marivaux dans *Les Sincères :* deux sincères en présence s'ennuient l'un l'autre; deux Alcestes (toute proportion gardée) n'ont bientôt plus rien à se dire, pris dans la contradiction : il faudrait que l'un soit plus sincère que l'autre; ce qui est exclu par l'hypothèse. Ne pouvant se condamner l'un l'autre, ils s'épuisent.

Une société occupée d'amour et à en parler.

Soit un milieu très resserré, comme celui des vacances en voisinages familiaux aujourd'hui : la surchauffe psychologique, le commerce intense des voisins en loisir, le ton de la (mé)disance générale, l'intrigue, nouée pour ce court laps et dans cet espace microcosmé, des différentes façons d'aimer et de ne pas aimer, tout cela fait théâtre, et redit que la plupart des rapports ordinaires sont de comédie – ce qui veut dire aussi, pas trop graves, pas mortels, même si le chantage par le mourir en mots rôde. L'observation tenace des entrées et sorties, côté plage côté ville, des affinités entretenues et troublées, qui sont surtout perceptibles dans les propos en quoi les préférences se destinent, phénomènes réels sans doute et qui se mesurent en paroles, les mots qu'on s'adresse, qui frappent, qu'on retient (et l'on comprend que le « retentissement » soit une notion psychologique importante, expérimentale, par analogie de la psyché avec une peau : froissée, griffée, plus ou moins sensible et cicatrisable, au froid, aux bains, aux corps...), cela est le milieu de comédie humaine, où l'éducation sentimentale achemine à l'adulte. Les moindres épisodes blessent, on fait le compte des égards, des oublis, des distractions, et le bilan heure par heure des entretiens particuliers, dans un trafic d'apartés et de délations, de communications, sur la scène où le ridicule est un des grands dangers...

Une fille au miroir.

« A l'âge de dix-sept ans, je m'attachai à une jeune demoiselle, à qui je dois le genre de vie que j'embrassai. Je n'étais pas mal fait alors, j'avais l'humeur douce et les manières tendres. La sagesse que je remarquais dans cette fille m'avait rendu sensible à sa beauté. Je lui trouvais d'ailleurs tant d'indifférence pour ses charmes, que j'aurais juré qu'elle les ignorait. Que j'étais simple dans ce temps-là! Quel plaisir! disais-je en moi-même, si je puis me faire aimer d'une fille qui ne souhaite pas d'avoir des amants, puisqu'elle est belle sans y prendre garde, et que, par conséquent, elle n'est pas coquette. Jamais je ne me séparais d'elle que ma tendre surprise n'augmentât de voir tant de grâces dans un objet qui ne s'en estimait pas davantage. Était-elle assise ou debout? parlait-elle ou marchait-elle? il me semblait toujours qu'elle n'y entendait point finesse, et qu'elle ne songeait à rien moins qu'à être ce qu'elle était.

« Un jour qu'à la campagne je venais de la quitter, un gant que j'avais oublié fit que je retournai sur mes pas pour l'aller chercher; j'aperçus la belle de loin, qui se regardait dans un miroir, et je remarquai, à mon grand étonnement, qu'elle s'y représentait à elle-même dans tous les sens où durant notre entretien j'avais vu son visage; et il se trouvait que ses airs de physionomie que j'avais crus si naïfs n'étaient, à les bien nommer, que des tours de gibecière; je jugeais de loin que sa vanité en adoptait quelques-uns, qu'elle en réformait d'autres; c'était de petites façons, qu'on aurait pu noter, et qu'une femme aurait pu apprendre comme un air de musique. Je tremblai du péril que j'aurais couru si j'avais eu le malheur d'essuyer encore de bonne foi ses friponneries, au point de perfection où son habileté les portait; mais je l'avais crue naturelle et ne l'avais aimée que sur ce pied-là; de sorte que mon amour cessa tout d'un coup, comme si mon cœur ne s'était attendri que sous condition. Elle m'aperçut à son tour dans son miroir, et rougit. Pour moi, j'entrai en riant, et ramassant mon gant : Ah! Mademoiselle, je vous demande pardon, lui dis-je, d'avoir mis jusqu'ici sur le compte de la nature des appas dont tout l'honneur n'est dû qu'à votre industrie. Qu'est-ce que c'est? que signifie ce discours? me répondit-elle. Vous parlerai-je plus franchement? lui dis-je, je viens de voir les machines de l'Opéra. Il me divertira toujours, mais il me touchera moins. Je sortis là-dessus, et c'est de cette aventure que naquit en moi cette misanthropie qui ne m'a point quitté, et qui m'a fait passer ma vie à examiner les hommes, et à m'amuser de mes réflexions. »

Cette image de soi, vaine et fascinante, que la jeune fille du *Spectateur français* [1] étudie au miroir (dans ce texte fameux, déjà cité par d'Alembert comme s'il s'agissait d'une page autobiographique où le secret de Pierre Carlet de Chamblain de Marivaux se recelait), dont le jeu coquet désespère le spectateur revenu sur ses pas et qui, voyeur embusqué, se découvre exclu là même où il se croyait objet virtuel, Marivaux dramaturge ne la traite pas comme Marivaux philosophe « journaliste ».

Celui-ci, équivalement philanthrope et misanthrope, congédie pour toujours la jeune fille surprise en Narcisse au bain de sa psyché, et l'anéantit : l'exécute, la volatilise, comme s'il était, lui, exempt de narcissisme autopsique; comme s'il n'avait pas compris que la duplicité réflexive est constitutive de la simplicité du sujet; comme si l'innocence d'un œil vivant ne se voyant pas, mythe tenace dont j'ai besoin pour accuser l'autre du péché originel de l'avoir perdue, n'était pas ce qui est toujours déjà perdu; comme si un sujet pouvait se représenter quoi que ce soit sans se représenter...

1. *Journaux*. (Édition Deloffre-Gilot, Garnier, p. 118.)

toute chose qu'un sujet qui fait profession de philosophie, c'est-à-dire qui fait de la représentation son sujet, doit savoir : par où le soi-disant lucide spectateur philosophe de Marivaux manifeste sa propre cécité. Mais Marivaux dramaturge ne fait pas comme Marivaux moraliste! Et il ne se fait pas faute dans son théâtre de maltraiter les philosophes : *Le Triomphe de l'amour* est l'écrasement de la philosophie et *L'Ile de la raison* la punition du philosophe – « Emmenez ce marchand de cervelle, et fourrez-moi ça aux Petites-Maisons ou bien aux Incurables » (III, IV).

Marivaux sait ce que c'est qu'une comédienne; il aime les comédiennes, et les a observées s'observant. Et à la fin des comédies, petits-maîtres corrigés, coquettes ayant fini de guetter en l'autre le reflet de leur propre idole, snobs humiliés, c'est bien de cette galerie de glaces de l'imaginaire où l'autre n'est qu'un reflet parmi les miens, que l'amour fait sortir les amants, non pas sans doute comme d'un pays mirageux à jamais laissé en arrière, puisque nous serons toujours pris, mais le sachant, assez éprouvés pour échanger autre chose que la réflexion leurrante de nos amours-propres, dédupés de savoir qu'il ne peut pas ne pas y avoir duperie...

Donc, la surveillance imaginaire de mon image en l'autre; la hantise de l'image, mienne, escortant le corps propre...

1980; une jeune fille entre; pas une de ses pauses, de ses silhouettes, œillades, qui ne manifeste en même temps qu'elle contrôle son aspect, en pose comme pour un photographe virtuel, ce reporter imaginaire qui accompagne aujourd'hui toutes les jeunes filles comme les « stars » de leurs magazines, un photographe qui prendrait en ce moment, n'importe lequel, une photo. Elle est devant un miroir, elle est son image virtuelle pour soi. Et il y a un style national de l'imago, en l'espèce : française. Nous observons qu'aux U.S.A. – par exemple – le style est différent.

Or la réalisation périodique de cette autoscopie devant un miroir réel, la séance de maquillage et de coquetterie (de friponnerie, dit Marivaux) ne change rien à ce rapport imaginaire; cela le Spectateur ne paraît pas le savoir, et nous,

« psychanalystes », nous pensons qu'il aurait dû en savoir quelque chose, et corriger son comportement de moraliste par une psychologie plus retorse encore.

Pourtant : la différence qu'il allègue entre cette jeune-fille-au-miroir et une paysanne est homologue à la différence que nous alléguons entre la « Française » et « l'Américaine »...

Donc : 1) Il y a quelque chose qu'il n'a pas vu, noté ici « imago ».

2) Et quelque chose qu'il a vu : la différence.

Tel serait notre rapport de lecteur à ses descriptions?

Elle se voit – sans se voir. Comment est-ce possible? Il faut un miroir – pour sé voir; mais alors on ne se connaît pas soi-même – comme on est.

Et l'autre « amoureux », stupidement amoureux, peut et veut tenir la place du miroir, et emporter le portrait dans sa poche; il tient le miroir, il l'est – n'aidant pas son autre à se voir.

Ainsi, dans cette fameuse scène du *Spectateur,* lui, l'homme, il est jaloux de n'avoir pas été à la place du miroir, de n'avoir pas été, Arnolphe, ce miroir, ce tain obscur d'où la jeune fille reçoit sans fin son image – et rien d'autre. Il eût aimé être cette chose qui aveugle l'autre sur soi en lui renvoyant son image telle qu'elle est : son reflet. Et ainsi il eût aimé la « narcissiser », être à la place de cette chose qu'elle préfère à tout : la surface miroitante pour son image; il eût aimé, cet Arnolphe, qu'elle ne voie pas d'autre, d'autres autres, mais rien que ses yeux à lui pour refléter son idole. Le « Spectateur » est donc magiquement jaloux du miroir magique, ce tiers rival où la jeune fille se préfère. C'est moi, pense-t-il peut-être, qui devais fasciner stupidement votre stupide (naïf) Amour-Propre, vous lier à votre séduction, vous réduire à ce que vous n'êtes qu'au miroir; mais vous avez pris votre plaisir sans moi, et je ne vous le pardonnerai pas!

Églé[1] jouit non de soi, mais de son reflet : au ruisseau, au miroir, aux yeux de Carise, d'Azor, de Mesrou.

1. Cf. *La Dispute,* 1744.

Comment s'arrachera-t-elle à cela? Comment se voir, pour un sujet? Se voir comme le même que l'autre; voir un autre, c'est-à-dire n'importe lequel, et non pas « moi », à la place de mon image, accéder à la substituabilité, à l'humanité... se voir comme un autre; se perdre, et malgré tout conserver la singularité : s'il faut que ma singularité perdue pour moi quand j'ai cessé de préférer mon image au miroir et me suis vue enfin telle que je suis, c'est-à-dire identique à n'importe quel autre, interchangeable, me soit rendue par l'autre, et réciproquement : l'échange.

Marivaux Spectateur expulse la jeune fille au miroir; et le sujet de l'énonciation moralisatrice, ce sentencieux, risquait de s'en sortir indemne.

Tandis qu'au théâtre, et grâce à cette imprévisibilité du jeu, dans le temps réel de la création continue que menace l'écart, ou l'amnésie, ou l'anéantissement du monde; du jeu qui, malgré la prescription du texte, différencie la représentation de la répétition pure, personne n'est indemne. C'est toute l'imagerie qui est en crise, et d'une certaine façon conjurée par la résolution de celle-ci. Quelle? Cette image de soi que l'un attend que l'autre lui renvoie, cette spécularité harassante dont « le coup du portrait », si je puis dire, rejoué à tant de parties, à tant de pièces de Marivaux (ruse ou égarement du portrait, vol de la semblance qui est en même temps un fétiche et un talisman – comme le prouve aujourd'hui encore la répugnance de non-Occidentaux, mais aussi la jouissance d'Occidentaux, à se faire tirer le portrait photographique comme si le double dangereux de leur substance allait leur échapper), et le coup du billet (ruse ou vol de la lettre), sont une phase et une métaphore, et le miroitement des reparties, la catoptrique des répliques, la lutte en mots pour s'arracher le mot d'amour impossible à dire en premier, la spéculation étourdissante (ce qui veut dire aussi épuisante, et le terme de *métaphysique,* péjoratif dans la bouche de ses contemporains, tel Voltaire, faisait mention de cette sublimation incessante et violente en phrases) bientôt nommée marivaudage, où chacun veut faire renoncer l'autre à sa préférence de soi, luttent dans les mêmes mots et les mêmes propositions retournés, jusqu'à ce que « je » me découvre sujet du langage qui n'est pas le mien : identique à l'autre; en définitive assujetti au système de l'interlocution, fait pour l'aveu, dépossédé de toute façon au cœur de ce que je crois le plus mien (ma parole) parce que le langage est dans la place, a fait cette place; l'Autre est (dans) la place et ainsi un autre pourra y être : au cœur. Il suffira d'une dernière poussée des autres, alter-ego, égaux altérés dans ces ultimes scènes, invraisemblablement expédiées, du théâtre de Marivaux, pour que je (c'est chacun) dise oui à soi-même, peut-être en disant oui à l'autre, « oui-J'aime ».

Vers Marivaux.

Le fait est bien là, que l'importance et la gloire de Marivaux maintenant établies dans la littérature mondiale, tiennent principalement à son théâtre, plus connu que ses *Journaux*, certes, mais aussi que ses romans, au point que marivaudage, ce mot du devenir commun de son nom propre dès son vivant, réfère principalement aux comédies; et loin de le prendre, comme P. Gazagne[1], pour une regrettable erreur du public et de la critique, j'y vois le dénotatif de son secret, et pour jouer au jeu, cher aux surréalistes, des anagrammes, j'y entendrais, en formule chimique de son œuvre, l'équivalence marivaudage = mariage de rivaux. A quoi tient la supériorité du théâtre?

L'œuvre dramatique de Marivaux exerce un attrait constant, et peut-être croissant dans les dernières décennies : au titre du désir, de la structure, et du langage. Notre intérêt, cédant à

1. *Marivaux par lui-même,* Le Seuil, 1954.

l'attrait de Marivaux, l'attire dans une direction déterminée, celle d'une noirceur, d'une cruauté, d'une lucidité révolutionnaire. Sans qu'il soit question de faire repartir le balancier de l'interprétation dans l'autre direction, de la galanterie à volutes, des clins de cœur, et des jeux de phrases en éventail, il est intéressant de cultiver la différence entre un Marivaux pour nous et Marivaux pour soi, « par lui-même » et pour son temps.

Trois genres se partagent l'œuvre de Marivaux : les *Journaux,* les *Romans,* le *Théâtre* sont distincts. Et certes, le contenu, les idées, comme on les appelle, réemployées, circulent de l'un à l'autre. Et il en va de même pour l'écriture : sans doute modalisée par les règles des genres différents, à la grande échelle des simulations indépendantes de la réalité (soit par le soliloque philosophique, soit par la relation d'actes de personnages, soit par la machination d'une bonne fin – il s'agit de comédies – se procurant les moyens, c'est-à-dire les freins, de sa réalisation prescrite), dans l'artifice de la rhétorique moraliste, ou de la vraisemblance de la narration, ou de la mise en scène des rencontres dialoguées, elle n'en est pas moins, à échelle des phrases, langage singulier de Marivaux.

Pourtant le marivaudage réfère principalement aux comédies, et ma question principale, s'il en est une, pourrait être : en quoi le théâtre est-il supérieur aux raisonnements du *Spectateur* ou de *L'Indigent philosophe,* ou aux manigances du démiurge de Marianne et de Jacob ? D'où vient, à quoi tient, la supériorité du théâtre ? Avec une telle question il est question de vérité.

Le moraliste, ou : du faux semblant du vrai.

Le moraliste est-il induit par sa position de juge à s'en tenir à des vérités trop peu paradoxales ?

Marivaux énonce un jour qu'il préfère « être humblement

assis, sur le dernier banc dans la petite troupe des auteurs originaux qu'orgueilleusement placé à la première ligne dans le nombreux bétail des singes littéraires [1] »; ou semblable : c'est une vérité recevable, et admise, qui sert de tombeau à une vérité plus vraie. En l'occurrence la vérité reprise par Marivaux est du type paradoxe banal, qu'on se refile dans l'inusable répétition, comme si le dernier locuteur-locataire venait de l'inventer; pseudo-paradoxe identique à un stéréotype (variante du thème « 1er dans son village > 2e à Rome »), audace archi-érodée (qui l'était d'origine), signal conventionnel de l'audace de proférer son opinion à contre-courant, cette demi-vérité, interchangeable avec son contraire, sert d'alibi à l'erreur : une mévue fait perdre l'occasion de comprendre une vérité à la fois plus banale et plus paradoxale – qui comprendrait et que le « dernier banc » se pense comme le premier et qu'il n'y a pas de partage entre l'originalité et la singerie littéraire, et l'occasion de se l'appliquer : le paravent du pseudo-paradoxe dans son apparence bien faite de vérité exigeante permet au sujet de ne pas se poser comme sujet de la vérité plus paradoxale de niveau 2 non formulée... La leçon-de-moraliste ne parviendrait pas à prendre sous l'angle de sa dénonciation l'imposture de sa propre supériorité?

Le cliché est un paradoxe banalisé, un paradoxe trivial, un lieu commun d'originalité, un passage obligé du sujet qui pose sa différence comme tout le monde; un pseudo-paradoxe, donc, qui cache la vérité de rang plus élevé. Le paradoxe d'Épiménide n'est lui-même pas autre qu'une formulation du propos le plus constant de tout le monde, de l'opinion même, à savoir : les gens disent que les gens sont des imbéciles (ou des menteurs). Chacun se croit paradoxal, ce qui fait la *doxa*. Autrement dit « paradoxal », ne l'est pas du tout l'énoncé, mais caractérise l'image-de-soi, la croyance, d'un énonçant.

1. Cette formulation est celle de la citation faite par d'Alembert en son *Éloge* (Garnier, *Théâtre complet*, t. II, p. 981).

Le paradoxe trivial est celui où le sujet s'excepte pour pouvoir dire une loi qui l'inclut. La question est : en quoi cela est-il condition pour de la littérature même? Il faudra recenser de tels clichés, soigneusement, inductivement, un par un. Parmi lesquels, le plus intraitable, le plus constant, le plus manifestement dissimulé, est le stéréotype du *beau rôle,* affaire de position. Pas de rhétorique, pas de narration, pas de relation, qui ne se soutienne, comme on aime à dire aujourd'hui, de l'usurpation banale du *beau rôle.* L'inscription de cette prescription en général est à étudier à nouveaux frais. Les traits caractéristiques du beau rôle sont ceux d'une position de narration qui prend la parole pour témoigner que son obscurité dissimulait sa supériorité absolue; que son désintéressement « qui ne demandait rien à personne » laissait les autres « venir le chercher », que, justicier des justiciers, il renvoie les autres dos à dos en leur prouvant leur tort; en général le beau rôle se démarque de tout ce qui marque les autres.

Le moraliste des *Journaux,* spectateur ou indigent philosophe, embusqué comme Diogène à la lucarne de son terrier, a quelque chose de cet Argus épiménidesque qui ne devrait pouvoir éviter de tomber sous ses propres coups...

La vue et le discours des moralistes sont de l'ordre de la surenchère; se passant le relais du XVIIe au XVIIIe siècle, ils font assaut de finesse, de subtilité; quelque chose va s'aiguisant qui cherche sa pointe extrême. Discours en reprises, de l'ordre du défi, de la rivalité, et finalement de l'arrogance d'un Je qui subtilise. Marivaux : « La modestie réelle et vraie n'est peut-être qu'un masque parmi les hommes. Il est vrai qu'il y a tel masque qu'il est difficile de ne pas prendre pour un visage [...] Messieurs les *véridiques,* ne vous vantez pas tant de votre caractère. Je n'en voudrais pas, moi; sous prétexte d'antipathie vertueuse pour la fausse modestie, vous ne trouvez personne à votre gré, vous salissez tout le monde, aussi bien l'imposteur qui joue les vertus qu'il n'a pas, que l'honnête homme qui les a », et P. Gazagne ajoute : « Si Marivaux fustige, c'est uniquement parce que sa droiture se cabre devant les faux semblants! » Or le caractère des propos cités est de s'appliquer à leur auteur, ou de n'être qu'un peu de bruit supplémentaire. Dénoncer les risques de la modestie vraie, de la véridicité, si celui qui s'y emploie ne s'applique pas ce qu'il dit mais en fait un ultime miroitement du « on ne m'y prendra pas » (je ne serai pas dupe), c'est le point le plus brillant de l'aveuglement. Le je, seul, est en train de démasquer les autres d'une ultime volte, tour de passe, de vis, de main-chaude supplémentaire d'habileté, s'il croit être le plus lucide, le dernier de la série pascalienne de l'habileté, parce qu'il est arrivé à ce point de l'itération et du renversement du pour-au-contre où la réitération ne transforme plus la chose, et où le n + unième devient identique au n − 1 nième, alors il redevient aveugle, et au moment où on croit qu'il va le savoir et le dire, puisqu'il dénonce le lucide,... il oublierait sa propre position!

S'il n'y avait que cela chez Marivaux : la supériorité du dernier moraliste, cela ne ferait de lui qu'un moraliste de plus.

Mais il sort de la perspective à cause de son théâtre : le théâtre est plus fort parce que le je moraliste de l'auteur n'y est pas, ou éclate; pas de centre, pas de projection imaginaire d'un point de maîtrise; ce qui se met en scène là, pour nous, tous, échappe à la supériorité du moraliste, à sa vue panoptique pour se dramatiser, se problématiser, se polymériser dans la symétrie, la réciprocité, les renversements... Jeux du hasard... presque!

L'innocence.

Ce qu'il fait voir, là, sur la scène par un jeu qui lui échappe à lui aussi, c'est que l'innocence est ce qu'on ne peut que jouer, faire, contrefaire. C'est ce à quoi on joue; ce qu'il y a à feindre, voire à feindre de feindre. Ce à quoi on veut croire comme à ce qui devrait être, et donc le devoir des autres : ce qu'on ne leur pardonne pas de ne pas posséder, au moins eux! On ne leur pardonne pas d'être nos semblables.

L'innocence, leurre d'un point de fusion du réel et de l'impossible, objet irréel de la croyance qui nous... innocente à nos propres yeux? J'aurais besoin de croire à cela, l'innocence, pour me prouver mon innocence malgré tout? Marivaux aurait été dupe? Les *Journaux* le montrent. Mais la forme théâtre est plus forte que lui, par où quelque chose lui échappe réellement, s'échappe en fait, se déchaîne, immaîtrisé et épais comme la réalité : car cela dépend, loin de l'auteur, de ce qui arrive réellement, par des acteurs de chair, et une représentation en acte. Repris par la vie.

La négation niée serait notre possibilité : contre la naïveté positive qui sépare abstraitement, comme disent les philosophes, la positivité simple du bon de la négativité non moins simple du mauvais, la pensée paradoxale apprend que l'être d'une chose est un alliage, une unité refaite de déterminations opposées. Un exemple de sa formule dans notre perspective serait : Le mariage est un divorce différé.

Le travail de la différence, l'aimantation dans l'opposition, la traversée de l'épreuve de l'impossibilité, dans la complication du chiasme, font une alliance plus résistante. Ce serait une des leçons de Marivaux?

Les deux bords extrêmes du paradoxe ouvrent un espace où vivre, espace de l'impossible, espace du jeu.

Ainsi considérons le sujet (en général) par rapport à la loi (en général); il s'en veut le sujet *et* l'exception. Il est menaçant pour l'ordre qu'il veut parce qu'infiniment (infinitésimalement) différent de la loi qu'il pose. Car il proteste (c'est même sa bonne foi!) que la loi vaut pour les autres mais « pas pour moi » : « j'étais avant, au-delà, contre; je suis l'exception à la loi... » Et il s'y assujettit pour en recevoir sa substance.

L'œuvre théâtrale, représentation de la représentation,

résout une figure de la crise toujours ainsi ouverte, un cas, et ne résout rien. C'est un aménagement de l'impossible, un équilibre fragile, provisoire, qui, à être vécu, ne tient que par syncope. Le théâtre se pose les problèmes qu'il ne peut pas résoudre.

Approches de la duperie.

Le dupeur est dupé : loi. Ce que je fais, la feinte dont je me soutiens, a une telle vérité, si je la soutiens bien, qu'on me l'applique, et que j'en suis victime. D'autant plus dupe de mon stratagème que je ne crois pas le feindre, que je le confonds avec ma bonne foi – que je « feins de le feindre » (comme dit le pauvre Blaise des *Acteurs de bonne foi*). Ainsi des *Sincères :* tu joues si bien en t'appliquant à donner ton jeu pour ton naturel, au point de te prendre toi-même au piège faute de réflexion, que, changeons d'exemple, affectant de mépriser les honneurs tu vas être cru, pris au mot. Tu t'effaces si bien que c'est probant : belle leçon! Et nous t'appliquons ta belle leçon de modestie : nous t'effaçons. Tu n'en reviens pas? Tu es furieux? Tu n'étais donc que le stratagème de ta prétention, qui était donc absolue? La preuve est faite; ou bien la feinte est saisie comme telle par les autres et elle ne prend pas; ou elle est indiscernable de l'être-tel, de la qualité, et alors elle se retourne contre toi. Leçon aussi de *L'Heureux Stratagème :* la Comtesse est prise par où elle croyait prendre et se fait enseigner la symétrie.

La duperie, la possibilité de tromper, et de se tromper soi-même, tient, entre autres, à la différence entre l'unidimensionnalité langagière (la platitude linéaire du dire en phrases, l'ordre de la succession) et la profondeur du psychisme et de l'existence. Loi de mise en perspective, « trompe-l'œil ». Tout ne peut se dire en même temps. Une chose en cache une autre dans la volonté du tout dire. La mise en scène du complexe le fait défiler, et le sujet doit décider un ordre, une syntaxe, une stratégie; comptant avec le fait que l'ordination chronologique se confond avec la préséance, l'ordre axiologique.

La duperie est la question. L'inquisiteur de la duperie est pris dans la duperie. Il y a duperie – dans la sincérité même, et la véridicité.

D'où cette perquisition inlassable aux domiciles des amants, qui augmente l'obscurité; qui fait monter l'obscurité alentour, en arrière, partout, autour de la surexposition aveuglante de la pièce, et qui s'épaissit une fois soufflé le lustre du théâtre. Elle s'épaissit, foisonne, de générations en générations, « jusqu'à Freud » qui l'accroît décisivement.

Pris dans la contradiction, donnant figure à nos contradictions, à la contradiction, pour une solution de compromis, nous sommes un avatar de la composition des contraires, et le reste est littérature. Par exemple : le langage est et n'est pas la pensée. Le langage est et n'est pas le milieu de l'échange amoureux; transparent et opaque pour le commerce du sentiment en quoi il consiste. Il ne crypte ni ne révèle, il signifie.

La sincérité s'y abîme – qui, passant par Rousseau déjà réfuté par Molière (Alceste), va s'engouffrer dans la terreur robespierriste : l'ère des suspects a commencé.

Première apparition de l'amour-propre moderne.

Michel Gilot, dans sa récente étude des *Journaux,* range Marivaux parmi « les maîtres du soupçon » dont le but est bien « d'opposer à la ruse de la volonté de puissance ou de la libido la ruse du déchiffreur d'énigmes pour qui toute apparence humaine peut et doit être interprétée ».

On doit lire *Le Dialogue de l'amour et de la vérité,* cette scène qui nous reste de cette toute première pièce (1720). Tout est en place. Et l'analyse ferait apparaître *et* l'épure du schème dramatique constant – deux travestis se reconnaissent; *et* l'opposition fondamentale dont le théâtre en général est l'essai de résolution renouvelée à chaque fois, entre la vérité de l'amour et l'amour de la vérité; *et* cette circonstance historico-sociale – le XVIIIe siècle; « je parus, dit l'Amour, dans la mascarade où vous me voyez » – qui donne sa figure singulière au problème traité par Marivaux et par conséquent son originalité relative à la scène marivaldienne, par l'énoncé du nouvel obstacle caractéristique de cette génération : « L'amour-propre des hommes est devenu d'une complexion si délicate qu'il n'y a pas moyen de traiter avec lui. »

Remarquons d'autre part que c'est un guet-apens, un stratagème dont une comédie met en scène la fable pour y entraîner par l'imagination et la croyance un public – par où une pièce se distingue d'un traité de réflexion morale, entre autres.

L'ennemi de Marivaux est bien l'hyperbole de l'amour-propre comme forme psychologique de la subjectivité moderne, croissant avec le mode d'existence urbaine qui solipsise l'homme des foules. Il y a chez Marivaux un ancêtre du promeneur baudelairien, un promeneur solitaire heureux. Mais précisément le moraliste, lui-même, en tant que spectateur anonyme et tout-puissant, retiré et le disant, analyste qui perce à jour, dénonce, accuse la vanité des autres, c'est- à-dire de tout sujet, développe une misanthropie, qui, pour abonder en dénégation de philosophie et de vanité, n'en comporte pas moins le péril d'une sorte de supériorité « divine ». Mais, à supposer que cette voix se fasse entendre à telles tirades sentencieuses du théâtre, dans la mesure où elle est mise dans la bouche d'un personnage parmi les autres, elle se trouve en quelque façon reconduite à l'égalité, à la contradiction éparse où les protagonistes s'affrontent.

Pour nous la lucidité qui se prend pour extra-lucide est aussi un leurre; ou parce que le secret des êtres n'existe pas, ou n'est pas intéressant. Les observations de la lucidité sont le plus souvent les clichés de la lucidité. Impossible de s'arracher à la *doxa,* sauf dans la réflexion vide de cette impossibilité.

Le dogme marivaldien : « on voit (on sent) mieux qu'on ne l'explique » *(Marianne)* – qui pourrait bien n'être qu'un alibi psychologique recouvrant, à son insu, les procédures de rapidité dont a besoin un romancier –, se dégageant d'un certain cartésianisme, provient lui aussi d'une *doxa* XVIIe siècle, disons pascalienne : fiction – qui ne se sait pas telle – d'une différence entre l'élite des perspicaces et les autres.

Dans notre aujourd'hui (XXe siècle) : on explique mieux qu'on voit. Et ce n'est personne qui explique, mais « le système ». Le point de voyance, de totalisation, au sommet de l'échelle de « l'habileté » (Pascal) parcourue en l'éclair de la réflexion où se somme la résultante paradoxale des diversités doxales, dans « mon intuition hors de pair », ce fonds de la confiance-en-soi du philosophe indigent (manquant de tout, de toute partialité, et ainsi ne manquant de rien ni à rien) a disparu : la complexité n'est à la mesure de personne, d'aucune intuition, à moins qu'en politique la foule ne croie encore à l'œil d'aigle du chef...

Nous sommes de plus en plus aux prises avec une complexité qui ne relève plus de la psychologie – mais, d'un côté (au « dedans »), de la biochimie, de la « bionique », et de l'autre (au « dehors »), de la cybernético-sociologie, de l'astrophysique, de la science-fiction. L'infiniment petit du cerveau est infiniment grand et intéresse infiniment plus le contemporain, que fascine donc, mortellement, le traitement mathématique et physique des grands ensembles, grandes populations, grandes échelles : où il aime rêver, fantasmer, prophétiser son abîme, son barattage, son harassement, son anéantissement... Ce qu'est devenu notre être se réjouit de disparaître, englouti dans la descente aux galaxies neuroniques, aux théories, macrosociologiques et télématiques, au changement d'ordre et d'échelle écrasant pour elle : à la science-fiction. La poupée de Vaucanson et le robot de *L'empire contre-attaque* diffèrent essentiellement.

Nous voulons prendre sur l'homme la vue arbitrairement utopique du cosmonaute entièrement prothéisé, dilaté à échelle d'univers (*L'Homme à l'oreille cassée* d'aujourd'hui : voyageur astral qui dort 10^{10} ans dans le « paradoxe de Langevin »), entièrement asservi, servo-cerveau, et ainsi cosmique. Le cosmique n'est pas le comique. L'œil de la Science (-fiction), télescope qui nous habitue à l'idée de notre sortie de planète, n'est pas l'oreille de Marivaux.

Du côté des Romans.

La vraisemblance de *Marianne* est aussi invraisemblable que la plus éhontée féerie de bandes dessinées; le cas optimum de la démonstration *Marianne* aussi abstrait que le roman de la rose de Condillac; les métamorphoses psychologiques de Valville aussi rocambolesques que les épisodes des romans de chevalerie accablés par Cervantès; l'Odyssée *Marianne,* son jeu de l'oie de couvents en palais, aussi « imaginaire » que *La Belle au bois dormant,* ou que les histoires à ressorts théologiques, mouvements de la grâce, miracles de conversions, aussi fabuleuses que les fictions païennes...

Mais, lecture faisant, nous en apprenons lourd sur l'état de non-droit du sujet social et l'insistance de Marivaux sur le statut de minorité incapable de la femme in-nobilis (Marianne jugée chez le ministre) est un extraordinaire document sur la réalité de la société civile pré-89... Marivaux conduit Marianne à la majorité. Plus encore : il est le Pygmalion d'une Marianne moderne : il la changera en « princesse », par le langage, en lui apprenant à parler dans la conversation, en la douant de l'esprit de l'entretien qu'elle découvre d'abord avec admiration, il la fait entrer dans la société française.

Dans le roman, Marivaux, confondu et non confondu avec le narrateur, auteur ventriloque du sujet de l'énonciation, accomplit la prouesse psychologique, littéraire, qui nous vaut des raffinements d'analyse et de « style naturel » délectable, pour purger quelques êtres, quelques lecteurs donc, par fiction interposée, pour purger quelques hommes de la vanité, mais qui n'est autre que le redoublement immanent de la conscience de soi, l'autoscopie constitutive du moi. Les héros de Marivaux seraient des êtres qui ne seraient pas coupables de la faute qui fait les hommes coupables? Vainement donc : dans le texte même il n'y a rien à faire pour sortir de cette contradiction, et il y a autant de passages où Marianne avoue sa vanité, son inlassable surveillance de sa propre image, du retour sur soi de son image reflétée en l'autre, que de passages protestant de son innocence, de sa simplicité, et la ruinant donc. La duplicité n'est pas facultative : les héros sont infectés du même mal que les fourbes, ou que les gens ordinaires, et Marivaux devra bien dénoncer la sincérité. La préférence de soi, l'anxiété de notre figure en l'autre, la vanité (ou ce que Sartre analysera deux siècles plus tard comme « mauvaise foi ») nous fait être. Comment faire passer une limite, et est-elle intéressante, entre cette dualité du sujet et sa mauvaise duplicité?

Le bon sujet, sujet moral, ne peut que se défendre contre ce qui le structure. Précisément, la confusion de l'auteur et du narrateur (loi de ce type de roman), confusion déniée, donc consolidée, dans la préface obligatoire où l'auteur se soustrait en déclarant qu'il a « rencontré » un manuscrit, infeste la pureté, ou non-mauvaise-foi, du héros. A un personnage manié à la troisième personne, le narrateur pourrait tenter de nous faire croire, comme à une qualité objective simplement décrite, à une sorte de non-subjectivité du sujet. Mais Marianne est trop sa propre intime pour ne pas désavouer, aveu faisant, la simplicité de son intériorité fictive. Marianne, pour être victime et indemne de son initiation, pour qu'elle traverse le monde en héroïne accablée et victorieuse, il faut qu'en quelque façon elle soit dupe d'elle-même; que son autodicée, cette étrange autoprosopopée, soit à la fois témoignage de l'innocence manipulée et le plus rusé plaidoyer *pro domo,* le plus satisfait des autoportraits (et le lecteur oublie et n'oublie pas que ce n'est pas elle qui tient la plume). Imagine-t-on *L'Odyssée* écrite à la première personne par un Ulysse mémorialiste qui repasserait toutes ses aventures au compte de sa bonne foi? L'œil d'une héroïne peut ignorer ses œillades au présent de l'action et sa main droite ce que fait sa main gauche pendant l'action, mais la plume à la main qui réfléchit, rapportant le passé, ne devrait pas le pouvoir.

Les romans de formation tracent des trajets optimaux. Il faut que la droiture au sens éthique, et la prompte réussite ascensionnelle dans le plan de l'intrigue soient montées en parallèle – comme la polysémie du mot « droit ».

Comment tenir la ligne de faîte (partage, équilibre) entre l'autosatisfaction et l'imposture? L'auteur devine et pressent les sentiments du lecteur, et le met au défi; se place dans la meilleure posture par rapport à lui, comme Jean-Jacques. Le roman est confession rusée : c'est un testament, il s'explique devant le tribunal du temps et dit « voyez mon innocence ». Les scènes où il se justifie, brefs scenarii inclus dans la grande narration, rassemblent et signalent cette autodicée.

Soit Jacob, le paysan parvenu : le meilleur accident possible, voilà toujours ce qui lui arrive. Et s'il est question de costume, le tailleur a justement le meilleur habit possible, et déjà découpé, prêt pour... Jacob, vendu au meilleur prix, métaphore du roman qui habille Jacob au mieux?

Le roman permet que nous assistions à son devenir. Sa mutation commence par celle de son langage. « Il est certain que je parlais meilleur français quand je voulais. J'avais déjà acquis assez d'usage pour cela, et je crus devoir m'appliquer à parler mieux qu'à l'ordinaire. »

La scène de la séduction est à table, bonne pour « l'humeur

gaillarde », et où la sensualité et la vivacité se prouvent l'une l'autre. Ici la coquetterie est mâle; les places de l'homme et de la femme apparaissent comme interchangeables.

Et tous les portraits sont des autoportraits. Je veux dire qu'à celui-ci, qui est d'une des femmes que Jacob séduit, on reconnaît en même temps Jacob – et Marivaux.

« A l'égard du caractère, il me serait difficile de le définir aussi; ce que je vais en rapporter va pourtant en donner une idée assez étendue et assez singulière. C'est qu'elle n'aimait personne et qu'elle voulait pourtant plus de mal à son prochain qu'elle ne lui en faisait directement. L'honneur de passer pour bonne l'empêchait de se montrer méchante; mais elle avait l'adresse d'exciter la malignité des autres, et cela tenait lieu d'exercice à la sienne.

« Partout où elle se trouvait, la conversation n'était que médisance; et c'était la dame qui mettait les autres dans cette humeur-là, soit en louant, soit en défendant quelqu'un mal à propos, enfin par une infinité de rubriques en apparence tout obligeantes pour ceux qu'elle vous donnait à déchirer; et puis, pendant qu'on les mettait en pièces, c'étaient des exclamations charitables, et en même temps, encourageantes : " Mais que me dites-vous là? Ne vous trompez-vous point? Cela est-il possible? " De façon qu'elle se retirait toujours innocente des crimes qu'elle faisait commettre (j'appelle ainsi tout ce qui est satire), et toujours protectrice des gens qu'elle perdait de réputation par la bouche des autres. Et ce qui est plaisant, c'est que cette femme, telle que je vous la peins, ne savait pas qu'elle avait l'âme si méchante; le fond de son cœur lui échappait, son adresse feignait d'être bonne, elle croyait l'être en effet [1]. »

Sans doute le caractère de Pierre Carlet fut-il bien différent. Mais nul ne peut échapper à ce portrait-là, qui est celui de la socialité. La médisance de la médisance est archilucide... presque. Il ne lui reste (et à Jacob, et à Marivaux) qu'à se retourner contre elle-même.

1. *Romans*, édition Pléiade, p. 684-685.

La feinte ici va au plus profond; « elle feignait d'être bonne, elle croyait l'être en effet »... C'est exactement ce qu'est en train de faire le romancier. La satire médisante demeure le fait d'un moraliste : il inclut par sa lucidité extrême son propre aveuglement au retournement de celle-ci sur soi-même; il s'interdit l'identification à ce que sa perspicacité découvre partout. Il y a vraiment une tache aveugle de la vue, d'autant plus invisible à la vue, on dirait, que celle-ci est plus perçante. L'identification (qu'elle se reconnaisse au spectacle de ce qu'elle transperce et illumine) ne peut donc venir que d'ailleurs, par retour, et choc en retour; quand il arrive, rarement, que le Je se fasse chasser de la prétention d'universalité qui le constitue.

Le théâtre échappe mieux à cet aveuglement de la médisance de la médisance. Parce que les autres sont là, à égalité les uns pour les autres, se donnant des chocs en retour; et parce que des êtres de chair et d'os, les comédiens, pareils à nous, contiennent toujours en même temps leur propre secret – sans qu'un œil-vivant, divinité extralucide mette l'un, exception, dans la position du supérieur à tous. Nous évitant même de nous poser en super-Blectrue [1] moderne, entomologiste, nous faisant amener les êtres-marivaldiens dans la cage du théâtre comme des *petits-hommes*...

Remarque sur le modèle héroïque.

La rivalité, l'émulation, était l'âme de la noblesse; la volonté de se surpasser : le ressort de la vie héroïque; du même mouvement se partageaient la bassesse, le ressentiment, le mauvais mimétisme, et d'autre part la hauteur, la sublimité, etc. Le meilleur sortait de là : compétition aux règles strictes comme un jeu. La différenciation procédait de l'imitation, processus de raffinage de la rivalité par l'imitation du modèle... à inventer.

1. C'est le nom du Maître de *L'Ile de la raison.*

Quitter ce monde pour celui de la non-compétition (et déjà chez Marivaux s'efface la mort héroïque) c'est perdre et gagner : la ressemblance par l'extérieur, l'acquisition des mêmes choses, la consommation et non la consumation, la banalisation qui apaise et répand la haine. Le roman du parvenir y conduit. Les épreuves d'un héros, Hercule entre tous, si une telle chose mythique-attique se laisse encore (au XVIIIe siècle) transposer en termes de sagesse, selon l'évhémérisme éthique que nous pratiquons dans notre rapport aux mythologies, enseignent ceci : à certains seulement la vie fait adversité, fait face, fait une face, se montre en sphynge; les autres, la plupart, ne rencontrent pas de défi, sont sans être de rencontre. Que fait la comédie de ce schème? Elle réduit la grande différence, le couple moteur de l'Histoire que l'épique et le tragique mettent en scène, par une égalisation dont elle perçoit la forme dans la société moderne. Quelle différence, quelle égalisation? Si le double mixte, acteur de l'histoire, consiste en la relation entre un ensemble d'hommes d'une part, peuple, nation ou groupe, qui est nombre et tradition, mémoire et croyance, culture et nature inextricablement changées l'une en l'autre, et d'autre part un être d'exception, protagoniste demi-dieu, héros, ou prince, avec les caractères de l'individualité, de la mise en doute, de la réflexion et de la décision, relation séculaire dont une mauvaise figure, si l'on veut, est donnée par le rapport esclave-maître, tandis qu'une bonne le sera, pour prendre des exemples contemporains, par le rapport de l'intellectuel « Carlo Levi » avec la communauté « Eboli », qu'en va-t-il à l'échelle de la comédie? Elle accommode sur une classe, la bourgeoise, et sur le foyer de celle-ci, la famille, où les différences [1] se sont réduites à celles-ci : hommes et femmes, soi et l'autre, maître et domestique, parents et enfants. Qu'est

1. Quel théâtre, quelle culture aujourd'hui prend en charge les nouvelles différences qui traversent notre monde? par exemple celles-ci : la différence noir-blanc; celle entre la faim et la satiété, ou entre les homosexualités masculines et les homosexualités féminines, ou entre le soleil et le froid (obsession de la différence entre le beau et le mauvais temps, qui hante nos conversations).

devenu le héros, la différence entre le héros et les autres? Le héros, c'est la jeunesse en général; chacun y passe : égalisation. Mais n'y a-t-il pas des princes, des Maîtres de jeu, encore? Regardons : l'épreuve est devenue expérience psychologique, et dans un sens voisin de l'expérimentation moderne, nous aurons l'occasion de le remarquer, à propos de *La Dispute* en particulier. Le « vase clos » est celui de la Domus, laboratoire de psychologie. Dans cette sphère, la grande leçon est qu'on ne devient sujet, sujet de son existence, et soi-même comme on dit, qu'après avoir été objet d'expérience, d'une expérience sociale dont « la Société » plutôt qu'un demi-dieu est le démiurge. Tous y passent. Parfois, il semble que certains expérimentateurs aient une position surplombante, tel père, mais bonasse, tel prince avec Hermiane, mais débordé par les événements, ou telle Madame Amelin qui « se fait donner la comédie », représentent l'auteur; mais le plus central, c'est que les « Lucidors » qui se veulent maîtres de l'épreuve, philosophes, dominateurs, manipulateurs (comme se préparait à l'être le couple des philosophes du *Triomphe de l'amour*) creusant une dissymétrie très forte avec leurs victimes (Angélique est une victime), sont pris dans l'expérience, y deviennent *dupes de leur stratagème,* selon le grand mot de Marivaux, objets et ainsi sujets.

L'action dramatique ou la répétition imprévisible.

Il faut que quelque chose ne soit pas résolu, toujours pas résolu, mais réouvert, reposé dans la remise en jeu, dans la répétition, comme une énigme devant nous pour la première fois encore, ce soir, bien que ce soit la 1 000e et que le texte prescrive tout.

Et même si nous connaissons l'issue par cœur, l'impasse de la représentation (impasse? le chemin du village est une impasse? Mais la presqu'île est une impasse; le Finistère est une impasse; l'Europe est une impasse); peut-être, imaginons-nous, parce que les acteurs sont des hommes, va-t-il se passer autre chose que ce qui va se passer à coup sûr, le pareil ne sera pas le même, le même ne sera pas l'identique; la liberté va jouer en quelque façon. Et elle joue, non pas que tout à coup le Marquis d'A. dans *La Femme fidèle,* ce fantôme qui revient exiger son dû, posthume époux Commandeur pour des noces de pierre (*La Femme fidèle* ou *La Seconde Surprise*... de la mort), abolisse la loi forcenée de l'Amour plus fort que la mort, et renonce à sa femme victime parce qu'il comprendrait qu'elle est vraiment veuve...; de telles choses n'arrivent pas au théâtre; mais parce que, comme la marée remonte sur la scène en bougeant un peu les chenaux, les rigoles, les goémons, le texte réenvahit la plage de bois en modifiant presque imperceptiblement ce soir la place des choses, et le temps de la redite, et les intervalles, et aussi parce que les effets sont nouveaux, ce soir, c'est pour lui, ou vous dans la salle, que dans sa tête et dans sa vie des choses seront changées par ce qu'il ouït. La catharsis fait un présent. Le problème est reposé ce soir, comme à l'école la question d'histoire ou de physique, et c'est le même transbordement qu'il faut accomplir, du début à la fin, de l'indéterminé multiple à la solution; c'est le même abîme à guéer.

Il faut bien que, répétée au présent, remise en jeu, la répétition fasse courir au *même* le risque de la différence. Quand je m'adresse à quelqu'un, je ne sais pas que nous allons mourir. Il faut bien qu'en quelque façon la fin ne soit pas déjà là. Je réassiste à un présent, ou plutôt je coopère à un présent, où ce que les mots de fragilité, négation, risque, différence signalent, entre en jeu par le jeu des acteurs qui sont de corps en même temps que moi, en liberté ici. Nous affrontons et enfreignons le drame; le temps ce soir au théâtre est un metteur en scène qui échappe au dramaturge; et de même que l'homme qui met en scène par métier tirait de l'écrit l'appareil d'une représentation relativement imprévisible, le temps arrache – le temps de cette réplique, de cette autre... – à la répétition un événement de sens qu'elle ne pouvait prescrire entièrement.

– Et même au cinéma, quand je m'assieds devant le film, ce qui est neuf c'est notre coprésence; la représentation « pour moi » a lieu. Le moment imminent est et n'est pas enchaîné au précédent, comme pour le dieu cartésien de la création continuée. L'image filmique fait oublier que ce sont des êtres de pellicule, hypnotise ma connaissance des conditions du leurre, me les fait intentionner comme des personnages, et le film comme une pièce, et la pièce comme la vie.

Liste.

Je parlerais d'un théâtre français au milieu du XVIIIe siècle; je parlerais du théâtre de Marivaux;

du fond complexe, équivoque et inquiétant sur lequel s'enlève l'île, l'île théâtrale, l'île de l'amour, l'île de l'idéalité de l'amour conjugal et monogamique – *L'Ile de la raison, L'Ile des esclaves* remises à l'endroit de leur envers, *La Colonie* des femmes émancipées et resoumises; du drame, d'une certaine lutte dramatique qui fait vibrer l'action – comme dans un labyrinthe de foire où, de fausses issues en retours arrière, de butées sur des miroirs pris pour des portes en ruses et espérances de bons tropismes, d'échecs en échecs, les joueurs se guident immanquablement vers la bonne sortie – fait osciller l'action de scènes impossibles en scènes aporiques, de non en non, jusqu'à la bonne fin ou fin comique, quand bien même à la fin c'est l'équivoque qui surplombe et *L'Ile* paraît destructible... ;

de la nature d'un mal, à la racine de la culture, et peut-être de la nature, en tout cas de la seconde nature des civilisés, mal d'amour-propre, de vanité, de coquetterie; de la tension entre une présupposition d'innocence malgré tout et une faute originelle de narcissisme; de la différence entre le désir et l'amour; de la polymérisation du désir et de la menace de l'inconstance que son doublement vient réparer; de l'amour du triomphe doublant le triomphe de l'amour; du partage des facultés et de leur distribution en rôles, et de la volonté comme metteuse en scène; de l'expressivité en général comme traduction mutuelle des signes du corps et des signes langagiers, translucide à la manifestation de la vérité des sentiments;

des différentes différences, de personnes, de sexes, de générations, de conditions sociales et des espèces variées des doubles; de la malédiction sociale (différences entre grands et bourgeois et serviteurs et paysans), et de la conjuration heureuse de cette malédiction par la subversion expérimentale, « théorique », en représentation théâtrale, utopique, des différences qui se résout dans la restitution du même autour du pivot de la tendresse ainsi révélé; et du bon rapport de dédoublement-redoublement des maîtres et des valets, modèles réciproques; de la fiction de *l'épreuve* comme épreuve de la fiction, par quoi le malentendu apparaît surmontable. Méprise, stratagème, surprise, travesti, duperie, fourberie : machination dramatique : machinerie du frein et de la précipitation, du retard et de la hâte; chance, aléa, risque, enjeux, gains. Et l'homéopathie du simulacre prévenant la contagion de la simulation généralisée, ou comment la provocation de la méprise, serments indiscrets, confidences fausses, théâtre dans le théâtre, garantissent la bonne fin ou « reconnaissance » par le modèle réduit de son contraire contrôlé; communication du secret, économie de la progression, trajets optimaux par le chiasme, loi de la meilleure fin différée; contrôle de la puissance du désir par le retard de son succès; et d'une certaine absence de la mort, d'un certain mode sur lequel le mourir se fait représenter en mots.

Remarque sur l'équivoque.

Sans doute une recherche ethnographique du côté des rites de mariage ou des coutumes et contes procurerait à une comparaison des éléments d'isomorphisme entre œuvre de Marivaux et fonds folklorique français. Bien des mythèmes, relayés par les traditions orales et la littérature dite de colportage, pourraient être repérés, dans les situations, les thèmes, les stéréotypes, parmi lesquels celui du prince et de la bergère ou de la princesse et du berger, bien visible. La répétition de tout ce qu'une lecture aimerait porter au compte d'une vue anthropologique, il serait anachronique de croire qu'elle est poursuivie par Marivaux « en connaissance de cause ». Bien plutôt est-elle laissée dans une équivocité caractéristique – qui serait aussi à considérer comme la généralisation, l'expansion du *Je-ne-sais-quoi* de son Esthétique[1] :

Équivoque de la religiosité oscillant dans un syncrétisme, très pauvre en contenu, de polythéisme culturel et de christianisme allusif, de superstitions et de philosophèmes. Quel est le milieu de croyance où trempent les allusions? Le milieu d'un quelque part entre les dieux et Dieu, entre un fatum astrologique et une Providence...

Équivoque de figures, telle celle d'Arlequin, oscillant entre le type italien, d'abord accentué, et « le petit homme » qui par transitions légères se fond en Frontins et Trivelins. Comment se nomment les personnages? Les mêmes noms parfois réfèrent à l'état de noblesse, parfois de bourgeoisie, parfois à un enchanteur, ou à un valet, à une intendante ou à une servante : l'onomastique fluidifie les différences sociales, marque un temps du préjugé à vaincre.

1. Cette notion qui, on le sait, de Gracián à Marivaux, de Montesquieu jusqu'à Jankélévitch n'a cessé d'être reprise.

Équivoque des noms, des lieux, entre une Grèce non datée et des principautés vaguement historiques; équivoque de demeures entre la cour et la maison bourgeoise, et d'une topographie abstraite entre forêt, jardin, château. Où se rencontrent les personnages? Quelque part entre la Nature et le Palais, entre le seuil et le dehors du dehors...

La culture bourgeoise n'est pas en rupture avec la culture populaire. La bonne fin de la comédie est homologue à celle du récit féerique. Quelques pièces de Marivaux sont des féeries; beaucoup assaisonnent les répliques de mythologie antique, d'un merveilleux païen et folklorique que les invocations de personnages évoquent çà et là. Maints valets et rustiques, certains traits de la figure d'Arlequin et Trivelin, syncrétiques et en devenir, évoquent la figure populaire du héros pittoresque redresseur de torts. A ce détail près qui change tout, bien sûr : nul carnaval ou anarchie en voie de réalisation. L'inférieur est fondamentalement et gaiement relié au supérieur : par le pacte de tendresse, d'humanité, et en permanence dans leur convivialité, plutôt que dans le « une fois par an » de la subversion qui met le haut en bas. Ils s'imitent mutuellement et la situation les fait plus compères qu'adversaires : ils ont à prendre femmes, ensemble, dans l'autre camp. Quant au « mauvais », il n'est jamais si fort, quand il montre l'oreille, qu'un pardon final ne puisse le récupérer.

Robert Mandrou [1] montre que la littérature de colportage laisse côte à côte dans une indifférence irrésolue les deux veines, de la passion ravageuse et belle « dont le mariage est le tombeau », et de la rareté appréciable d'une bonne épouse. Le théâtre de Marivaux simule une synthèse : conjuguer l'amour passion avec la bonté du mariage, « le prompt et le durable » *(Les Fausses Confidences),* sans aller voir de l'autre côté du mariage ce qui s'y passera.

En quels termes caractériser le savoir de Marivaux? A la différence du public qui assiste pour la première fois à du

1. *De la culture populaire aux XVIIe et XVIIIe siècles,* Stock, 1964.

Marivaux et le reçoit en sa créance, en termes de vraisemblance du fabuleux, l'auteur est aux prises avec un schème à la fois structural et symbolique (« l'amour chez moi n'est en querelle qu'avec lui seul, et finit par être heureux malgré lui » disait Marivaux), dont il fait varier les projections, la figuration, la mise en perspective, animant des rôles et des personnages qui ont déjà fonctionné et joué dans les pièces précédentes. Il ne démystifie pas un public; il ne le mystifie pas non plus. Il transpose le noyau d'une fable, représentable à telle variation près qui le déforme pour l'informer, il en propose une image pour interpréter et aider à comprendre ce qui se passe, comme on cite une légende ou un proverbe pour éclairer la demi-lucidité du songe de vivre. Tous, le public, les comédiens, sont joués; il faut être joué pour qu'il y ait comédie; le jeu vous associe, dont on connaît les règles, mais sans connaître la signification des règles. L'auteur joue en tentant de suggérer la signification des règles : que le jeu de la vie vous fasse jouer : en *acteur de bonne foi;* telle serait une des dernières leçons de Marivaux; il faut se donner la comédie, se jouer, et aux autres, son propre rôle, dans la distanciation du grand rire de vivre qui vous fait prendre conscience, pour être moins dupes.

Le littérateur n'est pas l'anthropologue de sa société; ses observations forment un savoir sociologique, et sa philosophie une sagesse; non pas la science d'un objet social constitué, mais un modèle pour vivre en société. Cela aussi nous intéresse : notre culture a inventé de vivre en régime de liberté ce que les « humains » ont à vivre et vivaient en nécessité. Le sujet de la raison est celui qui ne se reconnaît d'autre maître que soi-même, disposant de soi dans sa parole; il y brûle d'amour-propre et désirerait méduser l'autre liberté qui, par essence et hypothèse, étant la même, est irréductible – à moins que l'amour ne le désaltère... Le sujet, assujetti à soi-même, comment aimera-t-il encore? Mais songeant que 90 % des mariages humains aujourd'hui, en cette fin du XXe siècle sur la terre sont ethnologiques, légalisés sous des lois qui échappent aux intéressés, nous mesurons combien la comédie est leçon de liberté : imaginez Marivaux joué en Iran ou en Guinée.

Les questions vont procéder.

Y a-t-il de quoi, par le langage en situation d'interlocution effective réelle, c'est-à-dire simulée (car le théâtre nous donne à comprendre que le réel est toujours simulé), y a-t-il de quoi par la parole, donc, dans le milieu d'une langue commune « naturelle » et des dialogues, non pas traités abstraitement, linguistiquement, mais au théâtre, par répliques, par la représentation du dire et de ses dictions aux prises avec l'Interdiction (les multiples aspects de la Loi, des règles qui lui sont subordonnées et de leur contradiction par le refus d'un « sujet »), y a-t-il un moyen de simuler la guérison, c'est presque guérir, de la répulsion des Amours-Propres, de la contagion des rivalités, du jeu mimétique des désirs; quel est le rapport du dire l'amour – qui est un faire, selon l'expression du temps – avec l'inconstance contagieuse des désirs et finalement avec la réalisation des paroles désirantes. Comment le milieu de la représentation, celui qu'encadre et surexpose le théâtre, où des hommes se présentent eux-mêmes et les uns aux autres, sont en représentation et se font des représentations, montrance et remontrance, peut-il à la fois déchaîner et prévenir la catastrophe qui rôde sur la dispute humaine, déchaîner la réaction mimétique et la contrôler; « l'action de mots », en quoi consiste toute l'action de ce théâtre, on l'a dit (cf. Deloffre), comment peut-elle guérir de la scission terrible de l'être (en) deux que le langage, toujours déjà théâtral, a précisément rendue possible (cf. *La Mère confidente,* assez caricaturale à cet égard, où la mère dit qu'elle se dédouble, et ainsi se dédouble, en mère et amie de sa fille), et induire orthopédeutiquement, si je puis dire, l'amour vers le mariage, dans l'élément du s'entretenir en disant, pareil à celui qui fut de la maïeutique salutaire au début de notre histoire, et celui de la cure analytique du côté de la fin de notre histoire? Ou bien cette « École » (*L'École des mères,* dans tous les sens), cette pédagogie de l'Amour par les représentants de la Monogamie (parents, servants, suivants, précédents, assistants...) n'est-elle que le bouclage de l'illusion, la refermeture dorée de la grille un moment ouverte en trompe-l'œil pour des amants de l'amour, la domestication brillante des désirs fermement et doucement resocialisés après le petit tour de leur escapade, de leur dévergondage rêvé, tandis que Marivaux ferait semblant d'y croire, mais son langage serait double, et sous les virtuosités de sa propre censure il serait en train de cligner de l'œil et du mot, contre son propre texte et ses propres personnages, pour initier les hommes du futur à la perversité et à la révolution... !

Psychologie.

Ne sommes-*nous* pas fatigués de la psycho-éthique, du parcours en labyrinthe et chicane, du tourniquet qui nous donne la vraisemblance par vertige, qui nous en fait accroire? Marivaux le sait bien déjà d'une certaine manière : d'où la supériorité du théâtre, par la complexité d'une machine automatique, qui en sait plus que son démiurge, et l'avantage des dialogues joués par acteurs sur les intentions de leur auteur.

La subtilité à percer les autres arrive vite à son terme : à démasquer les « véridiques » mêmes c'est-à-dire ceux qui dénoncent tout et tous – ce qui inclut la position du moraliste même au moment de cette analyse. Il ne lui reste qu'à tolérer le ridicule, admettre en souriant la vanité voyante, préférer (dire qu'il préfère) le défaut non dissimulé. Il n'y a plus de supériorité d'un sujet mieux placé mieux sachant. Le moraliste disparaît.

Quand, dans notre quotidienneté moderne, nous sommes pris par exemple aux conversations psychologiques, dans le vécu d'une mondanité devenue insuffisante, c'est l'ennui.

Le monde de Marivaux, entendons : sa ruine, s'il est vécu au lieu d'être considéré au théâtre, nous accable. Être pris « pour de vrai » dans le jeu des portraits, dans la médisance indémêlable, là d'où on ne peut sortir par les moyens de la psychothérapie, dans l'élément de la parlerie, où il n'y a pas de vérité dont ce monde puisse accoucher par ses propres moyens, c'est le désespoir. Nous pensons détenir la loi de socialité mieux que lui. Et plus les choses s'aggravent, en passant par exemple de la socialité parisienne sous la Régence à la socialité soviétique d'*Ivangrad* (je pense aux livres de Zinoviev), mieux nous savons, et plus la transformation est impossible.

Mais qu'est-ce qui nous intéresse donc si fort à la représentation de ce monde; de quoi est-ce la fable? Qu'est-ce qui dans le théâtre est plus fort que ce dont le théâtre est la mise en scène; quelque chose qui n'est pas de l'ordre du savoir puisque le contenu explicite de ce qui s'annonce et s'échange n'est pas autre que celui que nous lisons aux pages romanesques ou moralistes?

Serait-ce qu'il n'y a pas de psychologie chez Marivaux? le personnage, le rôle seraient une pièce du dispositif fatal, un détail d'intrigue agrandi et en marche?

Mais la passion?

Voyez l'extraordinaire étanchéité qui disjoint les groupes en société, fait floculer les archipels d'affinités, sépare d'un réticule mince, peu visible et intraversable, des êtres cependant très proches, selon la parenté ou le voisinage des fonctions. Une vue sociologique, trop abstraite souvent par statut, c'est-à-dire se constituant d'une mise entre parenthèses du psychologique, parierait que telles personnes qui se ressemblent par le site et le travail, s'assemblent; il n'en est rien, et dans les milieux les plus cohérents les indifférences et les hétérogénéités les plus précises disjoignent des gens qui tout en étant ensemble se méconnaissent complètement. Comme leurs propres enfants peuvent ne pas s'intéresser à leurs parents, et réciproquement. La passion? Elle est ce qui distrait absolument.

Or je cherche la passion chez Marivaux, disons, dans le théâtre de Marivaux, et, pour un lecteur qui viendrait de quitter *Horace, Alceste* ou *Phèdre,* il ne semble pas que les êtres marivaldiens soient de grands passionnés. Où est passée la passion? point de passion chez Marivaux? Son théâtre n'est-il pas d'amour? On cherche la grande passion amoureuse et on ne la trouve pas [1]. Il paraît qu'elle n'apparaît pas; pour plusieurs raisons, dont je dirai quelques-unes. D'abord pour cette raison très générale qu'il n'y a point de psychologie chez Marivaux. Au sens où l'on parle de psychologie fouillée du romanesque, de l'individualité de personnages. Point de psychologie qui singulariserait et identifierait les deux (ou quatre) termes de la relation amour. Les protagonistes du jeu amoureux (ces Ils – le masculin l'emportant – à bord de leurs Iles) que leur nom propre, fonctionnel situe en tant que rôle, n'existent pas. Il s'agit du rejeu (nouvelle donne, nouvelle partie, que ses acteurs comparent expressément, parfois, au piquet ou à tel jeu de cartes, par un emblème du théâtre dans le théâtre) d'une loi et de ses règles, qui représentent aussi la règle même du théâtre. C'est par position qu'ils se distinguent pour un public. Quelques stéréotypes suffisent à profiler « le plus galant homme de la terre [2] », ou « ce qu'il y a de plus beau dans le monde [3] ». C'est la logique de l'hyperbole, des superlatifs théologiques, qui impose sa loi (jusqu'à Giraudoux). Nulle comparaison, nulle précision, mais la

1. Rare, la « situation » du Dorante des *Fausses Confidences,* dont on nous demande de croire qu'il a été « égaré, extasié » par la passion (I, XIV) avant le lever de rideau : donnée abstraite.

2. Frontin, de Damis, dans *Les Serments indiscrets* (II, IV).

3. Ergaste, de Clarice, dans *La Méprise* (sc. II).

formule monotone du maximum : ce qui convient aussi bien à n'importe quelle singularité, le pathos de l'Unique justifiant l'isolement de *cet* amour exemplaire, entre Dorante et Angélique – ou qui vous voudrez. Paroxysme permanent comme au style de préciosité et de mystique, à mots clichés : « Hortense – Vos expressions sont vives et pressantes, assurément, il est difficile de rien dire de plus fort » (*La Méprise,* sc. IV). La plupart des phrases, prises une à une, ne distinguent pas le style de Marivaux; mais c'est la vivacité de l'interlocution, la vitesse par répliques de l'action de mots qui fait le marivaudage, pour forcer une résistance inouïe, par exemple celle qui fut précontrainte par l'éducation des filles. Et quand enfin parle l'amour, c'est le *Madrigal,* c'est l'*Oaristys.*

Les effets de la sympathie.

Mais si maintenant, lisant et relisant ce Théâtre, nous prêtons attention aux diverses espèces de l'attachement et de la répulsion qui tourbillonnent autour du couple principal, pour en favoriser la relation, nous pourrions relever bien des satellisations passionnelles – Passion de Lisette pour Silvia, et réciproquement, comme d'Arlequin pour Iphicrate[1] en général, c'est-à-dire de maîtres à serviteurs, de serviteurs à maîtres. Au terme de ces réductions phénoménologiques que sont les *Ile* de Marivaux *(L'Ile des esclaves; L'Ile de la raison),* qui par variations imaginaires changent les conditions, en l'occurrence par un renversement de l'ordre social, moins carnavalesque qu'utopique et contrôlé, il ne reste essentiellement donc qu'un pacte de tendresse par où les deux partenaires, dans l'écart maintenu entre les positions que la révolution culbute, se reconnaissent passionnément une identique et mutuelle *humanité :* Spinette et sa Comtesse[2], ou Cléanthis

1. Personnages de *L'Ile des esclaves.*
2. *L'Ile de la raison.*

et Euphrosine[1], l'une descend quand l'autre monte, tour à tour (la révolution complète est à deux tours) et à un certain moment elles se croisent sur le même palier, elles se saluent à égalité de larmes, fugitivement et décisivement comme quand l'essentiel transparaît, et en pleurant se relèvent l'une l'autre. Voici l'amour qu'il ne faut pas oublier, semble dire Marivaux en cqfd.

Passion des Parents pour les Enfants, et réciproquement. Relisons *La Mère confidente*[2] : Madame Argante ne peut souffrir l'*enlèvement* de sa fille; elle se fait la rivale de Lisette, confidente de sa fille – inexpiablement. Elle se dédouble, littéralement et dans tous les sens, pour occuper toutes les places de l'autre par rapport à Angélique, et garder ainsi sa fille : interdire l'amant rapteur. « Tout mais pas ça » – ainsi parle le chantage à la mort. Mais par là, enseignant à Dorante à renoncer, à mourir, à perdre son tout, elle le révèle digne d'épouser : le mariage des amants peut avoir lieu – au prix de l'exclusion de l'indigne Lisette, et c'est une des rares pièces de Marivaux où quelqu'un n'assistera pas au mariage. D'autres modes de la passion seraient à analyser dans la perspective où les objets investis ne sont pas des désirs mais des idées; ce qui loin de nous faire quitter le théâtre de l'amour, charge de plus de vraisemblance son imitation de la vie. J'en indique trois :

– La passion de dire le vrai, ou curiosité qui fut pour Pierre Carlet passion d'écrire toute sa vie, se fait représenter dans la pièce comme celle de dire le secret. Une passion masque une fonction sur la scène, où le vraisemblable est l'alibi de l'opératoire. La passion des Lubins ou Arlequins, parente de celle de la *commère,* qui est de médisance, ou de tout dire à tort et à travers, fournit à l'emploi capital de permettre la communication. La machine théâtrale marche à la propagation du secret; au début un ou deux protagonistes sont dans le secret

1. *L'Ile des esclaves.*

2. Ou dans *La Joie imprévue :* « Cet enfant-là a pour vous – dit Pasquin à M. Orgon, père de Damon – un amour qui n'est pas croyable » (I, vi).

(qui n'est pas le secret des dieux, et c'est une manière de remarquer la différence entre tragédie et comédie), et le drame s'achève quand tous partagent le secret : il y faut des agents de transmission, des rapporteurs, dont l'emploi est économique quand il est tenu par des gaffeurs professionnels qui trahissent aussitôt le silence qu'ils ont juré d'observer (Lubin est une cabine téléphonique : une pièce le fait marcher). Dans le théâtre, le point de vue surplombant de l'auteur, loin d'être réservé à tel personnage (à la différence de la position du narrateur dans le roman, ou de celle d'« habileté » ultime dans les journaux du moraliste), est partagé à ces facteurs de vérité que sont les confidents et jusqu'aux serviteurs malappris dont la maladresse, rendue plausible par la psychologie de la naïveté, jointe à leur agilité (corps souple d'Arlequin), sert le procès de vérification.

– Et aux journaux comme aux *Ile,* passion de la *justice :* qui va jusqu'à tuer l'autre : « C'est que je vois de ma fenêtre un homme qui passe dans la rue, et dont l'habit, si on le vendait, pourrait marier une demi-douzaine d'orphelines; voilà un vrai gibier pour un chasseur de mon espèce : ah! que j'aurais de plaisir à tirer dessus, du grenier où je suis! » *(L'Indigent philosophe,* 5e feuille).

– Encore : passion de Merlin qui représente l'auteur, pour le théâtre, et de Madame Amelin pour le rire à la représentation (*Les Acteurs de bonne foi,* pièce testamentaire de Marivaux); elle les aura! Elle les a eus!... Rire ensemble et ainsi être ensemble des amours humaines, en s'en donnant la comédie; les thématiser comme jeux, du hasard de l'amour et de l'amour du hasard qui fait d'autant mieux les choses qu'on l'organise; frayer cet entre-temps de la vie au spectacle de cette scène *rentrée* ni dedans ni dehors qu'est un théâtre, c'est réfléchir la vie sociale, sans la quitter comme Alceste, faire coïncider le plaisir et les règles, comme aux jeux de société.

Le triomphe de l'amour est un triomphe sur l'amour, entendons que pour se réaliser, creuser son lit, si je puis dire, régler ses coupes et ses couples, l'emportement amoureux « doit » comploter, trahir, triompher des obstacles, interdire d'autres possibilités, exclure... Une volonté du meilleur (entendue comme synthèse de la loi naturelle, du sentiment, de la conjugalité culturelle), des libertés singulières, et de l'ordre civil, distincte des intérêts du désir, et alliée de la raison sociale anime la passion calculatrice de l'*artiste,* cette figure dont la réplique sur la scène est le couple Merlin-Amelin : auteur de la représentation des lois de la représentation qui sont aussi les lois de l'hospitalité.

Histoire d'amour.

Ils font tous la même chose (en langage d'aujourd'hui : « Ils ne pensent, tous, qu'à ça ») : l'amour. C'est la condition fondamentale, ce qui les réunit, là, hommes au même titre. C'est donc le trait de nature. Qu'ils soient maîtres ou serviteurs, grands ou bourgeois, princes, confidents, naïfs ou rusés, valets, paysans..., c'est le principe d'égalité; l'intérêt commun, la connivence qui fonde leur reconnaissance mutuelle, leur *tendresse* réciproque. C'est là où ils en sont, que les saisit Marivaux. Nulle différence extrême d'occupations, d'idées, de mémoire; pas d'hétérogénéité telle que leur présence ensemble à un même monde soit compromise, déchirée par la question du monde et du même, l'un soucieux d'armes, l'autre de philosophie, celui-ci de Dieu, celui-là de voyage...

Ils sont ensemble au service de ce qui les identifie : l'amour, et, principalement, une fois encore, l'amour sexuel, hétérosexuel, gamique. Et ils n'y sont pas non plus comme dans une auberge espagnole, venus du dehors et d'extrêmes dissemblances, pour un moment seulement soumis à la nécessité de l'étape faisant la loi de l'amour et des récits. Mais pour se confirmer, – depuis le rêve d'Arlequin sorti des côtes de la Fée jusqu'au rêve d'Azor-Églé engendré de la querelle conjugale du Prince et d'Hermiane – se confirmer leur humanité; fouiller cette unique différence fine, recommencer à réussir, nouer et dénouer, n'en revenant pas, ce qui les amenait là, faisait être ceux-ci et ceux-là, cour d'amour, tournoi d'amour, la possibilité de l'amour impossible.

La condition humaine ainsi réduite est plus forte que la différence de conditions sociales, que ces différences, fortes mais arraisonnables, de générations, de richesses... L'amour tend à être plus fort que toutes les différences données, à certaines conditions près. L'entrée en scène de Marianne, et de Jacob, nés à partir de rien (ignobles, anonymes), sur la scène sociale selon les règles du paraître, de l'expressivité, du langage, a déjà rendu possible, parce qu'ils sont présentables, la réussite de ces êtres de représentation.

... Comme aujourd'hui encore au cinéma, toutes autres différences confondues, princes ou faquins, importants ou prolos, érudits et analphabètes, sont embarqués et retenus dans la même histoire d'amour, pour la milliardième et une fois.

La situation a été réduite, *a priori,* à ce non-secret : il y a amour. De quoi y a-t-il être, jeu... ? Réponse : de l'amour. Il s'agit de l'amour. Y a-t-il secret, alors, quant aux sujets, aux partenaires et protagonistes ? Oui et non : pour eux et pas pour eux; pas pour les autres. Il n'est pas secret qu'ils s'aiment, vont s'aimer, sont faits pour. De ce secret relatif à la manifestation, l'exposition, la publicité de l'amour, il y a passage, et non aporie, même si on la frôle : comédie.

Daphnis et Chloé.

L'Amour a besoin d'être guidé. Les aventures sont celles de Daphnis-et-Chloé de la psychologie, non de la physiologie : les deux de la différence sexuelle, mais il faudrait dire du cœur, ne savent pas, croient ne vouloir ni ne pouvoir se conjuguer. L'Amour est aveugle, cela veut dire chez Marivaux qu'il lui manque non la vue, puisque c'est dans la rencontre des yeux qu'il se déclare, mais un truchement complexe dont l'élément est le langage, dans le milieu de l'interlocution sociale. Il faut des Dubois *(Les Fausses Confidences),* ces opérateurs de connexion pour faire réussir l'opération ou mariage. Souvent, pareils aux quantités différentielles, ils se retirent une fois le problème résolu, auxiliaires décisifs et négligeables. L'Amour tout seul tâtonne et se trompe, venant buter sur lui-même dans son obscurité d'Amour-Propre. Il lui faut se jouer contre le désir qui veut tout, et contre l'Amour-Propre, qui ne veut rien.

Faute de témoins et arbitres, qui sont de deux espèces hiérarchisées, comme du couple Carise/Mesrou au couple Hermiane/le Prince *(La Dispute)* qui veillent sur les identités tout en déchaînant l'épreuve des reflets et des doubles, le succès de l'amour serait improbable, comme le suggère *La Dispute* où les jeunes Daphnis et Chloé dédoublés par leurs images réfléchies qui les fascinent et ne sachant plus de qui obtenir la conciliation de leur amour de soi et de leurs amours, échappent, presque, à ces éducateurs hardis qui ont fait éclater à retardement la nature dans une construction culturelle abstraite.

L'amour est entraîné par le désir, et distinct du désir dont il ne parle pas le langage. Peut-être parce que le désir est muet? Aphone, illettré, en deçà du langage? Il y a la menaçante dispersion du désir, indiquée dans *La Dispute,* sa polymérisation et son vagabondage, du côté de cette Nature insuffisamment éduquée. Il y a sa disponibilité instantanée et sa précipitation dont le rythme est indiqué par les amours des serviteurs, qui à la fois servent de modèle et montrent ce qui n'est plus possible dans le monde des Maîtres. Question de vitesse et de résonance en phase : tantôt l'affaire trop vite conclue est comique dans sa simplicité excessive, tantôt son orthogenèse rapide mais sans excès, doublant les amours des Maîtres qu'elle accompagne, et pilote, entraîne et rend possible. Parfois les inférieurs enseignent la vraie manière de s'aimer et le *code* de la conduite amoureuse; car c'est bien d'une culture qu'il s'agit, plus proche de la nature. On relira tout à l'heure le passage de *La Double Inconstance* où ce code « naturel » est décrit, et où c'est, en propres termes, la vue dont ces petits hommes s'aiment, qui par mimétisme du désir inspire au Prince comme à Flaminia leur projet de séparer le couple bien fait des petits hommes pour en aimer chacun le terme de la relation qui lui revient selon la différence sexuelle : le Prince Silvia et Flaminia Arlequin. Tantôt les serviteurs rappellent, rejouent, le schéma de la succession culturelle heureuse, primitive de l'amour et du désir, depuis la nouvelle rencontre des yeux jusqu'à la parade langagière et à la promesse; tantôt leurs promptes et quasi animales accordailles offrent la caricature, pour faire rire un public, et l'inversion, de la bonne formule de l'Amour-sur-Désir. Au reste, il n'y a pas que deux mondes dans un même monde social, et plusieurs transitions sont ménagées, évoquées ou possibles : les amours bourgeoises répliquent, imitent et bordent les amours aristocratiques, comme les amours rustiques reproduisent (ou produisent) et caricaturent les amours des serviteurs; la demeure grand-bourgeoise est proche et distincte du château; la chaumière ou la ferme est voisine et différente de l'office : il faut distinguer bien sûr, les Dubois et les Arlequins, les Merlins et les Blaises; dans l'équivoque des noms, dans l'hésitation et la confusion parfois des langues, entre les deux pôles du beau-parler et du patois.

La contemporanéité des désirs, le en-même-temps ou égalité du désir, le partage faute de quoi il n'y aura pas de certitude ni de durée, rencontre l'obstacle de la loi de l'échange où il doit se sceller : je veux dire l'ordre de succession qui est à la fois celui de la convenance, puisque c'est l'homme qui doit (se) déclarer en premier, et celui du langage puisqu'on ne peut parler que l'un après l'autre. Le retard culturel de la femme (ou de « l'autre », en général) prescrit et par le code et par la pragmatique langagière, doit être conjuré sans reste, par la simultanéité (impossible) d'un aveu conjoint qui assure chacun que c'est bien au premier regard et en même temps qu'ils s'aimaient – se sont aimés, se seront aimés. L'institution n'est pas mauvaise en soi chez Marivaux. Le stratagème ne consiste pas à tourner ou déborder, à ruiner l'institution, la convention ou le contrat comme si la Nature et la Loi étaient à jamais désaccordées. Et si la sagesse des Parents a prévenu le désir des enfants, c'est pour les faire mieux coïncider dans le mariage, où le consentement et le contrat social les auront précédés, pour les mieux soutenir, même s'il a fallu ruser pour ménager le moment de leur tête-à-tête libre, la possibilité réelle de leur refus.

L'amour ne transgresse certains confins de l'exogamie que pour en déplacer les limites infranchissables, et le travestissement qui brouille les différences sociales avec des apparences ne peut que préparer le triomphe de la vérité, de la convenance des cœurs et des conditions.

Cette différence rend possible le travestissement : la dissimulation de sa condition sous les oripeaux d'une autre, l'emprunt d'un masque. Mais la traversée des apparences n'est pas si menaçante qu'elle introduise la confusion dans l'être; on peut jouer, par le travesti, à tendre des pièges pour précipiter l'issue heureuse, comme les dieux *(Amphitryon)* pour gagner les mortelles (est-ce que les maîtres ne sont pas des « dieux » pour les valets?), l'identité n'est jamais perdue.

Amour et Occident.

1980. Couple dans la rue, avec d'autres, un couple, quoi! Et celui-ci; une jeune Américaine, blonde comme une truie, et paire en mamelles, et un métis jaune et beau. Mariage de deux races, comme ils disent : Beauté! Ils disent races pour faire peur et faire passer une différence abstraite, et soupçonner, accuser, l'amour comme le dissolvant de la stabilité différenciée. Comme si l'amour, incestueux, surmontait les différences chéries pour les dissoudre et entraîner tout dans la ruine : ils ont inventé une connivence de l'amour et de la mort tragique... Mais, regardez, je ne le trouve pas indifférencié ou indifférenciant, mais l'inverse : activant, montrant les différences, et s'éjouissant en elles.

Ainsi, le thème occidental de l'amour voué à la mort parce que trop-fort dans son plus-fort-que-les-différences, est un coup monté, un procès truqué, punitif, alibi; terreur retournée en accusation.

Cette version catastrophique, cette fable-catastrophe, née de la peur en mensonges, de l'amour-mort, raciste parce que redoutant le jeu d'une différence forte caricature qui feint que l'amour ait partie liée avec la destruction (« Amants, prenez garde, vous serez punis par votre amour même! »), désire interdire cette vérité que l'amour est différenciant.

Imaginons Descartes amoureux.

Le sentiment est illimité; quelque chose en son être se dérobe à l'objectivité : je ne sais pas si j'aime, je ne suis pas certain d'être aimé; ces deux aspects sont corrélatifs. La preuve, le signe (billet, portrait, mot échappé, regards...) coopèrent à l'œuvre commune. La conjecture, l'inquiétude ont intrinsèquement part au désir d'aimer que le désir d'être aimé va relancer, et à la vie théâtrale de l'amour. Temps du sentiment pendant lequel, dit encore Marivaux, notre âme entre dans le droit de connaître; la demande de certitude là où la possibilité n'y a pas droit fait une souffrance.

« La certitude d'être aimé nous distrait du désir de l'être », dit *L'Indigent philosophe*. Mais y a-t-il jamais certitude, possibilité pour une certitude? L'amant cherche des signes certains, par l'épreuve; et, quant à lui, prend plaisir à distendre ce laps entre le désir d'être aimé et la certitude de l'être, qui est le temps où l'amour s'occupe de l'amour. L'amour est un sentiment, une chose sans bords, et il n'y a pas là de certitude comme à percevoir ou à concevoir quelque chose. On dirait que le sujet à l'amour n'est lui-même certain d'aimer que pour autant qu'il l'est d'être aimé; dans la réciprocité, donc.

Cela est vrai aussi du rapport des valets et des maîtres, qui devront se le redire dans l'épreuve qui leur a été réservée, par exemple à *L'Ile de la raison,* pour renouer le pacte qui les lie. Cette équivocité tient sans doute à l'essence de l'amour, et en tout cas à une complexion psycho-sociale caractéristique de l'époque et de ses personnages : la crainte d'être dupé dans un marché qui serait inégal. Faiblesse de l'amour, égoïsme de l'amour qui ne voudrait pas se donner; il sait ce qu'il en coûtera à l'un si l'autre ne fait pas de même, et les amants de Marivaux sont des êtres dont souvent un premier amour inégal a fait le malheur. Les parents et les enfants aussi entendent se rassurer sur l'amour qui les lie [1]. Marivaux ne se lance dans une histoire d'amour que s'il est sûr que les deux finiront par s'appartenir. Il n'y a pas d'amour malheureux [2]. Satisfaire l'amour, disait-il encore, est un des plus sûrs moyens de le faire cesser : c'est justement ce qui fait cesser la pièce. Il faut donc aux amants s'assurer incessamment que l'autre, l'imminent partenaire et provisoirement adversaire, dans ce jeu, sait jouer; ou, disons, s'engage, ou se découvre engagé dans l'histoire d'amour au même degré que l'autre. C'est de quoi l'informent les autres, intermédiaires coadjuteurs, servants de l'amour, dans la plupart des scènes qui leur sont réservées, aux intervalles entre les scènes où se méfient les amants l'un de l'autre.

Il y a un lien du désir à la métamorphose, et un lien du sujet amoureux à l'identité et à la constance : dans cette contradiction vibre l'être marivaldien. Comment être *certain* d'être aimé soi-même, « pour soi-même »; d'être soi-même... dans l'amour : question cartésienne modifiée pour un sujet en proie au désir de l'autre. Le sujet en est un que son désir aliène et qui en même temps a appris à *se poser* (dans) la question cartésienne de la certitude.

1. *L'École des mères :* ou comment devenir parents; l'épreuve intéresse ce devenir; il y a un devenir-parents, culturel, par et dans la phase du mariage des enfants qui est épreuve d'initiation pour les parents.

2. – C'est faux! Pensez à Marianne!...
– Je parle du théâtre.

Éric Gans m'écrit ce matin de Californie à propos de Marivaux que sa comédie se joue à montrer comme l'aliénation de désir est récupérable mais ne va pas au-delà de l'autre. Formule bonne dans son abstraction. Le désir consomme de l'autre, pour revenir à soi; et il lui faut de l'autre. Ça tourne en rond dit l'expression populaire. Menuet; partie de cartes...

Secret et publicité de l'amour.

Il y a une contradiction au cœur de ce qu'on appelle amour, une opposition entre le psychique et le social de l'amour, qui fait une « nature » divisée de l'amour, un « phénomène » vécu dans le contraste que dirait cette proposition paradoxale et stéréotypée : les amoureux sont et ne sont pas seuls au monde. Marivaux hérite un savoir et une tradition de l'amour qu'il n'a pas inventés, la recherche du compromis en général entre les deux aspects, même s'il en date une formule.

D'une part il faut à l'amour s'intéresser au monde commun et trouver dans cette relation forte qu'il entretient une objectivité qui tienne lieu de monde. Mais il y a en lui, l'amour, quelque chose qui demeure étranger au monde, qui fuit la publicité, que l'exposition corrompt (comme « les preuves fatiguent la vérité »); ses actes (ainsi est-ce la pudeur) désirent échapper au regard de tous y compris de leurs auteurs-acteurs; faire l'intimité et le secret même. D'où un rythme paradoxal : c'est l'alternance de la prise à témoin et de la recherche du tête-à-tête (succession des scènes au théâtre, qui recherchent la scène et la fuient : oscillation); ils font assaut dans le paraître, et désirent l'institution qui donne de la substance. C'est la loi de la rencontre et du risque sur des signes qui doivent valoir pour les autres; objectivité du code; universalité ou généralité des sous-systèmes de la cour amoureuse, langue commune. Et en même temps le sexe reculé se soustrait au paraître et à sa propre réflexion.

Ou : quelque chose de très fort résiste à l'aveu, à l'explicitation, à la simultanéité, à l'identité. Un exemple : la loi du taire sa mort au mourant n'est pas de convention banale. Autre exemple : la maladresse ou la carence de l'autre qui empêche la réussite érotique commune ne peut être énoncée dénoncée simplement dans l'intimité. Il y a du secret à partager... en secret. Si je sais qu'elle sait que je sais qu'elle sait, ce qui ne peut se produire que dans l'objectivation expressément verbale au niveau de conscience que nous ne pouvons plus ignorer que nous partageons puisque l'*événement* de la déclaration aurait eu lieu et que nul ne peut feindre de ne pas l'avoir entendue, alors le risque est que plus aucun progrès, que protégeait la quasi-dissimulation, ne puisse avoir lieu. La croyance, ou *pudeur,* ou feinte, qu'elle ne sache pas que je sais qu'elle sait que je sais est indispensable à l'être-bien-ensemble. La *retenue,* le ne-pas-tout-se-*dire,* la différence entre le tout, réservé même si chacun à part soi pense que l'autre peut le penser, et la révélation progressive, la diminution de la distance entre l'indicible et le dicible, le silence où nous ménageons cette possibilité de feindre l'ignorance, rend possible la gestion de l'impossible, la progression vers un accomplissement. Il faut du silence, du tacite, sur ce que nous partageons sans en parler pour ne pas transformer en impossibilité réelle la situation aporique : pour écarter, repousser, la fin.

Donc : d'une part comme tout être, cet être, l'amour, suppose la réflexivité et le paraître [1] (« ce qui apparaît à tous c'est ce que nous nommons l'être » — Aristote); et d'autre part, pudeur, intimité, secret le conditionnent, le font être tel, dans sa soustraction à son propre regard et jugement.

Et sans doute la vanité des personnages d'une caste à cette

1. « Figurez-vous deux cœurs qui partent ensemble; il n'y eut jamais de vitesse égale! On ne sait à qui appartient le premier soupir, *il y a apparence que ce fut un duo* » (*L'Heureux Stratagème,* I, XII).

époque aggrave la vacillation de l'amour; mais qui ne tient pas qu'à elle.

Gagner la région publique et mondaine pour y chercher confirmation de ses secrets, garanties de sa valeur excessive; consommer des signes et des preuves qui attestent que rien ne l'égale et que tout lui est égal, ce sont travaux d'amour qui par définition est plus-fort-que (quoi que ce soit), comme le Dieu de la preuve ontologique.

Il y a affinité entre les paradoxes de l'amour et la nature de ce langage : *marivaudage,* où se « fait l'amour » comme on disait alors, qui est aussi bien effrénement et frein, objectivation et rétractation, mot et demi-mot, entente et mésentente : duplicité conforme au double jeu du dire, dont les dictionnaires font état sous un aspect, parmi d'autres, en dépliant le dédoublement du « littéral » et du « figuré », qui permet le dire sans dire, le dire et dédire.

« Les Serments indiscrets » ou Lucile et Damis.

L'héroïne marivaldienne la plus crispée, la plus opiniâtre (sur cinq actes), la plus étirée : Lucile.

Dans sa préface, une des rares, et explicites, d'un Marivaux à la fois surpris par l'échec de sa plus longue comédie, de son chef-d'œuvre (comment tenir la distance de Molière?), et « philosophe » s'en remettant avec douceur aux lendemains et à la seconde surprise du public pour que justice lui soit rendue, Marivaux repasse en analyse (démonte, remonte) le moteur de sa pièce, les pièces de la machination dramatique. Quels sont les fils du nœud?

a) Les lois du cœur; le « sans qu'il s'en aperçoive » (écho du fameux *lanthanestaï* grec) qui précède de deux siècles le dispositif inconscient-préconscient. De Lucile : « Son cœur commence par être la dupe de son projet de vengeance. » Impossible – pour la lucide Lucile même qui dira pourtant en clair que c'est le hasard d'avoir surpris le refus *a priori* de

Damis qui la mit au défi et la lança dans l'amour – de démêler, en clair, c'est-à-dire en relief, en détail et en logique, la duperie qui dupe les dupeurs, et qui tient sans doute, entre autres, à la loi de mise en perspective linéaire dans la succession langagière, au défilé du soliloque, de la simultanéité complexe, des mouvements du cœur.

b) La prévention du non qui refuse la Loi; la négation initiale – disons : *a priori,* antérieure même au lever de la scène – de la loi de conjugalité, qui les entraîne dans un « sacrifice » préventif, où déjà les deux se symétrisent dans le défi, à se lier d'un serment négatif, qu'il faudra parjurer.

c) La situation scénique : la contingence de la rencontre, le hasard du secret (le « cabinet » où Lucile s'est cachée – non sans que Lisette lui ait fait remarquer que déjà, de ne pas quitter la place purement et simplement, elle se laisse « piquer » c'est-à-dire prendre à la curiosité – premier alibi de la coquetterie –, aux lois de l'amour qui ne dépendent pas d'elle).

Le déroulement de l'action, détente de ce ressort, répond à la question : comment contrebalancer ce *fatum?* Comment les amants arriveront-ils à déjouer les obstacles, peu surmontables, qu'ils se sont opposés à eux-mêmes, contre-feu d'artifice qui a produit « l'amour ». Comment se contredire, comment « observer et trahir... » les règles qu'ils ont fixées pour cette partie – cette formule dit peut-être la manière d'un bon joueur. La précaution artificielle rend les héros artificieux pour le triomphe du naturel.

La Loi « naturelle » sera-t-elle plus forte que la règle (culturelle) que Lucile redit : la femme ne peut dire son amour la première. Elle en parle avec effroi : d'un « opprobre ». Elle est bloquée dans une espèce d'horreur, « hérodiadesque », sur soi. Équilibre antithétique des deux; jusqu'à ce qu'au milieu de la pièce (III, v) Lisette et Frontin changent de stratégie, et décident de favoriser le mariage. Ça pourrait se conclure, à des paliers successifs, à chaque fois, n'était l'implacable règle (III, vii), la stichomachie Lucile/Damis, où il s'agit, comme chez les enfants, de se ménager chacun le meilleur rôle, la position de suprématie de l'amour-propre : la brouille se renoue à chaque instant; il s'agit pour le moi d'être maître (j'ai à m'être) de la situation, indépendant, indifférent, inentamé par les initiatives de l'autre; d'annuler celles-ci; de faire qu'il ne se soit rien passé. Ils se reséparent donc à une vitesse foudroyante : en cinq répliques et pour toujours (III, vii); heureusement Lisette les retient; Lisette – Marivaux.

L'amour-propre n'est pas la coquetterie, mais son fond; la coquetterie est son procédé, sa tactique. Lui, c'est le soleil du solipsisme. Le problème est donc de la fusion de ces deux atomes solaires. Problème de genèse de la Société. La culture mondaine désocialise, en isolant les atomes, individus humains, dont l'amour-propre est le *cogito,* quel que soit leur sexe : les filles ont conquis l'égalité, sont déliées de l'obéissance muette aux pères, se retrouvent seules. Et ce mouvement est ambigument négatif et positif. Une forme d'amour, l'amour-propre, joue le rôle destructeur, désocialisateur, dépeupleur que jouait l'Amour passion dans certains mythes et leurs avatars littéraires. C'est le raffinement de la culture qui menace la socialité et son corps. En germe sans doute dans *Le Misanthrope* avec la coquetterie de Célimène, qui ne faisait pas le sujet de la pièce, celui-ci étant plutôt la mauvaise maxime de sincérité d'Alceste, « misanthropique », qui aboutit à interdire l'entretien humain; mais différente des menaces exposées par Molière (l'imposture de Tartuffe; la tricherie générale de Don Juan; l'« inceste » d'Arnolphe), c'est une nouvelle figure, celle de l'auto-suffisance, que la comédie montre avec Marivaux. L'enfer de l'amour-propre; le cœur bâillonné par des nœuds de langage. Mais qu'y a-t-il d'intolérable pour Lucile au seuil du mariage, au point de se révolter à l'idée même d'entrer en badinage, comme une autochtone qui pourrait se rebeller au seuil d'une initiation pubertaire? Elle a mis l'autre dans la condition de ne pouvoir faire sa cour, de ne pouvoir badiner avec l'amour. Tout devra être indirect, indiscrétion contre l'indiscret, équivoque.

C'est le langage qui est l'élément de l'équivoque : à la fois inconvenant, intolérable, et la seule voie pour le retour de l'amour interdit. L'insinuation est « basse », et le seul canal pour le retour de flamme. Une oscillation fébrile, à haute fréquence de stichomachie, au voisinage de l'équilibre. « Confusion d'idées » est le nom que donne Lucile à la pointe de lucidité où la discussion harassante l'a fait monter et dont par « les idées » il n'y a pas à sortir. Lutte à qui va renverser l'autre. Les mots peuvent dire le contraire de leur usage ordinaire, ainsi Damis (III, VIII) parlant de sa fidélité pour dire son obstination à ne pas aimer Lucile; et le mot tiré dans ce contexte insolite attend que sa simplicité lui soit rendue, mot d'attente qui prépare ainsi le retournement final où il reprendra ses fonctions — tout ce que les contemporains reprochaient, en somme, à Marivaux, comme à un « métaphysicien du cœur ».

Damis a « sacrifié son cœur et sa vie », ce qui identifie le serment de ne pas se marier avec le geste courtois : serment indiscret. La pièce en son exact mitan (III, I) parvient à l'équilibre paralysant : « PHÉNICE : [...] Pourquoi donc ne vous accordez-vous pas? DAMIS : Ma foi, je l'ignore. PHÉNICE : Mais ce n'est pas là parler raison. DAMIS : Je ne saurais pourtant y en mettre davantage. » Aporie, s'il n'y avait la loi des pères, des mœurs, la délicatesse ou qualité des deux de la relation, les serments indiscrets échangés, tous les autres!... Balance, stable; chacun prend l'autre aux mots, par guillemets, mentions, échos. Indiscrets sont les serments échangés, en ce que dire non à l'amour est tentant, et dire son amour est impossible; le non fait serment, on ne peut y revenir. Mais indiscret se dit des choses par lesquelles se révèle ce qu'on devrait taire, cacher : aveu. Lisette a remarqué dès le début que Lucile a déjà, toujours déjà, disons, fait le contraire, contrefait, sa résolution; elle n'a pas donné la lettre de rupture, elle a accepté de voir, de passer par le langage prévenant des yeux; retirée dans le cabinet où la surprise va la surprendre, elle qui croyait surprendre. Le discord remarqué par « l'autre » entre les intentions et la conduite fait procéder l'action, développe la logique de la contradiction à acquitter. La conjuration des valets qui change de signe au milieu de l'action va œuvrer à la solution fatale.

Le refus de l'autre.

Qu'est-ce qu'une femme aujourd'hui (ou un homme) qui décide de n'avoir pas d'enfant? Quelle fiction la requiert, toujours cartésienne? Qui l'arrache à ce que le XVIIIe siècle appelait encore « la nature »; et je ne parle pas du féminisme de l'abortif en général, mais de la contraception radicale, de la conception contraceptive, opération mentale de l'ego qui suspend « la vie », ne veut pas être un relais, une bulle, de la phylogenèse. Imaginons les prémices modernes de cette méditation métaphysique, où une jeune femme de 1730, Lucile ou Arthénice, « s'appartenant à elle-même » dans le moment de sa liberté de pensée et de pensée de sa liberté, se figurait et se projetait dans le « non » à l'amour, l'horreur du « mariage ». De sorte que le féminisme de Marivaux est ambigu : il est certes *pour* Angélique, Silvia, ou Mademoiselle Argante, ces êtres-femmes qui conquièrent leur liberté avec et contre parents et maris, dans et contre l'épreuve; mais il est *contre* Lucile ou l'autre Angélique (celle du *Préjugé vaincu*), contre l'interruption mentale de « nature féminine », qui s'appelle l'amour-propre, et qui risque de renverser la Loi du Baron de *La Surprise,* loi du mariage.

Qu'est-ce qu'une femme, ou un homme, qui décide d'être la dernière?

Au XVIIIe siècle la culture de cette haute caste française se serait coupée de ses arrières, du « naturel » de sa culture; se prenant au jeu du *dire de ne pas dire,* enivrée de l'impouvoir de dire; jeu difficile : étonnamment proche de cette mystique du langage qui se raffine quand la mystique ne tient qu'au langage – et qui peut faire une mystification; jeu propre au langage quand il s'exalte de *pouvoir* se couper de tout ce qui n'est pas lui par formules telles que « mourir de ne pas mourir », ou, plus humoristique, celle du « couteau sans manche auquel manque la lame », où l'être de raison, le dit, se tient nominalistement tout seul.

Se démarquer d'un naturel qui n'est que le code culturel de la caste inférieure, entraîne le discours dans une préciosité de la réticence qui stériliserait, presque, littéralement, cette haute société. Or celle des valets, loin de lui rendre la vie impossible, va lui faciliter gentiment la possibilité de l'amour. Ainsi la démultiplication sociale de l'humanité, qui n'est pas seulement un mauvais jeu de miroir, conserve la différenciation qui rend possible le jeu de l'impossibilité et de la réalisation de l'amour.

Dans les trois pièces « utopiques » de Marivaux, ses *Iles,* les différences qu'on dirait sociales sont retrempées au bain de leur dissolution risquée. Par là se comprendrait aussi l'apparition, à la fin de *La Dispute,* du « bon couple », culturel et stable, qui vient garrotter la mobilité excessive des échanges.

Ce *non* liminaire opposé à l'autre et aux autres qu'apposent d'emblée à leur entrée de jeu les déçus et les veufs marivaldiens, ces êtres repris par l'Idée du Célibat, s'il est « fonctionnel » puisque c'est le ressort des vanités piquées de l'autre et de chacun qui vont s'exaspérer de leur mise en symétrie au point de se jeter l'une dans l'autre, paraît en même temps vraisemblable, parce qu'il repose sur le fond d'une vérité psychologique (qui elle-même, pour le philosophe, en appellerait à une constitution métaphysique du sujet). Ce quelque chose d'odieux qui est en chacun, soleil noir de son identité, face cachée qu'un renversement de situation trahira, qu'est-ce? Qu'est-ce que ce noyau où mijote la désintégration?

En chacun, si magnifique qu'il puisse être, l'odieux peut percer soudain, silhouette fugace, à contre-jour de sa phase aimable, aura frémissante qu'une éclipse inattendue décèle; le contre-paraître de son comparoir : non pas son être véritable que l'hypocrite manifestation, réglée par la courtoisie, aurait dissimulé, mais la transparition étonnée autant qu'étonnante de cet invisible versant qui n'est ni le dehors ni le dedans. Et ce retournement a lieu, précipitamment, quand les conditions d'être ensemble sont carcérales, dans la resserre du bateau, de la tente, du car, de la scène... Haï de tout autre et de tout moi, ce je, en étant bien lui-même et personne d'autre! Je la connais cette formule, l'opiniâtre particularité de l'idiosyncrèse, je la surprends cette face comme elle se montre à l'autre envahi par cet odieux même de moi. Ainsi n'importe qui peut divorcer d'avec n'importe qui – reflux à contre-pente de cet « instinct secret qui, selon l'admirable formule de P.J. Jouve, poursuit l'intimité avec n'importe qui ».

Le roman, et le théâtre d'amour subtil même, obstinés le plus souvent à montrer la dépendance réciproque des deux *« amare-amabam »,* fascinés par le couple d'amants en train de se conjuguer, risquent d'omettre ce contre-jour.

Marivaux ne l'a pas méconnu : la Marquise et l'Ergaste des *Sincères* en font l'épreuve.

Obsession de ce que je ne désire plus : l'amour, le mal d'amour – obsession de la Comtesse, de Flaminia, de Lucile...

L'amour à l'empire duquel j'appartiens inexorablement par mon refus, ma crainte dégénératrice, mon dédire; qui m'y reconduit « fatalement ». Le dire-non à l'amour en est un ressort retors. Le dire-non fait une origine pour la rechute; le dire-non à l'autre qui dit non. Lequel a prévenu l'autre? Rivalité de Damis et de Lucile. La symétrie dans le refus nous apparente, nous identifie – insupportablement. Comment refaire une différence avec ça?

Le langage parle d'amour. C'est l'anticipation du langage qui entraîne, grâce aux doubles sens, double jeu, double entente; comme si le sens que n'entend pas le sujet de l'énonciation mais que l'Autre (langue, société) entend, dont il témoigne, m'avait prévenu. Le mariage reste la norme de l'amour.

« Dans le mariage, Marivaux voit la consécration et le triomphe de l'amour : les époux ne sont pas des amants assagis, plus clairvoyants ou plus désintéressés, mais des amants comblés dont rien ne devrait altérer l'ardeur et la joie » (M. Gilot).

Ce mal du temps, lié aux conditions de la socialité, aux règles du jeu complexes, brillantes, épuisantes : le dépit, qui a d'abord signifié le mépris; chacun est dépité. Une force centrifuge arrache à la société à proportion de sa concentration, de son exigence terrible en paraître, en échanges, en assauts, en ce surcroît de présence qui est l'étymologie de supercherie *(superculum),* qu'inflige la demande royale, puis la cour bourgeoise : force de l'amour-propre, dont une composante est sans doute le dégoût de l'autre, le dépit, l'*acedia* moderne. La misanthropie a commencé sous Louis XIV, ce mal-au-temps qui va jusqu'à Proust. Il y a chez l'auteur des *Journaux* un narrateur antisnob, identiquement misanthrope et philanthrope, ami-ennemi du genre humain, retiré dans la chambre où « Marcel » sera reclus. Mais l'auteur des comédies s'y oppose : « Soyons heureux ensemble! »

Il y a fausseté inouïe dans les rapports humains, non par méchanceté, mensonges délibérés, mais parce que ça sonne faux. Disharmonie constitutive, comme les hiatus et dissonances de la langue dans la langue qui jurent à l'oreille. L'amour est aussi volonté farouche de sortir de cette « fausseté de l'amour même ».

Là où décline le désir – sensualité et sexualité – s'évanouit l'intéressante étrangeté, disparaît la curiosité; tout est trop proche, trop vite connu. La différence sexuelle s'ouvrant dans la rencontre effective rouvre une distance pour un rapprochement, avant l'habitude. Elle refait de l'inconnu pour du nouveau, comme dira Baudelaire.

Quand un seul et même sujet s'interdit ostentatoirement à l'autre et l'éconduit, par un tiers serviteur, comme indésirable (terme étrange qui ne s'entend pas comme le contraire, ni le contradictoire, de désirable) et ils sont deux mêmes à le faire chacun pour soi, en symétrie, chacun signifie que l'autre n'a pas d'autre rival à chercher, de tiers, que dans l'objet même qui se retire en sa propre préférence délectable à soi-même – n'y étant occupé alors que de l'effet que le narcissisme produit sur l'autre... Cas de « médiation interne » s'il en est, pour reprendre le lexique de la triangulation du désir que R. Girard proposait dans *Mensonge romantique et vérité romanesque*. (R. Girard « engendre » le narcissisme comme auto-suscitation d'un rival identique à soi-même.) Je – dirait la femme par exemple, si l'inconscient parlait – me retire en moi pour exciter son désir sur cet obstacle; je me fais rivale de moi-même et suis ainsi beaucoup plus interdite, et partant plus désirable, que si quelque rival en tiers entre nous deux rendait l'autre jaloux. Et quand les deux se comportent ensemble de cette même façon, la relation paraît la plus aporique qui puisse être imaginée – ne laissant d'autre voie aux deux que d'être précipités l'un vers l'autre, pour peu que d'autres (ou l'Autre) les aient retournés pour ce faire.

Dans cette relation amoureuse marivaldienne, qui n'est que rarement isolée dans cette pureté de schème (celle du « non à non » initial, dont *Les Serments indiscrets* offrent le traitement le plus raffiné), il n'y a pas d'autre tiers pour les deux amants, pas d'autre rival qui s'interpose pour enflammer le désir de l'autre, que par le dédoublement de chaque sujet (in)désirable divisé selon l'oppugnance intestine de l'amour-propre et de la séduction : symétrie bloquée, entêtement spéculaire. Et l'Autre, si c'est un nom pour l'ordre du langage et de la société, l'Autre, pour subjuguer finalement les amants et les induire à se compromettre, à se promettre de s'appartenir, est l'immanence du stratagème qui arrangera « tout », à savoir :

et le désir naturel attirant à la réciprocité amoureuse de la différence sexuelle qui a d'abord éveillé l'un et l'autre à la plénitude du se sentir;

et la négativité culturelle dont l'une des formes, objectivation de l'amour-propre, tient par exemple au code de la galanterie qui interdit à la femme de se déclarer mais parfois aussi à l'homme, Petit-Maître ou Lucidor;

et le paradoxe logique qui requiert la contemporanéité de la précédence dans une situation aporétique pareille à celle où deux personnes veulent, à la porte, laisser passer l'autre en premier, que seul le verbe, en l'occurrence du futur antérieur, peut résoudre (quand l'autre aura fait aveu de son amour, voire : aura permis à l'autre de croire que c'est comme s'il avait déjà donné des signes de son amour);

et la bonté de l'institution matrimoniale qui prévient les désirs pour qu'ils se changent librement en amour.

Il faut donc insister sur un moment positif de l'amour-propre : de même que le narcissisme en psychanalyse ne désigne aucunement un défaut, une tare morale remédiable, mais une face et une phase de la constitution du sujet, ainsi de l'amour-propre : nul n'en est exempt, et s'il n'appartient pas à la comédie d'en faire la théorie, mais de la montrer agissante, empiriquement diversifiée, dans ce qui passe alors pour traits de caractère plus ou moins accentués, et variables sociologiques dépendant de la condition sociale, nous ne devrions pas l'oublier en passant de la description à l'analyse : le moment de l'amour-de-soi, c'est le principe d'identité, ou, transposé en physique – qui fait une métaphore pour cette psychophysique du XVIIIe –, c'est le principe de constance.

Les problèmes de la symétrie sont complexes : si le milieu de la rencontre est tel que, les autres et l'Autre faisant cercle, les deux du couple virtuel passent par l'épreuve de la scission en deux *mêmes* comme si la différence sexuelle – ou toute autre qui les dissymétriserait – s'effaçait devant la différence numérique, le désir devant l'orgueil intelligent ou conscience de soi les égalisant; moment où, de se découvrir identiques, de part et d'autre du centre pareil à une lentille translucide qui les divise et les oppose chacun en réplique superfétatoire de l'autre, ils se repoussent; alors le même hait son même; il le prend pour le tout autre, il y en a un de trop, chacun est menacé dans son être.

Ils ne pourraient s'en sortir si les autres et l'Autre ne venaient les réunir, c'est-à-dire les déplacer en les replaçant d'un même côté tous les deux par rapport à un bord extérieur faisant miroir en quelque façon mais de manière à renvoyer à chacun l'image des deux ensemble de leur duo [1], faisant couple, et permettant que, d'adverses qu'ils étaient, doubles ennemis dans un espace où le centre de symétrie interposé faisait de chacun l'inverse de l'autre, ils se retrouvent alliés, « faisant un » par rapport à la réflexion de l'Autre, sous le regard de la loi qui les solidarise.

Le milieu réel de la pluralité humaine, en socialité, et le milieu du langage où les retournements de positions sont possibles, permettent cette opération.

L'amour-propre et la mort.

L'amour-propre est vraiment une énigme; essayons d'en comprendre un aspect selon une relation entre l'Amour-Propre et la mort.

Ne rien avoir à faire, à voir, avec la mort, c'est peut-être le fond de l'amour-propre. L'insurrection de l'amour-propre chez Marivaux et une certaine exclusion de la mort font une relation.

Le suggère, indirectement même, le fait que la mort, la considération, dans tous les sens, du mourir et de la mort, est tenue à l'écart de l'œuvre, et par la loi du genre comique et par l'inachèvement ou interruption des romans, où les héros ne peuvent mourir; et par les rares citations du mourir, dont la plus remarquable est cette page des *Journaux* où la surprise de la mort s'abat sur la narratrice; et dans les transactions langagières de la passion où la valeur singulière du nom de la mort, quand bien même réduite à la rhétorique et à la préciosité de sa citation, a pour effet de signaler la gravité « sans pareille » de l'épreuve où il y va de ce qui pourrait tuer, et d'obtenir la réunion des sujets amoureux. Disant qu'on préférerait la mort à la séparation ou au

1. Cf. *L'Heureux Stratagème,* I, XII.

déshonneur, on fait que le succès de l'amour est préféré à la mort : chantage usé, mais chantage qui marche.

A chaque instant l'énigme me saisit, au détour d'une rencontre, d'un visage, de proche à proche, de lointain à lointain, dans le profil-à-profil de nos frôlements humains, qui ressemblent dans ces endroits, si encombrés qu'ils soient, ces places invivables, aux angles des silhouettes de Chirico avec les ombres et les pavements métaphysiques, l'énigme me reprend de notre obstination à forclore la mort; comment peut-il se faire que notre refus du périr, notre n'en-rien-vouloir-savoir (tu ne représenteras la mort ni dans ta psyché ce matin ou ce soir, ni dans tes icônes), notre superstition, heureux stratagème, parvienne à vaincre le préjugé du dénouement prévu, à nous faire, dans une inconstance double, oublier l'oubli de la seconde surprise, et du triomphe, de la mort.

C'est l'inéluctable qui est, précisément, l'éludé; comme c'est l'incroyable qui est, précisément, le crédible et le cru. Pas un autre. Et cette relation n'est pas dialectique, mais de la forme paradoxale de ces énoncés en « plus-plus ». C'est le possible qui est l'impossible, et l'impossible qui décide du possible; l'impossible et le possible tissés dans cette relation, ni de contradiction qui s'esquiverait dans une progéniture, ni de contrariété au sens de ce qui me « contrarie » (et si ça nous contrarie, on va arranger les choses, trouver des compromis), mais de solidarité secrète, imperceptible au bon sens et à la conscience, de la complémentarité de l'avers et du revers qui s'ignorent indissociablement.

L'amour de soi est d'une énigmatique complexion. Sous ce nom et dans cette auto-affection se dissimule le refus de la mort; se loge, se love, la certitude sensible, non pensive, la conviction de l'immortalité; comme si le prédicat indicible du *ego-sum* était « immortel ». Si l'amour de soi s'analysait, il décèlerait « au fond de soi » l'étrangeté absolue du mourir dont il vient sceller le recel. L'amour-propre est à la place de la pensée de la mort, à la place même de l'horreur où elle s'écarte. Qu'il ne soit pas question de la mort chez Marivaux fait conjecturer que c'est ainsi qu'il en est question; qu'elle est indirectement absente, représentée par l'amour-propre en son absence. « L'amour est plus fort que la mort? » Aussi – d'abord? – en ce sens : l'amour de soi est, pour un sujet, le renfermement dans l'impensable du rapport de mort à soi que marquerait un possessif (ma mort), en deçà même d'un désir d'immortalité. S'il fallait qu'il y songe, mais l'amour-propre est ce qui ne peut y songer, il songerait : je suis ce qui est non mortel; la pureté du soi à soi inimaginable, abstraite, et à vrai dire supposée ici comme un requisit de l'analyse, d'une conscience que sa réflexion sur des objets ne visite pas encore, ne comporte aucun germe de mort; et l'amour de soi se pratique comme asepsie de la mort.

D'où la seconde surprise, de la mort [1] où se défait d'un coup l'amour-propre; moment où coïncident (sans que nous puissions mettre ces deux choses en relation de causalité) le commencement d'un savoir de sa mort et la défaite du privilège absolu du soi pour soi-même, dans le phénomène imprévisible, mais qui échoit, d'une imitation, ou sympathie, qui se reconnaît dans l'autre mort, ici. Amor Fati succède d'un coup à Amor Sui et la révélation du périr se retire dans l'imagination du vieillir qui anticipe le décès; qui « apprend à mourir ».

Mais qu'y a-t-il dans le soi naissant, puis rayonnant de conscience, qui interdise la mort, et qui, passant dans le je, fasse de la possibilité de la mort la question sans réponse possible?

Cogito et jeunesse vont ensemble; « J'ai attendu un âge qui fût si mûr... », dit Descartes. C'est « avoir vingt ans », comme on dit aujourd'hui. *Cogito,* jeunesse, vivacité soudaine, violente innovation du se-sentir, étourdissement de cette révé-

1. 19e feuille du *Spectateur français.*

lation à laquelle aucun « objet » n'est encore égal : amour de soi. Moi, moi, moi, il y a de cela chez bien des Madame Argante, ça bat comme le cœur, et il n'y a pas là quelque chose qui meure. Le *cogito* interrompt le co-ïtus, le passer en un autre, la transitivité et l'associativité.

L'être qui se dit, et qui se retire à la source de ce qui rend possible une « vie intérieure » comme habitation de la vérité pour parler avec Augustin est un être qui, réduit à la conscience et dans le moment de cette réduction qui le constitue « sujet », ne rencontre pas qu'il est « une chose qui meurt ». Le transcendantal est indemne de mortalité. Et le psychisme des « états de conscience » vit sur le mode de l'amour-propre cette indifférence à la mort. Évinçant, oubliant la mort... *ἔλαθον ἀποθνήοκαντες*, dit Platon[1]. Ce n'est pas l'âme ici, c'est le je. L'amour de soi, occupation du sujet par lui-même, prise de possession psychique du lieu infini et nul (« à une distance nulle et infinie des choses » selon Husserl), c'est un désert de lucidité sans ombre, de pleine clarté et distinction où il n'y a rien à distinguer que soi-même : pas même une idée qui résiste, sans « chose », ni percepta ni noème, qui se profilerait et se soustrairait, se dissimulerait en apparaissant[2] dans la présence subsistante de la conscience à ce moment, de « lumière naturelle » absorbante, lumière de certitude, à plein, sans intervalle, sans dérobade... si, et tant que, je m'appartiens ainsi à moi-même, comment serai-je mortel? La forclusion de la mort a ma préférence. « Je suis », l'impérissable; cogitant, je ne vieillis pas.

Comment alors s'y prendre pour ne pas laisser (r)entrer la mort? Car il peut n'y avoir aucune raison que je meure, à m'en tenir à cet éclair qui ne l'accueille pas, si je « n'ap-

1. « Ils mouraient sans s'en apercevoir. »

2. Husserl : attirer tout « le dehors » (non sans le faire attendre, par mise hors circuit, pour le reconvoquer, en ordre de « constitution »), tout le « donné », d'abord irréalisé dans le geste cartésien, l'attirer dans la clarté absolue de cette zone de la « conscience intime », dans le feu de l'irradiation intuitionnante de soi, comme pour rendre homogène à ce dedans absolu tout ce qui est « noématiquement corrélable » à la conscience-de; comme si rien ne pouvait échapper à son « activité constituante »...

partenais qu'à moi-même ». La mort rentre par l'inconscient, par le désir, par la passion qui me prête au dehors, par l'âme, pathétique et moribonde.

Le non de l'amour-propre à l'amour serait un non à la mort, le refus horrifié de la mort inidentifiable qui veut entrer en fraude sous les espèces de l'amour même; la vie qui se barricade pour écarter tous les chevaux de Troie de la mort.

Donc, la 19e feuille du *Spectateur français* (16 juillet 1723 [1]) dit une histoire de femmes, d'amour et de mort. Une narratrice fictive se confie au public : fausse confidence. La « scriptrice » s'interroge sur l'étrange état où l'amour plonge la femme, cet être pour l'amour. Cet état est paradoxal en ce qu'il « jette dans l'enfance », une sorte de crédulité stupide; état qui devrait donc « inspirer une frayeur salutaire », et état de « misère et d'abandon »; mais tel qu'en être privé c'est être privé de soi : « Que devient-on quand on cesse d'aimer? Car on n'aime pas toujours; hélas! Le repentir nous prend où l'amour nous laisse. » Paradoxe ainsi résumable : on n'est jamais soi-même autant que dans l'amour, comble du « se sentir », récompense d'exister, et on y est hors de soi; le sujet aimant est un soi hors de soi. Le récit retrace, après les mésaventures de cette crédulité stupide qui se fie aux domestiques, la lente dérive de l'âge hors des eaux de l'amour, et comment la lucidité vient à soi malgré soi par l'épreuve de deux images que lui renvoient deux miroirs imprévus où il apprend à se reconnaître – pareille à cet instant déconcertant quand quelqu'un qui ne sait pas que cette paroi où il se dirige est un miroir et que le personnage qu'il rencontre est son propre reflet pas encore identifié; « et quoi... est-ce moi? »...

La première image de sa vieillesse, la narratrice la surprend en commettant l'indiscrétion de lire un billet, adressé à son amie, où le signataire moque l'importunité de cette « antiquaille » (p. 221) dont la coquetterie abusée croit qu'elle

1. *Journaux*, Garnier, édition Deloffre-Gilot, p. 219 *sqq*.

est aimée. Et la deuxième image, autrement concluante (car de la première épreuve elle n'avait encore « rien conclu »), n'est autre que celle de la mort : la surprise de la mort, tel pourrait être le titre de cette scène romanesque, où la narratrice pénètre dans la demeure de son amie, sans rencontrer personne qu'une servante en pleurs; court jusqu'à la chambre de sa confidente « pour la surprendre », se « jette à son col », et se fait surprendre comme jamais, comme personne – par la mort elle-même : « Je vois que c'est une femme morte que je tiens embrassée. » La scène demande à être rapprochée de cette fameuse scène du miroir *(op. cit.,* p. 24 *sqq.);* ce « stade du miroir » où le narrateur revenant sur ses pas dans la chambre d'une jeune fille qu'il aime et en qui son narcissisme se plaît à imaginer la pure innocence de la simplicité, la *surprend* à son miroir, aux prises avec son double dont elle règle les mimes en comédienne; pour découvrir ainsi qu'où il y a représentation, il ne peut y avoir absence de réflexion mais sans faire retomber sur lui-même cette réflexion, sans apprendre encore sur ce rapport de l'autre à son miroir que c'est une image de soi qu'il se fait renvoyer : image de sa propre duplicité inconsciente du double jeu de la fausse simplicité qui « ne veut pas le savoir ». De cette surprise-méprise de la première feuille, où l'auteur ne comprend pas encore que c'est lui qui se méprend, à cette surprise dernière de la mort, où la narratrice comprend enfin que « toutes ces laideurs funestes on les trouve en soi, elles nous appartiennent. On croit être ce que l'on voit, et l'on frémit intérieurement de se reconnaître », en passant par cette surprise intermédiaire de se lire racontée dans l'image que l'autre se fait de la scène, exactement à l'envers de sa propre représentation (elle croyait avoir « encore séduit », elle se désabuse à lire que l'image qu'elle offrait à l'autre était celle d'une « coquette antiquaille »), il y a l'histoire de la lucidité gagnée, de la conscience de sa mortalité, que le moraliste, l'auteur des *Journaux,* le philosophe indigent, retrace.

Cette horreur de la mort à la fois primitive, primordiale et si tard révélée (« Pour la première fois, dit la narratrice vieillie, je songeai que j'étais destinée à mourir »), la scène d'amour en est une certaine amnésie; le théâtre de la comédie de l'amour et de l'amour de la comédie en oublie la spéculation comme l'auteur accusateur du miroir, s'il est vrai qu'il n'y a pas de jeu de l'actrice et nulle simplicité qui ne soit chèrement acquise comme effet de la duplicité et complexité du jeu professionnel.

L'amour et l'accident, ou le coup de foudre et le coup de fourbe.

Le phénomène amoureux, que deux êtres se choisissent et soient choisis, cela, aussi bref que cela soit – puisque aussi bien, ou après tout, la séparation, de veuvage par exemple, peut survenir dans un instant –, est la monogamie. Pendant qu'homme et femme, appelons-les Dorante et Araminte si vous voulez, se cultivent, « se fréquentent » comme dit le parler populaire, ils ne s'occupent pas des autres. Et du Dorante des *Fausses Confidences* à Don Juan, nous observons qu'il n'y a qu'une mince différence : pour conquérir une jeune veuve en quelques heures, l'enlever en plein jour au su et au vu et contre le gré de tout le monde, bien plus : malgré la fureur d'une mère, le privilège d'un noble rival incomparablement mieux placé, la jalousie d'une petite fiancée-Elvire (c'est Marton), les conseils, assortis bientôt de déshéritage, d'un oncle Procureur, avec pour seule aide celle d'un Leporello (c'est Dubois), astucieux espion dans la place improvisant d'efficaces contre-temps, et le maigre arsenal des deux stratagèmes classiques, éculés, du portrait et du billet... Don Juan n'eût pas fait mieux, ni Casanova. La différence, mince comme une essence imperceptible, gît dans la pureté de son amour, intention qu'il se prête et dont nous ne demandons qu'à nous laisser persuader avec Araminte et les protagonistes, par convention d'un genre; mais si le coup de foudre excuse, obtient le pardon, et innocente le coup de fourbe – et dans l'appareillage de Dorante il y a ce dernier et retors procédé désarmant[1] : c'est d'avouer la bassesse de son procédé et la perfection de sa fourberie (puisqu'il dissimulait l'ourdi et le fourbi aussi bien que Tartuffe dans la maison) qui fera la preuve de la perfection de son amour aux yeux d'Araminte, et forcera celle-ci non seulement à lui pardonner, mais à y voir le signe décisif de la passion à laquelle elle cède enfin – il n'y a pas de raison pour que Dorante ne recommence pas la semaine prochaine, pour peu qu'il tombe amoureux de sa voisine. Si ce n'est que l'unicité va de pair avec la perfection (l'excellence, le « sans pareil ») dans la membrure métaphysique de la psychologie, et que la singularité de la passion, qui se prouve moins par son discours, cliché parfois jusqu'à la fadeur (« Quoi! la charmante Araminte daigne me justifier! » sera le dernier mot de Dorante), que par le scabreux du procédé retors jusqu'à la contradiction – « estompée[2] », celle-ci, par la successivité de l'ordre des actions et des mots qui permet à la conscience de ne pas être présente à la totalité de la série de ses moments, de ne pas intégrer la courbe sinueuse de ses parcours – se réclame exemplairement de l'exception dont la mémoire culturelle des personnages est riche, pareils à des rappels de cette tradition, même si leur supposée mémoire d'individu psychique n'en fait pas explicitement mémoire, du prototype d'Ulysse, de la valeur de l'Ulysse légendaire : le rusé qui rentre, de piège déjoué en piège tendu, vers l'amour de son unique Pénélope dans son Ile de la Raison[3]...

Mais revenons un instant à l'aveu de Dorante, en plein « l'amour et l'Occident » : se servir du reprochable pour se

1. Le langage de son valet d'armes, Dubois, est militaire : « point de quartier. Il faut l'achever pendant qu'elle est étourdie » (III, I).

2. Le s'estomper, l'estompe en général, est une de ces notions secondaires, pièce capitale du dispositif idéologique d'une « pensée du XVIIIe siècle », dont parfois ici *fading* ou *lanthanestaï* cherchent un équivalent tout récent ou tout ancien.

3. Avec Kant, qui « fonde la morale », la différence n'est plus « permise » entre la bonne fourberie (du héros qui purifie ses moyens par l'excellence de son but) et la mauvaise, punissable et punie, du « tartuffe ».

faire pardonner, s'excuser du tort déshonnête sur la violence de la passion [1], cette singulière torsion, ce tour de passe-passe qui fait passer la malhonnêteté (« c'est précisément ce qu'on te reproche », dirait le trompé, dans un autre contexte, à celui qui dirait que c'est sa passion qui l'a conduit à telle extrémité) pour le pardonnable, voilà l'énigme du statut reconnu de la passion ! Que l'amour soit capable du mauvais dans une grande âme, c'est le comble auquel on reconnaît cet amour. Pour me conquérir, il m'a dupé... quel Amour ! Ce qui s'entend de plusieurs façons : *a)* la force de l'amour est merveilleuse, au-dessus des lois – et après tout n'est-ce pas ce qui reste du schéma adamique dans l'imagerie de la mentalité chrétienne ordinaire : histoire de ce couple unique qui s'est préféré lui-même à la Loi... *b)* « moi » qui suis l'objet de cet amour assez puissant pour que son sujet ait couru le risque du mal, la transgression des règles morales et sociales, je suis donc à ce point préférable : l'amour-propre a de quoi jouir; *c)* la loi va profiter de cette force, et reprenant son cours normal (reconnu par les autres comme le ciment de l'union durable) se renforce de ne pas exclure, mais d'inclure, cette nature, cet autre : service réciproque, étayage mutuel, alliage réussi de la loi d'amour et de la loi de société.

Presque rien, remarquions-nous, ne distingue la conquête d'Araminte d'une conquête de Don Juan. Mais pendant qu'il conquiert Araminte, il ne songe pas à Marton (sauf à l'enrôler malgré elle dans le procéder de sa tactique); cela fait une différence avec Don Juan qui veut aussi Zerline; qui aime d'un cœur innombrable, « più di mille e tre ». Est-ce sûr? Car Don Juan dans les instants où il « fait l'amour » à Zerline ne peut pas le faire à l'autre... quelle qu'elle soit, Anne ou Elvire. Est-ce sûr? Molière a poussé jusque-là, et Don Juan courtise les deux paysannes en même temps. Est-ce

1. Le modèle « romantique » préservera la tradition : la « faute », par exemple, de Kathleen *(les Hauts de Hurlevent)* sera de n'avoir pas préféré à l'ordre social l'amour lâche et parfait de Heathcliff.

bien cela? car l'une n'entend pas ce qui se dit à l'autre. Ce n'est peut-être pas la dispersion, l'inconstance illimitée successive qui est inconcevable, mais la division, la polymérisation du désir et de l'amour à la fois sur plus d'un objet. Ce que la société ni la morale ne peuvent accepter, l'inadmissible innommable, n'a pas nom d'inconstance, qui pour être double, par exemple, n'en rentre pas moins dans la leçon d'amour marivaldienne, puisque l'inconstance est une constance suivie d'une autre constance; c'est le libertinage qui désintègre l'amour, en renversant la bonne finalité du double langage, la ruse pardonnable du mauvais procédé au service du bien en soi qu'est l'amour. Si plusieurs se désirent et se font l'amour en même temps, chacun sachant cela et voulant cette situation, que nous la trouvions chez les petits ou chez les grands libertins, une telle pratique ne pourrait plus s'autoriser du marivaudage sauf à y chercher un simulacre de caution supplémentaire. Or c'est cette limite qui est infranchissable – en deçà de laquelle Marivaux se tient, bien sûr. Le mariage est cela : l'union en train de se faire; il y a couple comme si tous les couples connexes de rivaux, de doubles, aux espèces si nombreuses, loin de figurer la menace et la propagation de l'illimité, glorifiaient multiplement la bonne dualité du couple. Le *durable* est souhaité et recherché comme le *prompt*. Le durable appartient au prompt, si prompt soit-il. C'est la condition pour l'amour; le durable se promet au prompt, dans la promptitude pour que le prompt puisse même avoir lieu. Que la promesse puisse ne pas se tenir ou se défaire, cela relève de l'accident...

Entre le « mariage sans cérémonie », tentation servile, et le « mariage-sans délai » de la convenance sociale (*Les Fausses Confidences,* II, II : le procureur Remy : « [...] C'est une dame de trente-cinq ans [...] qui a quinze mille livres de rente pour le moins, ce qu'elle prouvera; qui a vu Monsieur chez moi, qui lui a parlé, qui sait qu'il n'a point de bien, et qui offre de l'épouser sans délai [...] »; formule qui nous rappelle que le mariage est la plus sérieuse affaire sociale, à régler comme telle selon la règle sociale admise, car cela convient, est convenable; il n'y a nulle inconvenance, le mariage se traite ainsi) il s'agit de socialiser le mariage d'amour comme la forme la plus accomplie et la plus stable; de composer, d'allier, de compromettre, oui – il est question ici d'un compromis essentiel –, la passion amoureuse, la surprise et le coup de foudre (Dubois caricature ainsi Dorante : « Hélas! Madame, ce fut un jour que vous sortîtes de l'Opéra, qu'il perdit la raison. C'était un vendredi je m'en ressouviens; oui, un vendredi; il vous vit descendre l'escalier, à ce qu'il me raconta, et vous suivit jusqu'à votre carrosse; il avait demandé votre nom, et je le trouvai qui était comme extasié; il ne remuait plus » (I, XIV); cf. aussi la suite de la scène : où le récit de Dubois est l'hyperbole d'une vérité, crue d'Araminte et de nous, et les forces opposées, intérieures ou d'amour-propre, et extérieures ou sociales, à la faveur d'un élargissement des règles de convenance, puisque des conditions jadis et naguère inappariables sont devenues accommodables. Le champ des échanges, le marché, s'est considérablement agrandi et Dorante n'est pas Monsieur de La Vallée ni Araminte Mademoiselle Habert : dans l'espace desserré du convenable, l'écart qui sépare une veuve riche, potentiellement Comtesse, et un homme pauvre mais de belle mine, et potentiellement avocat, n'est pas si grand qu'ils ne puissent à la limite se marier. Ce qui est montré par le théâtre, afin que « ces choses-là » n'arrivent pas qu'au spectacle. Alors la fourbe et la différance[1] occupent le terrain de la représentation, au lieu du sans-cérémonie et du sans-délai, qui ne donnent pas place à une belle histoire d'amour. Ces ingrédients, catalyse ou levain comme on voudra, feront réussir la belle histoire.

Tout le monde n'a pas droit au libertinage, mais tout le monde a droit à l'histoire d'amour, dont la littérature est là pour nous rappeler qu'il n'y en a pas de plus belle.

1. Ce qui est concept chez Derrida est pris ici « au passage » simplement comme la désinence marquant l'activité du *différer,* ou délai-er, qui va réduire le différer des inégalités sociales et le différend des agonistes théâtraux.

« Les Fausses Confidences », suite sans fin; ou les extrémités pardonnables.

Dorante[1] « aime à la folie », doit conquérir l'autre (cf. le langage militaire de Dubois). Comme le Prince, comme Phocion la Reine; or il est le contraire d'un prince : un quasi-serviteur, un intendant, du côté social de Marton, Remy, et même de Dubois, voire d'Arlequin : de la domesticité, du côté des Hortensius qui se font chasser. C'est donc le cas le plus difficile que Marivaux ait eu à plaider : l'inverse, l'envers du *Triomphe,* et qui doit réussir aussi !

L'impossible doit donc, une fois encore, être ramené au possible, par toute une série de nuances, de quantités différentielles jusqu'à, par gradations et transitions insensibles (c'est donc une sorte de calcul de l'infini), apparier deux « quantités » inégalables, et dans cette ruse générale qui doit réussir une opération d'équivalence, la force la plus hostile, Madame Argante même, va composer : sa bassesse (ce nom propre, trop commun, que Monsieur Remy va lui jeter à la tête dans leur altercation de semblables sociaux qui se détestent) rappelle l'origine d'Araminte, sans doute ensevelie dans son mariage-veuvage, mais qui reste de condition moyenne. Plus difficile encore : comment retourner le mauvais procédé même (la bassesse du complot Dorante-Dubois) en preuve de la folie de l'amour qui, étourdissant le passionné, l'excusera. Il s'agit d'estomper le mauvais.

Dubois, ancien valet de Dorante, est dans la place. Le décalage des secrets fait le moteur de la machination. Cela commence par ce petit secret, qu'ils ne sont pas censés se

1. F. Deloffre, dans sa notice (Garnier, *Théâtre complet,* t. II, p. 349) : « En réalité comme presque toujours chez Marivaux, la difficulté à surmonter est tout intérieure, et consiste essentiellement dans la résistance de l'amour-propre : quand l'amour parlera, ce n'est pas tant la raison d'Araminte que sa *fierté* qui succombera. » Pourtant *Les Fausses Confidences* ne sont pas *Les Serments indiscrets :* la difficulté n'est pas tout intérieure...

connaître (fourberie mineure au service du bien, puisque Dubois, désintéressé, veut faire la fortune de Dorante; c'est un fourbe qui ne sera pas puni, parce qu'il n'est autre qu'un petit dieu de l'amour), subordonné au grand secret de la passion de Dorante. Dans presque toutes les scènes il y en aura un qui en sait plus que l'autre, agent double qui le dupe pour le bon motif : ce qui fait marcher la pièce.

C'est la reprise de l'histoire de la veuve et de l'intendant, équivalent dans le monde bourgeois de l'amour de la Princesse pour Lélio « travesti », anonyme. Un nœud de rivalités serré à double tour par Marivaux : le double tour caractérise cette pièce, où certains aiment donc voir le chef-d'œuvre de Marivaux : qui fait jouer deux fois le coup-du-portrait, et deux fois le coup-du-billet.

Marton est rivale d'Araminte; le Comte et Dorante sont rivaux; Dorante est rival de l'autre intendant que le comte veut présenter à Araminte. Le Comte est ainsi rival du procureur Remy, qui a présenté Dorante. Remy et Madame Argante sont rivaux : leur proximité sociale les font se haïr. Madame Argante est rivale de Dorante parce qu'il y va de sa place auprès de sa fille. Araminte a pour rivales les partis supposés de Dorante, une « grande brune piquante », et une « dame riche de trente-cinq ans » – *in absentia*.

Le plan se développe à partir de la déclaration d'amour par Dubois interposé qui est l'Hermès de Dorante : coup de foudre et coup de fourbe s'impliquent l'un l'autre; et celui-là commence par être rapporté en celui-ci.

Espèce d'homothétie par inversion du *Triomphe de l'amour :* le procédé de Dorante s'excusera – il est essentiellement excusable aux yeux du public comme à la fin pour Araminte – sur la « singularité inouïe de sa passion »... qui se prouve précisément par sa fourberie. Dorante trompe Marton, comme Phocion Léontine. Et il en rit (III, VIII) – sous le faible alibi moral que c'est Remy qui a inventé, puis projeté, la rencontre et le mariage avec Marton, et qu'il a laissé dire...

Relisons la scène XV de l'acte II, grande scène de la déclaration de Dorante, c'est le pathos cliché du roman de chevalerie : « Me préserve le ciel d'oser concevoir la plus légère espérance! Être aimé, moi! Non, Madame. Son état est bien au-dessus du mien. Mon respect me condamne au silence; et je mourrai du moins sans avoir eu le malheur de lui déplaire. » Don Quichotte dans le boudoir; c'est le langage d'Amadis transporté en bourgeoisie : dernier avatar, vestige du Roman de la Dame, au profit et dans l'emploi du Mariage. Il y a citation. Marivaux « cite » (fait revenir) le chevalier à la triste figure en 1737, et lui trouve un usage : c'est un prince travesti... Fonction de la littérature dans les mœurs. Un hybride de Don Quichotte et de Don Juan qui connaîtrait l'efficace de l'innocence, et qui confie la ruse au dieu malin de sa machine : Dubois, prenant sur lui un artifice annexe, va jusqu'à dire : « votre douleur n'en a paru que plus vraie » – votre ignorance, dans la simulation, d'une petite dissimulation supplémentaire et accidentelle, vous aura permis de feindre encore mieux la non-duplicité d'un amour désarmé que vous ne l'auriez fait en pleine connaissance de ce surcroît de feinte... On nous assure que c'est pour le mariage; tout tient moralement par cette finalité.

Survivance, insurrection résurrection des beaux sentiments (Remy s'en moquera quand il le faut, depuis sa raison bourgeoise, pour s'en féliciter, comme il le faut, un peu plus tard dans son assaut avec l'Argante); reviviscence de chevalerie de la Grande Épreuve d'Amour, aux dimensions de la cour d'une veuve qui par sa condition-grâce au vraisemblable de la veuve riche qui peut balayer un large espace social de ses prétentions – est pareille à une princesse qui peut s'élever ou s'abaisser sans s'abaisser. L'enjeu – littérature jouant dans les mœurs – se dit à la scène VII de l'acte III : dans le bref affrontement social de la Dame Argante et du bonhomme Remy : « DORANTE : [...] il est naturel que je sache mon sort. MADAME ARGANTE, *ironiquement :* Son sort! Le sort d'un intendant; que cela est beau! MONSIEUR REMY : Et pourquoi n'aurait-il pas un sort? »

Pourquoi l'amour noble, la noblesse d'un destin d'amour, et la rhétorique de ce destin comme arme pour l'épreuve au tournoi d'amour, ne concerneraient-ils pas la moyenne bourgeoisie; pourquoi n'y aurait-elle pas droit? Marivaux-Remy affronte le ridicule de faire parler l'âme dans un plan social où le relâchement, voire le libertinage, d'un côté, le juridique et l'économique qui suffisent à l'affaire matrimoniale, de l'autre, trop sérieuse pour être confiée aux amoureux, ne laissent plus de place à son langage ancien.

Tout est truqué, faux, mais d'une étrange fausseté : devant les spectateurs, comme par un prestidigitateur qui, d'un singulier tournemain alliant le ralenti à l'accéléré, montrerait ses tours en les accomplissant : donnant à voir l'illusion, parce que c'est l'illusion du mariage d'amour comme telle que le spectateur veut voir pour y croire. On assiste au truquage monté par Dorante et Dubois, infaillible, et on s'attend qu'il réussisse parce qu'on veut une bonne tromperie. Et, par exemple, le rire de Dubois (III, IX) répond à la déclaration de haine d'Araminte qui le démasque : « Vous faites le mal par plaisir. » Quelle plus terrible accusation, et qui dit le vrai sans le savoir d'une certaine façon pour le double profit d'un surcroît d'innocence octroyé à Araminte (elle comprend trop tard, sans comprendre, « vive et naïve », comme va le préciser une indication de scène) et à Dubois d'un châtiment mérité que nous savons bénin parce que dans un instant l'amour pardonnera tout, et que ce « mal à plaisir » n'était pas le mal pour le mal.

A partir de quoi le compte à rebours se précipite : réconciliation d'Araminte avec Marton qui au passage pardonne à Dorante (il ne doit pas y avoir de reste, pas de blessure non cicatrisée, de punition inlevable, d'irréparable en général); et avec Arlequin; et enfin scène de l'aveu clair (vif et naïf) de son amour pour Dorante, et qui reçoit en dot l'aveu par Dorante de son procédé : lequel obtient un pardon qui efface tout, retire les échafaudages de la fourberie, annule le passé trouble, change le secret de ce Tartuffe de l'amour en lumière de la perfection amoureuse échangée. Araminte énonce la loi de la bonne fin de l'amour : l'aveu de la préméditation de la tromperie change tout. « Ce trait de sincérité me charme, me paraît incroyable et vous êtes le plus honnête homme du monde. Après tout, puisque vous m'aimez véritablement, ce que vous avez fait pour gagner mon cœur n'est point blâmable : il est permis à un amant de chercher les moyens de plaire, et on doit lui pardonner lorsqu'il a réussi. »

Restent à obtenir, sans peine, le *quitus* du Comte qui se retire dignement devant l'édifiant spectacle, et l'espoir que la mère elle-même sera fléchie (« Laissons passer sa colère »).

La loi d'Araminte est loi pour Marivaux, qui, s'il ne croyait pas ce qu'il lui fait dire, n'aurait rien dit.

Loi des *extrémités pardonnables*.

« L'Épreuve », ou Angélique et Lucidor.

Dans la relation intersubjective les sujets ont à faire connaissance, à s'apprendre qui ils sont eux-mêmes, pour eux-même et entre eux à partir de la rencontre : à découvrir leurs caractères. Or, le danger de l'amour c'est qu'il n'observe que la condition de la surprise; soit ce qui de l'autre est modifié par l'expérience de la rencontre, le jeu du hasard. Chacun voudrait connaître de l'autre qui il est, ce qu'il est en dehors de la rencontre (cf. *Le Jeu de l'amour*), intégrer sa fonction, si l'on peut dire, en dehors des conditions de l'expérience en cours; « observer par le trou de la serrure » hors de la coprésence, indépendamment de la situation exceptionnelle où ils s'aiment; infliger à l'autre l'épreuve. Paradoxe : ils n'observent que les modifications exceptionnelles que cette épreuve inflige, et qui ne se retrouveront plus, sauf si l'autre devient amoureux d'un autre.

Comment se garantir dans les fiançailles contre la condition matrimoniale – qui change totalement un être, comme le savait la Silvia du *Jeu*.

Marivaux applique l'épreuve impartialement aux hommes et aux femmes; tout à l'heure à Rosimond, ici à Angélique.

Pourquoi à elle? A cause de la coquetterie, seconde nature? Il y a maints instruments de l'épreuve : par l'argent, le mensonge, la tracasserie, le pouvoir, le refus... Ici par la perquisition « sadique » qui cherche à détruire l'amour de l'autre... pour voir s'il résiste; à lui extorquer son infidélité pour se prouver le bien-fondé de sa méfiance. L'épreuve fouille le vide du cœur. L'initiation cruelle de Lucidor, qui cherche son salut – représentant du Marivaux moraliste, qui tourmente ses personnages –, la violence qu'il fait subir à Angélique, dont la souffrance pleure d'un « comme on me persécute », s'excusent sur ce cri du cœur : « Moi, aimé?! » C'est la surprise, il ne peut y croire. Si cette passion, défiance de soi, qui n'est rien, ne le tourmentait pas, il serait un « salaud ». Fils de riche négociant en face de petite bourgeoisie, Lucidor veut maîtriser le cours fatal de la coquetterie, contrôler ce qui devrait le perdre. Car le donné, c'est qu'ils s'aiment tous les deux – mais ne se le sont pas dit, comme d'habitude. Il veut voir si c'est bien lui qui est aimé. Il engendre son sosie comme Mercure, ou comme si Amphitryon prévenait Alcmène qu'il va lui envoyer son double, Zeus. Heureusement c'est un valet, un Frontin! qui n'est pas un bon sosie, pas plus que ne l'était l'Arlequin du Dorante du *Jeu*. Il a suscité son double rival, avec cette précaution de lui être supérieur. Il fait comme s'il n'entendait pas les mots à double entente d'Angélique qui lui sont destinés. Lucidor la persécute à mourir. Le *mic-mac* (mot de Maître Blaise) se déchaîne. Le risque que sa machination échappe à Lucidor, et le roule, tient au fait qu'il ne met pas les autres dans le secret de l'épreuve; ne pouvant ainsi favoriser leur indiscrétion d'un secret qu'aucun ne partage totalement avec l'intéressé. Maître Blaise, dédommagé d'emblée, joue sa partie. Lucidor use de la même violence qu'un père marieur ou que le mari-mort-de-la-femme fidèle. On pourra compter sur sa jalousie plus tard et pour toujours. (Qu'est-ce que tenir à un être, c'est la question. Quel est le pire, de l'inconstance par infirmité secrète – celle de Valville, mettons, incapable de la vraie grande passion – ou de la jalousie féroce d'un amant, faisant bien augurer de la durée de son attachement. L'épreuve est une recherche alchimique de l'alliage indécomposable pour l'anneau de l'alliance.) Il n'y aurait qu'un raffinement de plus : si c'était *lui-même* qui jouait le rôle de son rival et s'enlevait à lui-même la femme qui l'aime ! Heureusement Blaise dit la vérité. Lucidor veut violer la règle en forçant Angélique à dire son amour. Or il l'aime pour son innocence c'est-à-dire pour sa pudeur qui l'oblige à ne pas se déclarer : contradiction intrinsèque, de la virginité. Situation de double contrainte : Angélique dira : « voilà qui est fini ; je ne veux rien d'un homme qui m'a donné le renom que je l'aimais toute seule. » Heureusement que Lucidor n'est pas tombé sur Lucile ! Il lui serait arrivé, comme à Frontin, de « se ressembler à lui-même trop tard » (scène XXII). Heureusement ici une fois encore, le trop tard d'un différer dangereux a été évité, de justesse, pour que justice soit rendue à l'amante.

Optimisme de l'épreuve.

La Silvia du *Jeu de l'amour et du hasard* est sous le coup de *La Colonie :* le mari est un danger. Ça ne peut pas aller de soi, « naturellement », « naïvement » (I, I). Il faut que ça passe par la rupture, l'épreuve, le moment d'autonomie d'une femme. Elle parle comme une mère. A d'autres circonstances, l'émancipation de la femme serait de parler comme Lisette.

L'ennemi du mariage : la nouveauté ; Marivaux le sait depuis cette tirade de Silvia contre le mari (que Montesquieu résume dans ses cahiers : « tous les maris sont laids ») jusqu'à *La Dispute* et aux *Acteurs de bonne foi.* Il fonde le mariage sur l'amour, l'amour sur la surprise, et il sait que la surprise est ce qui défait le mariage ; car le mariage érode l'amour, et l'amour défait le mariage comme il l'a fait. L'amour est surprise, naissance d'Aphrodite. Il veut ce qui le tue : le « toujours ». Contre quoi les conseils de la bonne Carise plus tard dans *La Dispute* (« Il faut de temps en temps vous priver du plaisir de vous voir », et la suite de la scène VI) ne vaudront pas grand-chose : les petits conseils d'homéopathie (un peu de séparation pour conjurer la séparation) manifestent, plutôt, que « la sagesse des nations » n'ignore pas le destin du mariage.

Dupe de son propre stratagème, Dorante l'aura été un peu plus longtemps que les autres. Il est mis à l'épreuve par sa ruse plus longtemps que Silvia; il n'y a plus que lui qui soit abusé, seul, longtemps et presque jusqu'à la fin, dès le moment où il pense, en disant son secret, maîtriser la situation. Les valets seront dupés – ils y ont « cru »! Mais « ces gens-là ne savent pas la conséquence d'un mot ». Punis, sans colère. L'épreuve du travestissement par échange des conditions sociales ménage l'événement qui aura été la condition mémorable du mariage; l'épreuve accumule une source d'énergie inépuisable dont la vie conjugale vivra. (Silvia à son père : « Si vous saviez combien tout ceci va rendre notre union aimable! Il ne pourra jamais se rappeler notre histoire sans m'aimer; je n'y songerai jamais que je ne l'aime. Vous avez fondé notre bonheur pour la vie en me laissant faire. ») Jusqu'à la belle déclaration d'amour à la fin : parade amoureuse conduite par Marivaux jusqu'à ce que ces deux âmes le satisfassent. Escalier d'aveux jusqu'à la plus belle déclaration. Cérémonie des fiançailles.

Le désir devra apprendre à se freiner, à se priver : passer par une épreuve, pour passer à côté de la catastrophe. L'épreuve, des autres; procès d'éducation, si l'éducation consiste à apprendre à partager, à respecter l'autre qui n'est pas qu'objet de désir mais sujet désirant, même et autre; à différer, à sublimer, à se contenter de signes, à admettre les rivaux. La comédie est l'éducation réussie du désir poli par l'amour. L'épreuve est celle de la vie en commun, qui fait sentir « le poids de la société », qui prépare un sujet à recevoir, au lieu du tout imaginaire qu'il « dévore » (des yeux, etc.), une partie seulement du tout, et valant pour le tout : en rapport symbolique.

Il croit qu'une épreuve peut amener de la vérité; que le

malentendu n'est pas irréparable mais, pris en main, joué, peut être déjoué : si on le provoque, si on le prévient, homéopathiquement en quelque sorte, par l'entreprise de ces bonnes divinités que sont serviteurs, pairs ou parents et qui tour à tour, selon l'intrigue, à chaque fois savent gérer la méprise, tels les représentants du démiurge qui préside au dénouement comme dans une expérimentation contrôlée (ainsi dans *La Dispute* ou dans *Les Acteurs de bonne foi,* si la faute de Madame Argante y est de refuser qu'on joue la comédie), et clarifier le milieu de l'échange des signes, placer sur les trajets des miroirs propres à redresser ou renverser les images qui se propagent de l'un à l'autre désir, faire réussir le désirable.

En quoi, pour nous, serait-il encore dupe? les moments « mauvais » ne sont pas assez noirs? les ruses de la raison pédagogue du désir trop confiantes? les obstacles inventés comme moyens finalement trop maîtrisables, les différences humaines pas assez abyssales?

Il se méfie de la Raison et de la Philosophie (*Le Triomphe de l'amour* est l'amour du triomphe qui ridiculise le couple des philosophes), car il sait bien que la guérison, la cure des rapports sociaux, ne s'opérera pas par leur enseignement, et que l'ascète cède au premier souffle du désir. Ce n'est pas le philosophe qui harmonisera et socialisera. Et pour nous c'est comme s'il configurait les bords d'un secret qui recevra plus tard une mise en scène plus complexe, une légende plus retorse et plus abyssale : que le désir est coupé du sujet par son inconscient. Il sous-estime encore le ressentiment, et les fractures sociales et l'étendue de la perte... La résistance du refoulé, le narcissisme constitutif d'un sujet, qu'une lucidité psychologique ne peut amender ni un progrès de sagesse supprimer; et l'inconciliable des antagonismes sociaux, nationaux, ethniques, et le mauvais infini des représailles, et la logique sacrificielle de la violence, et l'imposture de la supériorité, tout ce qui fait notre pain de méditation et de souffrance quotidiennes, il ne tenait pas à lui (pour reprendre un syntagme inlassable de sa langue) de le révéler... Pourtant, il nous intéresse et nous plaît et nous enseigne. Quoi et pourquoi?

Depuis cette connaissance exaspérée que nous avons gagnée, il est tentant de projeter rétrospectivement la lumière plus noire de notre lucidité sur un théâtre qui y dispose, sur une scène dont l'aube, loin de la dissoudre, va se peupler d'une tout autre monstruosité; en soulignant, surexposant son sentiment de l'injustice sociale, de la perversité polymorphe du désir, de son mimétisme déchaînant la rivalité; du caractère androgyne de la volonté de puissance...

Cependant, il convient de ne pas oublier que l'optimisme de Marivaux, son goût du bonheur, l'art du dénouement, la confiance dans le langage de l'amour et l'amour du langage s'opposent à notre cynisme du rapport des forces, notre fatalisme du malentendu, cet alliage paroxystique et contradictoire de notre préférence aiguë pour le langage et de notre soupçon infini à son égard.

La loi n'est pas une nécessité extérieure démesurée; il n'est pas pensable que la Loi-de-société ne soit pas « humaine »; elle n'est pas dans la société le rappel, le symbole, la transposition d'une Divinité jalouse qui voudrait tout pour soi, et à la transcendance menaçante de laquelle il faudrait « sacrifier » sans comprendre le jeu.

Valeur.

Un moi se fait restituer son portrait – et ainsi attribuer un visage, une image – par l'autre qui, hasard, l'a rencontré, ému. Mais peut-être ne se passerait-il rien dans le face-à-face général, aggravé par le principe d'amour-propre qui est de se retirer en soi, si une cause de dissymétrie naturelle, la promotion du désir masculin – ou, dans le cas de *L'Ile de la raison,* celle du désir féminin, renversement qui laisse subsister, intacte, la différence naturelle d'un premier mouvement –, institutionnalisée et codée par la culture, puisque maintenant la pudeur des femmes relevée en « honneur » les oblige à répondre seulement, ne venait, chiquenaude, mettre en branle le mouvement perpétuel de l'amour et en régler le cycle à partir d'une initiative instituée.

Dans un même mouvement et moment, l'amour parce qu'il me met en valeur me fait aussitôt désirer par d'autres (si *x* tient à *y*, se dit *z*, c'est que *x* a une valeur, déterminée, et donc vaut pour moi), me jette dans l'appréciation et l'envie contagieuse; il me fait hors valeur, me superlative, relativement et absolument, en me comparant : je vaux « le plus » par et pour un autre. La veuve ou l'abandonnée, le veuf ou le meurtri, s'est retiré de l'échange; il a quitté le marché, l'évaluation, il redoute cette épreuve de l'estimation réciproque, il craint le marché de dupes, fuit la comparaison et sa remise en jeu pour tous les autres avec ses critères objectifs et abstraits. Étiquettes circulantes, substituables, qui pourraient s'adapter à d'autres et menacent de déchaîner à nouveau la coquetterie et le libertinage, l'encan et le rebut. Il faut que très vite, traversant l'espace de la comparaison qui assimile, rapproche tous et tous, l'estime réciproque arrache les deux de la relation à l'échange, aux lois de la valeur, par qui seulement ils ont pu entrer en relation dans la grande foule des humains.

Le moment où l'aimé est à l'aimé inévitable, irremplaçable, le moment de l'amour conjugal a quelque chose de théâtral; il n'est pas sans exigence de représentation pour être en étant dit [1].

Hermiane et le Prince de *La Dispute* ordonnent à Carise et Mesrou de mettre en scène la rencontre et l'amour de jeunes êtres. La nature du phénomène amoureux de la surprise et la nature du spectacle ont du rapport. Visibilité réciproque pour les deux d'un couple se formant, et visibilité pour un tiers garant ou spectateur, il y a là une interdépendance mise

1. Scène où le contenu va se changer en son contraire, quand la tromperie, la haine, le malentendu, la banalité et finalement l'insignifiance de l'impossibilité du conjugal deviendront, par vaudeville ou « comédies de l'absurde » ou autres manières, le digne-d'être montré, mis en scène.

à l'épreuve de la scène de telle façon que ce ne soit pas seulement la transposition au théâtre de l'idée de l'Amour et d'une idée qui pourrait se dire autrement, mais que sa représentation, avec ce que cela implique de répétition, d'apprentissage, de prescription, d'essais et d'erreurs surveillés par les nombreux démiurges, d'appropriation personnelle et risquée de ce qui est commun à tous, en particulier de la langue, soit la vérification; moment où le symbole du culturel – le mariage – doit se retremper, refonder en se fondant au naturel, en l'occurrence du sentir.

Le moment où s'échange la preuve de l'amour (preuve que je suis l'exception pour toi, toi pour moi), le moment de la jalousie, de la constitution d'une différence absolue (en ceci qu'à tout instant elle vaut plus que qui et quoi que ce soit d'autre), est une illusion nécessaire, ou *jeu* – illusion puisque Marivaux montre bien la relativité de cette valeur absolue, la généralité banale de l'exception, et nécessaire, à la société et au genre, qui s'allient pour en ordonner la représentation. Et loin qu'on puisse imaginer que Marivaux entrevoie le règne bourgeois de la mésentente, promis à une belle exploitation littéraire, comme celui où s'avance le couple, l'épreuve de la vie matrimoniale succédant au triomphe de l'amour, ses veufs et ses veuves, s'ils ne désirent pas se remarier, ce n'est pas qu'ils aient compris, c'est plutôt qu'ils ont aimé ou qu'ils n'ont pas encore rencontré la seconde surprise de l'amour : surprise de la répétition de l'unique; qui, donc, en un sens, n'est pas une répétition, mais cette fois qui n'est pas une autre...

Cette disqualification de tous les autres par qualification absolue du l'un-à-l'autre, moment d'une certitude sensible s'enlevant sur le fond indifférencié, absent, du reste – puisque les personnages ont surgi dans la surexposition de la scène hors de leur histoire passée qui nous est inconnue et disparaîtront après l'échange de la parole d'amour vers un avenir qui n'existe pas, ni pour eux ni pour nous – il lui est indispensable de savoir et de constater pendant le développement de son « feu » (jusqu'à température de fusion des regards, des croyances, des bonnes raisons, du naturel et du culturel) qu'il n'est pas seul sur l'axe, mais que l'amour a lieu en même temps pour d'autres couples; qu'on n'est pas seuls à être seuls... Il n'y a pas de robinsonade amoureuse.

Étrange connaissance que celle de la rencontre amoureuse, qui consiste en l'échange de signaux stéréotypés, banals et complètement privés, en étant privés non de signification, mais de valeur pour tout autre que les deux qui se les échangent. Les autres n'échangent pas d'autres choses que ce que nous échangeons (soupirs, œillades, etc.), éléments du code, mais c'est avec ces symboles interchangeables que se fait notre échange unique, avec ces mots de passe pour tout le monde que notre secret, qui n'intéresse que nous, se livre... Le moment pindarique, héroïque ou mythique en général de l'exploit pour la conquête amoureuse, de la prouesse pour gagner l'autre à l'amour, la joute initiatique qui chez Marivaux s'est resserrée – et ainsi subsiste – à la mesure d'un scénario restreint aux éléments du portrait, de l'aveu réciproque, de la perspicacité à percer le masque ou le leurre du travesti dans l'élément du langage et du salon et de la scène (quelques minutes de conversation, joute oratoire) connaîtra un nouvel avatar dans le monde bourgeois du malentendu de la chambre conjugale et du mariage devenu un « enfer », une peine sans fin.

Valeur et célibat.

Pour le désir, dans un monde du désir, un célibataire est caractérisé par ceci : pareil à un mot qui peut s'échanger avec un autre ou par une chose, sa valeur d'usage, son prix, la fascination qu'il exerce en paraissant comme tel, tient à son associabilité avec maint autre. Contre-épreuve, le couple marié surgissant comme tel, par exemple dans un salon, est neutralisé, sans valeur dans la société de désir, parce qu'objectivement, atomes non libres, accrochés l'un à l'autre, neutralisés, chacun n'a pas de valeur d'échange à ce moment, et est donc sans usage dans le monde. Que l'un des deux sorte seul, apparaissant en célibataire, il recouvre aussitôt sa valeur : il est « à prendre ». Ou que le mariage ne soit plus considéré comme saturation réciproque soustrayant les contractés à la libre circulation – et c'est le cas dans les mœurs de la haute société au XVIIIe siècle; que le « marié » soit vu comme toujours célibataire, à demi célibataire, ou virtuellement libre, et que langage et discours de l'offre et de la demande du désir continuent à régler l'échange par-dessus et malgré les transactions de mariage considérées comme faibles, et chaque être seul pour soi et pour tout autre, appartient au grand marché du désir, dont la mobilité infinie est plus substantielle, plus réelle, que l'état des transactions réglées, leur solde à un moment *t*. Marivaux, bien sûr, observateur et moraliste, n'ignore rien de tout cela et mille passages le constatent; mais ce qui le retient et qu'il fixe c'est le moment de l'amour : quel est le tiers qui permet que deux fassent un? Comment vont être socialisés ces deux individus libres?

Le solipsisme du célibataire est ambigu : moment qui ne doit pas durer, mais qui doit exister, il peut être vu comme exception menaçant la loi, situation hors jeu qui ne peut pas se prolonger, et le Baron de *La Surprise* s'impatiente : « [...] Le soleil n'éclaire qu'elle [Madame] chez qui notre espèce n'ait point rencontré grâce [...] » (I, VIII.) Mais il est le moment de l'affranchissement de l'individu dans un ordre social où la loi des pères règne sans gouverner (les pères sont des bons pères et le mariage qu'ils souhaitent et ménagent pour leurs filles sera justement le mariage de leur amour). Seul un être libre pour l'amour peut s'assujettir à la loi. L'amour-propre, nous l'avons dit, fonctionne comme un *cogito;* il est constitutif de la personne, mais comporte un risque d'arrêt. Le sujet risque de s'y abstraire, coupé de la vie. Le mariage, échange de deux libertés parlantes et contact de deux surfaces sociales argentées, respecte la pluralité de *sujets*.

Ce qui est, par conséquent, de l'autre côté du pays de Marivaux, hors monde, hors de son système, exclu ou refoulé, impossible quand bien même entrevu parfois comme on regarde de l'autre bord sans transgresser :

– Le libre-échange et déclaré, embauche et débauche sur un marché public destructeur des familles.

– L'infamie, le sans-qualité, la pure méchanceté du vouloir. Ainsi la Phocion du *Triomphe de l'amour,* si rusée soit-elle, ne doit jamais apparaître comme une force mauvaise, égoïste, perverse.

Note sur « Le Triomphe de l'amour ».

La princesse Léonide, alias Phocion, alias Aspasie, est seule dans son secret, dont elle instruit peu à peu Corine, alias Hermidas, son historiographe et peintre, et avec celle-ci le spectateur; elle a quitté le château, traversé la forêt, des chasses et des fées, qui sépare la Cour de la retraite philosophique, et surgit au jardin stoïcien d'Hermocrate et de Léontine, le couple vierge, jardin italo-normand avec Arlequin-Dimas. Elle règne. Une sombre et complexe histoire d'héritage et d'usurpation dont elle veut s'acquitter, lui sert d'innocence et de péché originel; imbroglio de parentèle et de captation : fille du successeur de l'usurpateur (la faute s'atténue de génération en génération), elle vient quérir l'héritier « légitime », lui épargnant le sort d'Œdipe : Laïos et Jocaste en un, elle va au-devant d'Agis, pour le rétablir sur son trône et l'aimer, le prince dépossédé, qui apprend la vengeance chez les philosophes, dans ce recoin de son royaume où elle est la figure du Mal. Tartuffe femelle inverse qui s'avance pour le bien et la lumière, hypocrite princesse sous un masque mâle, deux fois double, elle veut séduire toute une maison pour faire triompher son règne de l'amour. Chasseresse dans la forêt qui sépare, et où s'inversent les valeurs de voisinage, elle a retrouvé trace. La fin d'Amour et de Justice va justifier les moyens de séduction. Deux mondes adverses et inverses, en miroir, dont aucun n'a le tort absolu : la vérité d'Hermocrate est celle d'un complot légitime; celle de Léonide est de changer la haine abstraite en amour. Le non-vengeur et célibataire règne au jardin d'Hermocrate (II, III); l'irruption de Phocion est celle d'une promptitude inouïe : en sept répliques (I, IV) la déclaration à Agis : les serments de ne se quitter jamais, non moins *indiscrets* que ceux de ne jamais s'appartenir, ont eu lieu. Jamais égale toujours. L'amour vit de jurer de rien. Au paroxysme des hyperboles, chacun devient l'obligé de l'autre, sous le prétexte d'une transaction minime : se faire inviter chez Hermocrate. Or il s'agit de l'Amitié, puisque Agis prend Phocion pour un homme : le « depuis un instant » fait un « pour toujours », comme entre Azor et Mesrin de *La Dispute*. C'est à la fois la réalisation de la parole grecque philosophique enseignée à Agis : de la *philia*, et la destruction de son monde : l'irruption du pathos. Léonide-Phocion joue son va-tout à chaque entrevue, scène, réplique. Sa domination est complète tactiquement. Elle sait que le mensonge le plus fort est le seul moyen de gagner : violence de la disproportion. En cinq minutes à Léontine : « je vous ai consacré ma vie, j'aspire à l'unir à la vôtre. » L'amour bouscule les philosophes : ils sont « déconcertés », écrit Marivaux en recommandation aux acteurs. L'hospitalité est violée. Championne qui joue sur trois échiquiers; elle est Hippolyte avec Léontine, Phèdre avec Agis, Phèdre avec Hermocrate. Elle prend chacun à témoin pour se parjurer. L'énormité, héroï-comique, du c'est-vous-que-j'aime, qui étourdit l'autre à chaque fois, donne « droit » au sujet de la déclaration – qui n'est pas encore un discours – de se justifier, à savoir de discourir-plaider et ainsi de faire suivre les raisons et la raison. L'usage du faux emporte tout. Elle se comporte « comme une déesse » (si elle ne l'était, la comédie serait ridicule, injouable) : Zeus de l'Amour, qui viole l'hospitalité d'Amphitryon. Elle change l'obstacle en moyen. D'un coup aux extrêmes; et l'argent pour faire fonctionner les serviteurs : de factionnaires changés en fonctionnaires de la communication. Elle est Plutus, et Hermès, et Minerve. Elle gère les coups de la sincérité feinte au service de la vérité. Art martial : pas de situation impossible qui ne soit renversable par l'acceptation du désavantage provisoire. A quel prix? Le spectateur de cette féerie est censé « excuser » à cause de l'Amour : « c'est pour vous que j'ai trompé tout le monde » (III, IX). Hermocrate a perdu, pseudo-maître de philosophie, dès qu'il annonce qu'il appartient au monde du désir, galant de code, « Hermocrate jaloux! ». La philosophie est défaite. Conclusion : « Hermocrate, vous n'êtes point à plaindre; je laisse votre cœur entre les mains de votre raison. » Ironie. Son cœur fut la dupe de son projet de vengeance, comme il va être dit, la même année, de Lucile..., ou son projet de vengeance fut la dupe de son cœur...

Lutte des sexes.

La nature de la féminité est équivoque; tantôt désignant une féminité actuelle (FLAMINIA : « [...] je connais mon sexe : il n'a rien de prodigieux que sa coquetterie. Du côté de l'ambition, Silvia n'est point en prise; mais elle a un cœur, et par conséquent de la vanité; avec cela, je saurai bien la ranger à son devoir de femme. » *La Double Inconstance,* I, II); tantôt indiquant, dans la fable d'une genèse accélérée *(La Dispute),* un devenir, aussi bien uchronique que contemporain, puisque le raccourci « préhistorique » de *La Dispute* retrace un passage de la féminine et originaire « sortie au monde » à sa première inconstance partagée, qui vaut ambigument pour le *in illo tempore* et pour ce moment « historique » même où elle s'accomplit devant le Prince, devant son public, et devant nous; tantôt le naturel de cette nature référant au monde culturel du village où le code des fiançailles accordé à une nature pudique de la femme et à la loi du mariage ménage heureusement, par les phases institutionnalisées d'une « mauvaise foi » admise et reconnue, et économiquement, le dénouement; et tantôt nommant la seconde nature, purement culturelle, mais à prendre comme le fait brutal, incontournable mais pas intraitable, de la Française de haute société : de Lucile en son horreur (« J'oublierais le français, moi, s'il fallait dire je-vous-aime avant qu'on me l'eût dit », *Les Serments indiscrets,* II, x), l'horreur d'amour-propre de dire oui en premier... « plutôt mourir »... – De sorte que le Blectrue de *L'Ile de la raison* imaginera l'impossible renversement : de faire occuper par les femmes la position éhontée des hommes; guérison radicale et impossible.

Une pensée complexe du naturel évite à Marivaux de « tomber dans l'utopisme » (car le sien était de comédie) qui « dévalue l'idée de nature féminine au point de rendre insignifiante la destinée de la femme et de priver de tout enjeu spécifique sa liberté » (Paul Hoffmann). Ce que P. Hoffmann dit de Rousseau, que pour lui « la féminité pure était mortelle à l'être aussi bien en son sens dépravé qu'en son sens sublime » est à renverser dans le cas de Marivaux.

Et Arthenice dans *La Colonie* qui se demande d'où viennent « les défauts du gouvernement des nations » : « C'est que notre esprit manque à la terre dans l'institution de ses lois, c'est que vous ne faites rien de la moitié de l'esprit humain que nous avons, et que vous n'employez jamais que la vôtre, qui est la plus faible » (sc. XIII), parle au nom de *nous les femmes* « qui les avons polis, qui leur avons donné des mœurs, qui avons corrigé la férocité de leur âme; à nous, sans qui la terre ne serait qu'un séjour de sauvages, qui ne mériteraient pas le nom d'hommes » (sc. IX).

A prendre le théâtre de Marivaux dans son ensemble, on aperçoit que, par exemple, les femmes n'ont pas moins raison que les hommes – comme ceux-ci, les cas échéants, pas moins tort que celles-là. Elles ne se taisent pas, elles n'ont pas le dessous, ce qui est encore et toujours neuf, pour nous aussi. Or les thèses les plus opposées sont soutenues; on peut tout au long recenser de très fortes contradictions : dans le même exemple, relatif aux femmes, nous entendons qu'elles sont tout entières coquetterie, êtres de vanité *(La Double Inconstance)* et profondément civilisatrices (archéologiquement, dans *La Colonie;* actuellement et psychologiquement dans *Le Triomphe de l'amour*). Dirons-nous que Marivaux « a évolué »? C'est probable, mais inessentiel ici. Ce qui compte, c'est la compatibilité de ces apparitions antagonistes. Alors?

Tantôt elles ont le tort, tantôt ce sont les hommes. Au gré de l'accusation indéfinie, selon la succession ou « ponctuation », c'est-à-dire selon l'occasion du procès ou dispute à chaque fois, qui est précisément ce dont il faut sortir.

« La Colonie » et le mariage.

Je rouvre *La Colonie;* comparée aux *Thesmophories* d'Aristophane, où les femmes luttent contre Euripide, telle pièce de Marivaux paraît sans *vis comica.* C'est une pièce de moraliste, prosopopée dialoguée d'une idée, sans que la volonté de faire rire dans le langage et avec lui fasse travailler celui-ci à pleine capacité. Mais en relisant les deux, et cherchant, à travers ce contraste d'un génie de la Comédie (au sens où Thomas Mann parle du génie de la Narration) caricaturant à plein langage son temps social, et cette allégorie rapide et distinguée, quelque pensée commune, je songeais : le mariage, c'est aussi pour empêcher la double unanimité, la massive séparation du genre humain en ces deux affrontés : la guerre des Amazones contre les Centaures; c'est un échange d'otages entre deux camps, nécessairement exogamique : le couple, colombe de paix, démolit l'entêtement des deux espèces, mâle et femelle, insoluble à grande échelle. A échelle de nations, par exemple, ou de classes, c'est la guerre; la massification et la tuerie vont ensemble, et le « salut du genre humain » pensé en termes de grands nombres requiert la destruction d'une de ces « masses ». La division massive de l'humanité en deux, par exemple en deux classes, programme la victoire d'une des moitiés, par exemple des prolétaires, comme s'il fallait dédoubler le genre – et en toute rigueur théorique – pour faire périr sa moitié et que par là il trouve son salut définitif.

Or avec le mariage, au lieu de l'affrontement au pluriel des femmes et des hommes, on passe au singulier : celui-ci – celle-là, une femme venue de « l'autre côté », symboliquement « à la place » des femmes, et réciproquement cet homme à la place des hommes. Échange qui de lui-même ébauche une figure de chiasme :

Leçon de *La Colonie :* il y a un couple, qui s'aime; l'amour n'est que de proche en proche; à cette échelle singulière; il ne marche pas dans l'affrontement molaire.

Tendresse.

Le moment de la supplique (cf. *L'Ile des esclaves*) quand le valet se met aux genoux du maître, la fille à ceux du père, et parfois l'inverse, ce qui ne serait pas impossible à la rigueur, est le moment de l'égalité, fugace mais constitutif, celui où Angélique, la maîtresse, relève Lisette, la place à sa hauteur. Passage à l'équilibre de justice dans l'oscillation; moment où elles se croisent; écarts alternés d'un mouvement qui parcourt et inscrit quelque part un centre de symétrie. Moment où ils ont été hommes, femmes, en même temps, dépouillés de tout ce qui n'était pas l'hospitalité de l'autre, le face à face pour sortir au-devant de l'autre, l'échange fraternel.

Michel Gilot : « Le foyer de toute sa pensée, c'est une

notion qui semble aujourd'hui des plus banales et se trouve soumise à toutes sortes de contestations : l'idée de l'humanité » (*op. cit.*, p. 427); et : « Marivaux trouve dans l'attendrissement moral un plaisir que nous avons peine à concevoir et qui ne ressemble pas au sentimentalisme frelaté des années 60 [...] la vertu fait plaisir » (p. 443).

Un côtoiement, un frayer, des classes sociales, comme il ne s'en fait plus. Qui aujourd'hui vit avec l'autre, va y voir, y entendre? Disparition des domestiques, dit-on [1]. Sans doute. Plus de Lisette, à la maison, ni de Colette, de Blaise au jardin ni de Colin à la campagne de l'autre côté des murs. Aspect opérette de ces frôlements de maîtresses à suivantes – pour nous. Mais qui, aujourd'hui, passe les lignes imaginaires, pour vivre avec une autre classe? Hormis au cinéma, par la représentation, aux journaux. On se fréquente surtout par l'imaginaire, respectant, d'assez loin, les signes de reconnaissance que s'échangent, entre eux, les autres. Et l'État vit aussi de ce cloisonnement. Le « transparent » filmique sépare les classes entre elles plus insidieusement que les difficultés de la vie commune, du parler avec les jardiniers, les suivantes, les intendants.

C'est la comédie! Vive le brio qui déjoue l'imbroglio mortifère de la lutte des doubles, son esprit de gaieté, qui, dans le mimétisme et la rivalité, veut se montrer plus fort que les dangers violents que font courir les rapports des doubles. Sans recourir à rien d'extrinsèque ni de transcendant, mais par homéopathie, jouant le couple contre le double : l'appariement – à travers son histoire et sa crise déconstructrice même, sa critique, c'est-à-dire la représentation qui fait paraître l'enfer de l'imitation, du refus du même par le même – l'emporte sur son obstacle intrinsèque. A l'impossible tout est tenu. Les dangers mortels étant révélés, qui sont d'amour-propre, de narcissisme, de mépris, de mimique, d'envie, l'affaire se résout en cette relation même, menacée :

1. Alain Besançon, cité par P. Bourdieu : « – et aujourd'hui nous ne savons pas encore si la vie culturelle peut survivre à la disparition des domestiques – ».

le couple. Il y a assez de dissymétrie en réserve, si je puis dire, dans la symétrie du couple, assez de ressource d'altérité dans le même, dans la bonne imitation, assez de hiérarchie dans l'égalité et d'égalité dans la hiérarchie, par le jeu des homologies entre paires aristocratiques, bourgeoises, domestiques et rustiques, assez de différence dans les risques de confusion, assez de points d'émergence de l'être vrai dans les jeux de l'apparence même dont la gaieté s'amuse, pour que le péril de la faux-semblance complète par démultiplication du même et travestissement soit conjuré; plus : soit le moyen même qui puisse se retourner contre le mal qui se déchaînerait si le simulacre était la fin, la fin voulue par des volontés mauvaises. Le mal a encore le statut d'un « accident » maîtrisable : et ainsi le malheur est évitable au prix d'être joué.

Comédie! Encore faut-il que la comédie montre, re-prouve et réprouve cela même, le donnant en spectacle. A une condition, essentielle : le statut – l'institution – des différences ne tient le coup dans l'inégalité que si le respect de l'un à l'autre, de celui-ci à celui-ci, du haut vers le bas et du bas vers le haut, vise, et en l'autre réellement, un caractère d'identité de tous. Kantisme avant la lettre? D'autant plus qu'il ne s'agit pas d'un respect abstrait pour une abstraction, mais d'un pathos propre qui s'intéresse effectivement, c'est-à-dire affectivement, pour la loi et pour ce phénomène de la loi qu'est la différenciation sociale; il s'agit en effet de tendresse que provoque la vue de leur humanité réciproque, si j'ose dire, chez tous les membres du socius.

La tendresse doit être rappelée, avoir lieu en chair et en âme (il y a un moment pour elle dans beaucoup de comédies), et elle ne change pas la hiérarchie.

Persistance du jeu social.

Exemple du jeu à fronts renversés, affronts :

La concierge des Avocats, boulevard Raspail, me voyant porter un pli, et en moto, me snobe, me fronce-les-rides, me flaire, me maltraite comme quelqu'un... de sa classe!! Elle que je retrouverai tout à l'heure en servante du dîner où je suis convié avec les Supérieurs, et qui alors rentre dans le décor comme Jean-Jacques à Turin.

C'est clair : Arlequin snobe Dorante. Les suivants maltraitent ceux qui surviennent dans la maison de leurs maîtres. Il faut nous rappeler cela, ce renversement irritant des vecteurs hiérarchiques, constants chez Marivaux comme matière à comédie : admis, ludiques, surexposés. Les frictions sociales en apparence paradoxales sont un des éléments du romanesque sociologique dans les pièces de Marivaux.

Ou : Un « garçon » en nous servant au Resto nous adresse la parole, c'est ce qui est reçu comme une insolence puisqu'on ne lui demandait rien; car au « vous êtes bien aimable » condescendant, il a répondu : « Oui, je suis trop aimable, et les femmes me perdront »... Le froid s'installe, nous ne « relevons » pas; pas de conversation. Je me rappelle : Arlequins et Trivelins sont les intempestifs, les déplacés; ils sont les modèles de ces insolences – qu'ils copient.

J'ai dit : « Je me rappelle »... C'est que nous oublions; nous reconnaissons la vie dans la copie-modèle théâtrale; mais nous ne reconnaissons pas le théâtre dans la vie. Étrange. Par où il y a peu de catharsis; pas même de « leçon ». Nous sortons du théâtre et nous oublions ce que nous venons d'y voir (comme dit – presque – l'épître de saint Jacques). Ce dont ne cesse de se plaindre le théâtre *(Les Acteurs de bonne foi)*. Et malgré cela, contre cette amnésie ou plutôt cette incapacité de renverser le vecteur spectaculaire et de lire la vie comme comparée du théâtre, le théâtre nous y réinvite, contribue à l'apaisement; il cherche à nous faire entendre : « Rappelle-toi, ce garçon, c'est comme Arlequin qui te faisait rire. Ce n'est pas grave. Rions. »...

Un équilibre.

La statique des équilibres chez Marivaux est telle que l'observation et la conservation d'une grande stabilité sociale se concilient avec le sentiment et la critique d'une grande injustice sociale. Cette synthèse peut nous déconcerter et nous aurions tendance à dissocier les compatibles marivaldiens en surchargeant de nos effets l'un des plateaux de sa balance. D'autant que les journaux et les romans, selon leurs capacités génériques – que Marivaux invente ou modifie – proposent une autre composition des deux : la description, la dénonciation, le désir de changement y sont plus libres, plus virulents. Mais la comédie montre que la critique loin de ruiner la stabilité ne la met en crise et ne l'interroge sous sa figure matrimoniale que pour la confirmer, réparée d'être retrempée à loi du cœur comme à son principe, et humanisée d'être repassée à échelle des consciences, des intrigues singulières. La comédie est la ruse de la passion. Ce qu'y réclame une bourgeoisie du cœur en fait de modification du conservatisme social, de desserrement des règles, dans la perspective et la figure matrimoniale, pour qu'elle puisse accroître sa place sans détruire l'ordre, trouve son allégorie en un jeu de l'amour et du hasard qui fera bien les choses. C'est grâce à l'amour que la revendication s'élève et se formule. La nouvelle donne permet aux nouveaux joueurs de s'introduire : *joie imprévue,* fable de Damon le jeune bourgeois fasciné par la table de jeux parisienne, Damon que sa double passion clandestine pour les tables de jeu et pour l'amour de Constance initie à Paris. Hasards et amours en figuration réciproque; si « le jardin communique avec l'hôtel garni », selon ce que précise Marivaux au début, la réciproque est vraie, et le jardin communique avec l'hôtel de Constance. Damon qui par ses égarements mêmes se voit gagner par soi seul ce qu'on voulait lui offrir, et qu'un bon père lui confirmera : Constance, précieuse d'avoir été presque perdue, et qui lui sera donnée après qu'il l'aura conquise.

Le simulacre, dont l'envahissement est contrôlé, a pour fin la non-simulation, la patence de la vérité, l'harmonie des différences sociales admises, le règne de l'amour, la réconciliation du plaisir et de la réalité. Sans doute un tel dénouement, à l'horizon de l'intrigue, est-il en quelque manière hors représentation, puisque le drame s'achève pour lui faire place (où? dans la vie?); il n'en est pas moins le point de fuite des lignes de perspective de la pièce, le centre organisateur du trompe-l'œil. Les ruses du désir, la maïeutique des amants, ce théâtre les confie à l'action du langage, à la pharmacie des fausses confidences, grâce au double concours d'une volonté plus forte qui « fait son affaire » du drame (Phocion, Flaminia, Merlin, Madame Amelin) et de l'habileté bienveillante des « petits hommes », les domestiques, qui servent l'action, catalysent les alliages, éduquent les maîtres. Au XVIIIe siècle, le précepteur est encore un personnage de la domesticité; la parole qui sait est à l'office; proposition réversible. Au reste, nous continuons à payer nos guérisseurs, et la cure psychanalytique, par exemple, peut passer pour consister toujours en fausses confidences. La simulation théâtrale peut restituer quelque chose comme une innocence objective partagée, un paradis, un règne où les fins du vouloir – parce que « bonnes » comme si la transcendance de la société n'était pas telle qu'elle ne soit immanente à la volonté bonne de quelques-uns et à la bonté naturelle du désir – ne sont pas irréalisables.

La machination qui tend son piège bienfaiteur est portée au compte d'autres (autres que les bénéficiaires), qui sont les auxiliaires de la rivalité, de la conjonction des beaux rôles, de la réunion des amants; elle est le fait d'une volonté séparée fonctionnellement des meilleurs sujets du désir, qui peuvent demeurer innocents du stratagème harmonisant leur plaisir et leur réalité. Il s'agit de ménager des médiations, des transitions assez continues, assez voisines, pour que l'extériorité ne soit pas perçue. Pas de hors-la-loi, pas de hors-le-cœur. A un bout – bout de l'âge aussi : jeunesse – les amants assujettis soudain à la loi du cœur, le mot de cœur couvrant lui-même une différence mouvante entre le désir et l'amour; à l'autre bout – de vieillesse aussi : les parents, qui sont des ex-amants, figurants de l'institution, parfois représentée en surplomb : comme à ce balcon d'où Hermiane et le Prince vont observer leur expérimentation. Au milieu, les autres : ces autres que sont les domestiques, au cœur de la maison, serviteurs non de la haine mais de l'amour, se servant eux-mêmes au passage, et de la loi : leur obéissance à la fois frondeuse et gaie, tendre et vulnérable, est la preuve de leur intériorisation de cette loi.

La Domus.

La famille est un milieu étrange, où, à l'exception des époux et des rapports des parents aux enfants, « nucléaires », on ne s'aime pas d'amour-désir. N'importe lequel des cousins, ou de ceux que notre langue classe à la rubrique « beau » ou « belle », peut manquer aux autres un temps indéfini; l'absence ne compte pas. Ce n'est pas amitié, ce n'est pas amour, mais plutôt, fondamentalement, une rivalité spéciale, pour le nom, quand les relations ne sont pas trop disjointes. Et pourtant c'est un lien particulier; on se reconnaît, cognats ou alliés, dans le mariage, la naissance et le deuil.

Les serviteurs sont-ils de la famille? Oui et non. Attaché et attachant, réplique ou utilité, le serviteur est congédiable. Il entre en compte, pour faire le compte, et il ne compte pas. Son échangeabilité, qui n'a pas lieu dans la pièce, y est rappelée fréquemment – aux moments de « brouille ». Le valet peut changer ses amours. L'union redouble celle des maîtres.

Et cette fonction est prise dans le vraisemblable de la condition (nous dirions économicosociale) des domestiques et la psychologie de la domus. La sphère domestique fait seuil entre les amants-maîtres et le monde extérieur; ce monde humain, mais qui peut être aussi inhumain que ce qui ne l'est pas, gel ou désert, et d'où surgit l'autre, l'autre désir qui prétend « nous » troubler et « nous » emporter (ce *« nous », première* personne du pluriel, que les serviteurs, comme les avocats emploient pour parler de leurs maîtres).

Familia, selon le dictionnaire Ernout et Meillet, a dû désigner l'ensemble des serviteurs vivant sous un même toit par opposition à la *gens;* il s'agit de la maison tout entière, maître d'une part, et femme, enfants et serviteurs vivant sous sa domination.

Plus la domination s'atténue, plus la famille compte avec les serviteurs; plus la *gens* diminue en importance, plus le toit où convivent les serviteurs assume l'importance. Les serviteurs, plus encore que les cousins ou les brus, s'intéressent aux amours des maîtres : ils font la famille. Et pourtant il arrive que le langage de l'affinité (au sens étymologique de voisinage), de cette espèce d'agnation [1] mineure qui est, si je peux dire, leur statut, se change avec la brusquerie mathématique d'un point de rebroussement, en celui du mépris, du congé, de la malédiction... définitive? non; révocables – et ainsi récurrents. Ils font le bord de la domus.

Parfois, rarement, dans *Le Legs* par exemple, telle figure, celle de Lisette, reste une énigme pour les personnages et pour le public. Le jeu qu'elle joue n'est pas clair, elle oscille d'un camp à l'autre, peut-être ne le sait-elle pas elle-même.

1. « Après la mort du *Pater familias,* le mot *familia* désigne le groupe de ceux qui étaient autrefois sous sa puissance et qui en sont sortis par son décès : *agnati, agnatio* » (Ernout-Meillet).

Le secret.

Le secret peut n'être partagé par aucun homme : secret des dieux. On peut même figurer un secret si absolu, secret même aux dieux, qu'il les subordonne à un aveugle et fatal destin non figurable. Mais le secret de la comédie est différent. Le temps de son action dramatique est mesurable comme celui de la diffusion d'un secret, de la propagation de la confidence, de la délation du caché, et l'action cesse quand tous sont dans le secret. Chez Marivaux souvent l'action commence par un secret qui n'est partagé que par un seul, secret local de l'entreprise de l'un, d'un souverain, par exemple Phocion, qui met aussitôt dans le secret un agent de l'exécution et le public. Le drame réside en la distribution du secret aux autres intéressés et la pièce est achevée quand tous l'ont.

Le secret, qui est celui de l'amour, est partagé par tous en principe, auteur et public. La révélation d'un secret partagé est comique. Le secret est du type de celui d'une leçon que l'intéressé met le temps de la pièce à découvrir en retard constant sur le public qui est lui-même en retard sur, et surpris par, la façon dont le héros l'apprend à ses dépens; tandis qu'une leçon plus générale flotte sur le déroulement, qu'il n'est jamais assuré que le public ait assimilée mieux que le protagoniste le plus obtus de la comédie : à savoir qu'il faut jouer, jouer la comédie, (se) donner en spectacle, passer par la fiction de l'épreuve qui est l'épreuve de la fiction, pour que de la vérité advienne.

Suspens : il y a quelqu'un qui souffre, qui est en souffrance, souffre-douleur de sa propre complicité avec l'être-en-souffrance du désir de l'aveu de son désir; qui tel le Dorante du *Jeu de l'amour* sera le dernier à savoir le dernier mot d'un secret qu'il fut le premier à machiner; ou parce que, tel le Lucidor de *L'Épreuve,* il ne veut pas le savoir, ce secret que tous lui demandent de partager comme celui qui fut le mieux placé d'emblée pour l'entendre. A la dernière minute, souvent, à la dernière extrémité de la dernière scène, dans la précipitation forcenée du dévoilement d'un voile qui ne tient plus qu'à un fil, mais c'est un fil dans l'œil de l'amant auquel il tient le plus, comme à sa lucidité, quand c'est celui de son obstination aveuglante, le secret se déchire, faisant la fin. Il ne s'agissait pas de garder un secret, mais de communiquer un secret que le premier intéressé ne peut pas entendre parce que c'est l'obsession de ce qu'il croit ne pas désirer, et quand le secret manifeste, si l'on peut dire, aura bousculé la dernière résistance que lui oppose le refus de celui qui le désire, pour éclater, c'est la fin.

Le secret est créé par le mouvement de le discerner. Le secret est qu'il n'y a pas de secret. Formule difficile : car il y a un secret – à savoir qu'il n'y a pas de secret. La relation interdividuelle et sociale consiste en le recel de ce que chacun et tous savent de tout autre comme de soi. L'objet de la dissimulation est ce qui est sans aucun secret pour personne mais à qui doit être frayé le passage secret de la confidence. Ainsi de la part honteuse de vivre, déjection ou abjection, ou, autre exemple, de la permanente querelle conjugale, cette viabilité de l'invivable : la clameur de la vie privée se tait aussitôt qu'un autre, qui est le même, approche.

Sans doute cette condition bouge dans notre modernité et en particulier la publicité des transactions sexuelles, la croissance de la médicalisation, l'exhibition de l'obscénité, le passage aux aveux dans des publications multiples, aveux transposés de l'inavouable secret partagé par tous les acteurs, à cœur ouvert, à sexes mis à nu, modifient la honte et le régime de l'indiscrétion.

Marivaux, en un temps plus rude de promiscuité plus contraignante, c'est comme s'il construisait en langage un modèle, un chemin du secret, du privé. Le paradoxe est celui d'une intimité, d'une pudeur, qui doit s'édifier, se gagner, dans la transparence de la Domus, grâce aux autres et à l'économie de l'indiscrétion générale; le paradoxe est que le secret des amants appartient d'abord aux autres. C'est la conversation qui aura permis la genèse de l'amour jusqu'à l'aveu et son serment. Le lieu commun doit pouvoir construire la future intensité de l'amour.

Le public est en tiers; tiers inclus, il est l'Autre sans lequel l'entretien des deux, des deux qui sont en scène, ne serait pas possible. Comment cela? Le public, autrement dit la langue, garantit l'entente du double sens des mots et des phrases. Le jeu qui consiste à dire à l'autre ce qu'il peut et devra entendre, mais n'entend pas encore, est rendu possible par le fait que l'auditoire entend déjà le double jeu des échanges langagiers. Le double sens de la même phrase simple permet de dire oui et non en même temps, le vrai et le faux, l'énigme et sa solution en même temps. Ils parlent (dans) la même langue, et l'équivoque pourra être dénouée, le second sens entendu par le destinataire scénique, parce que l'Autre l'entend déjà. (Œdipe et le Sphinx ne sont pas seuls, mais la langue dans laquelle ils se parlent est là qui n'est pas un idiolecte.)

Le public fait le réel de la référence; il sait ce que veut dire celui qui dit. Le sens est dédoublé et garanti par ce destinataire.

Il manque toujours à l'autre, le berné du moment, de déchiffrer aussitôt l'oracle; on ne lui cache rien, on lui dit toute la vérité; et sa souffrance a quelque chose de ridicule, comme d'un qui s'est entravé dans ses propres lacets quand tout le monde lui crie qu'il détient, lui le premier, le secret de la combinaison qui l'enlace.

De n'être pas perdu pour tous, comme à Guignol, le sens pourra finir par arriver à son destinataire scénique : quand il comprendra que les deux sens n'en font qu'un. Le double jeu du valet, par exemple, qui parle à la cantonade en adressant au personnage adverse un sens qu'il va découvrir comme vrai, est réglé par la nécessité que ce sens, en réserve et en maturation, doit être entendu par le public, qui rit d'être dans le secret en complicité avec un valet, avant un protagoniste provisoirement exclu : victime émissaire provisoire montrée du rire par un public « dans le coup », ce coup que monte un valet.

Le vraisemblable.

Ce qui est confondu dans la vie, par exemple les facultés psychiques dans l'intégrité d'une personnalité, a dû être démantelé, réparti, mais de telle sorte qu'un élément fonctionnel, un rouage ait, puisqu'il s'agit de personnages, lui aussi les apparences de la totalité. L'artifice du vraisemblable recompose en dissimulant le partiel dans le global, jouant donc sur le « ne pas s'en apercevoir », sur la croyance, du public. Concevoir un moteur, un automate, qui reproduit la nature, analyser, attribuer des existences séparées à des abstractions, recoller le tout en dissimulant la confection à la perfection : tel est aussi l'usage de la fiction des doubles. La démultiplication en rôles, en protagonistes distincts, d'un sujet qui pour voir s'il est aimable pour lui-même déboîte un autre lui-même, exige que Lisette – par exemple – soit et ne soit pas une autre Silvia. Tels dédoublements sont constitutifs du théâtre. Il n'y a donc pas imitation de la vie au sens banal, mais décomposition, transposition et recomposition qui simule l'intégrité, l'unité synthétique, en masquant, faisant oublier, l'analyse. Soit le début des *Serments indiscrets :* il n'est pas « vrai » qu'un Damis rencontrant une Lisette à la place de sa maîtresse lui dirait sa vie et son secret d'un seul trait. « Convention. » La vertu d'un double comme Lisette est de pouvoir être tantôt proche d'une Lucile au point de n'être qu'une « autre elle-même », tantôt si distante qu'elle en est retranchable, éjectable. Elle est indispensable et détachable. Nerf de la fiction théâtrale : la dissimulation d'un rouage annexe est d'autant plus retorse que cette pièce secondaire est exhibée... comme secondaire.

La vérité du vraisemblable est de dissimuler sa dissemblance d'avec le vrai. Le vraisemblable peut n'être pas vrai.

Marivaux n'a touché ni aux grandes conventions des unités, ni aux nombreuses sous-conventions, de la distribution des scènes selon l'entrée « motivée »; ni à celles de la communication de l'information entre les personnages et avec le public, par apartés.

Le tort, la justice, la ponctuation.

De quoi y a-t-il Dispute? Si Hermiane avait lu *La Double Inconstance,* elle saurait la réponse. Mais sa thèse est que les femmes, entre la nature et la corruption, ont su maintenir quelque chose de la bonté primitive. Le Prince, est-ce celui de *La Double Inconstance* qui aurait oublié? Il s'agit d'une expérimentation pareille à celle qu'on rapporte que Frédéric II avait organisée ou rêvée. Le couple tuteur, Mesrou et Carise, a élevé séparément plusieurs paires d'enfants. Eux, Carise et Mesrou, ni hommes, ni bêtes, ni dieux : « noirs ». Les trompettes sonnent la chasse; les grands sont au spectacle, font galerie, un théâtre sur la scène se ménage : le premier cadre sur la scène se fait oublier; la grande rétrospection de l'origine s'inaugure – répétition de la scène primitive. Églé se découvre grâce au ruisseau; stase jubilante au miroir. Autosuffisance, frayeur de l'autre, reconnaissance de l'altérité dans la confusion : « Une personne comme moi »; elle passe par l'abstraction de la personne, en personne bien élevée. La différence numérique précède la sexuelle; ils seront « Daphnis et Chloé » dans un moment; l'autre est censé « m' » admirer; puis c'est l'échange : ses regards sont doux. « Savez-vous parler? » – comme dans le *Ménon.* Azor est apparu après Églé : pas comme Adam : l'homme est créé après la femme, et parle comme le Prince : dans une espèce de soumission, il parle non de soi, mais de l'autre : « le plaisir de vous voir... » Il fait sa cour en premier : l'ordre « naturel » est institué. Églé résiste aux avances; puis s'amollit. Ils se considèrent et s'acceptent comme deux

« perfections » différentes. Schisme sexuel : Églé tend ses mains, Azor sa bouche. Églé lui donne son portrait engendré à partir du miroir. La première hypothèse de Mesrou : la dureté d'Églé. « Innocence » de la genèse du plaisir... Donc Mesrou n'a jamais été un homme, pour elle; un eunuque de sérail? Le mariage naturel avec Azor serait immédiat, n'était la « chose à observer », dit Mesrou : la loi, comme dans l'Éden. Une leçon de privation de plaisir dans le plaisir leur est donnée – la même depuis *La Double Inconstance*. Églé est mise devant le premier choix. « Il faut opter », dit Mesrou rappelant la loi : choisir le portrait d'Azor ou le sien... elle choisit le miroir, pour ne pas se quitter. Azor est moins épris de lui-même; « ce n'est que moi »... Quand deux femmes se rencontrent « pour la première fois », Églé avec Adine, elles se comparent et se repoussent. Chacune tient le même langage : la même se déteste. Il y en a une de trop quand la différence n'est que numérique. La rivalité est d'origine. Carise essaie de les unir. Adine envoie son homme, Mesrin, à la vengeance : par où elle sera trahie. Quand deux hommes se rencontrent, ils inventent l'amitié et la convivialité : ils désirent « boire ensemble ». On attend le chiasme. Azor s'approprie « sa » femme : en interdisant sa main à l'autre. L'infidélité a lieu en même temps : Mesrin trahit son monde en reconnaissant Églé pour « belle femme »; Églé désire l'empressement de l'autre. Carise par maïeutique lui fait dire son infidélité. Mesrin a l'avantage d'être second. « N'est-ce rien que d'être un autre? » Un autre autre, à l'infini. Les deux en même temps, Mesrin, Églé : veulent être inconstants. Les deux autres ont fait la même chose en même temps... A la fin le bon couple surgit, Dina et Meslis (force et douceur). Le Prince n'avait pas tout dit : on a élevé trois couples. On réintroduit la bonne différence. « Mettez-y quelque différence », dira Hermiane pour enrayer la catastrophe.

La question de fond, *De quoi il y a dispute?* est celle du genre rhétorique : *Qui a (eu) tort?;* le tort retombe sur qui, dans le malentendu humain; c'est la faute à qui; qui « a commencé »;

genre éristique, judiciaire – rhétorique. Et le principe en général de la solution marivaldienne est de la forme « ni-l'un-ni-l'autre », mais tous les deux. Vieux monde de l'enquête et de la faute (mais dont nous ne sortons pas) où la réparation, la pacification sera de la forme de la simultanéité de l'aveu : amnésie/amnistie du passé où s'embrouillaient la reconstitution de la querelle, le jugement, le retraçage de la vendetta, la comptabilité de la dette, la culpabilité. On oublie tout et on renverse le « c'était ta faute » en une parole neuve, un nouvel aveu : positif, ou d'Amour. La déclaration simultanée est le tombeau de la généalogie du tort, et la nouvelle origine de l'échange amoureux dans le temps commun (*simul;* simulation...?) de la promesse. Le rideau tombe, il ne se lèvera pas sur la séquence suivante du temps conjugal (ce sera le vaudeville) mais sur la répétition de la même scène. Marivaux s'arrange en général pour que ça tombe bien : pas de punis, pas d'exclus, pas de perte au calcul; à telle exception près, comme à la fin de *La Mère confidente*.

A quoi sert la justice? A échapper à la ponctuation [1] arbitraire, à poser un commencement; non pas à déterminer rétrospectivement une origine passée en choisissant l'une des versions de la ponctuation que les adversaires revendiquent vindicativement; car l'origine du tort n'est pas assignable, se perd dans la nuit de la vendetta infinie où c'est l'autre qui de toujours a déjà inauguré son injustice (cf. *La Colonie*) mais à faire commencer, à promouvoir un recommencement, un redépart-à-zéro : à égalité. Le moment de la fin (de la comédie) comme recommencement, dans la simultanéité des *oui* enfin échangés formellement qui renoncent à la dispute de leur ponctuation est donc comparable à celle de la justice. Le

1. Le terme est ici entendu dans le sens de P. Watzlawick, cité (cf. *Une logique de la communication*, Le Seuil; et, spécialement, les pages 52 *sqq.* « Ponctuation de la séquence des faits ») : il s'agit de la manière qu'a tout sujet pratique d'isoler, en la détachant arbitrairement de la série infinie des instants, une suite singulière des faits, dont il fixe l'origine et essaie de fixer la fin – en disant par exemple à l'autre : « c'est toi qui as commencé! ».

mariage, c'est la sortie de la ponctuation, le changement d'axes (mathématique) pour poser une nouvelle origine, un commencement décidé : de convention. D'où repart une aûtre histoire, bien sûr, d'injustices, de torts, bientôt indémêlable, vaudeville et tragédie. Mais le oui du mariage aura été le moment d'innocence, le traité de paix dans la guerre des sexes. Le mariage nomme et ponctue cela.

Qu'est-ce que la représentation choisit de représenter, ou : quel est le décalage, comique et marivaldien, entre la séquence de vie « réelle » et la séquence ponctuée par l'œuvre scénique? A s'en tenir à l'apparence réelle, un mariage a toujours bien commencé : dans le paraître, c'est la fête; et le problème n'est pas du début, mais de la fin : dans la vie, comme on dit, ça ne peut *finir* que mal, puisque ça finit par le veuvage ou la séparation – en fait. La comédie élit l'autre ponctuation : ça commence mal, ça n'arrive pas à commencer. Ou : comment commencer? Et ça finit par le bon commencement : la simultanéité des oui. Le schéma est ici celui de l'œuvre, *poétique* en son fond : refaire du sens à partir du « chaos ». Quelque chose du début, avant le début, est enrayé, ou n'est pas embrayé : il y a suspens, interruption, perte de significations comme au début de *La Divine Comédie,* dans la sphère de l'amour. La Comédie est « utopique » : une île [1], en ce qu'elle déplace la ponctuation et reconstitue une genèse idéale du commencement. Elle parvient à faire coïncider l'origine (Amour) et un commencement réel, qui se trouve être la bonne fin de la pièce. Le scénario mythique va enclencher sur l'histoire, et l'histoire commencer; faire rentrer la structure ou l'idée dans la réalité représentée. La machine articule le temps et le meilleur : eudémonisme.

1. Rappelons-nous *La Tempête* de Shakespeare : « GONZALO : Si je devais mettre cette île en valeur, Monseigneur [...] dans la communauté je règle tout à rebours. Je ne tolère aucun genre de négoce, et j'interdis jusqu'au nom de magistrat : les lettres sont désormais inconnues; richesse, pauvreté, servitude, abolies; point de contrats ni d'héritages; point de limites ni de bornes aux champs, point de labours ni de vignobles; je décrète hors d'usage le blé, le vin, l'huile et les métaux; j'abolis les métiers et je veux voir tous les hommes oisifs, oui, tous les hommes, et les femmes aussi mais pures et innocentes; point de souveraineté... » (II, 1).

L'égalité.

L'Égalité, ou réalisation de l'identité pensée, est la meilleure et la pire des choses; elle est à évoquer, d'une part, comme condition de l'humanité, condition pour qu'il y ait une histoire intéressant des hommes différents (pour chacun desquels ce sera son histoire) dans laquelle se trouve ménagée principiellement la possibilité de changer, celle que Canetti appelle de métamorphose, et qui, dans la perspective où nous sommes avec la comédie dans son rapport à la société, est celle de la mobilité sociale. Et d'autre part, à révoquer comme le danger : danger de la confusion, du chaos, de l'indistinction. La solution de compromis de cette contradiction se trouve donc dans une composition des forces de fixation ou de pesanteur et des forces de transformation, d'accélération de la mobilité; autrement dit, dans un « chacun son tour – mais pas trop vite ». La résultante souhaitée, ou bonne fin de la comédie, est dans un changement de l'ordre de la reconnaissance qui procure l'égalité en tant que possibilité effective d'occuper les différentes positions, mais qui repousse une confusion qui ruinerait toute position.

La comédie rappelle donc ce principe d'égalité dans son ambiguïté essentielle – moment d'un dîner, par exemple, où les convives en riant disent des vérités menaçantes pour l'assemblée [1]; jeu de la vérité, dangereux, auquel la franchise s'entraînant dans la liberté des propos, vient servir de soupape, d'exutoire : lapsus contrôlés qui à la fois prophétisent et retardent, voire empêchent, parce qu'ils la consument en mots, la brusquerie meurtrière d'une subversion qui, autre-

1. La scène du dîner de Turin où le jeune Rousseau, sortant de l'obscurité de sa servitude, méduse les nobles convives parce qu'il déchiffre une énigme insoluble pour eux, n'est pas de comédie, mais menaçante, et annonciatrice du destin de Jean-Jacques chez les Grands.

ment, aurait à sortir du secret, du non-dit, trop longtemps réprimé.

La comédie fait entendre : n'oubliez pas que l'ordre humain n'est pas naturel mais culturel, c'est-à-dire renversable! Attention fragile! – donc précieux. Ne pas mettre la tête en bas! ou plutôt : si on s'amuse à échanger le haut et le bas, pour dévoiler le caractère immémorialement conventionnel des différences, ce doit être avec précaution et pour prévenir la subversion, renverser le principe de renversement en l'exerçant et le jouant.

Or quel est l'élément même de la métamorphose, et le masque par excellence? Le langage. Le langage ductile et subtil, qui se prête à tout, épouse tout; *polymétis,* qui fait passer toute chose en et pour toute autre; « la meilleure et la pire des choses »; égalisant tout, et par là dangereux. Sans lui le concept et la revendication de l'identité demeureraient abstraits; il est le caractère réel de l'humanité; il est le moyen, arme et ruse, du parvenir; il est l'élément où se cache la possibilité... de se dissimuler, d'abolir la différence de l'être au paraître – cette différence qui est la plus essentielle, si l'on peut dire, et qui doit être maintenue à tout prix, faute de quoi il n'y aurait pas de société humaine viable. Aucun des aspects qui font ensemble l'essentielle ambiguïté du langage comme du masque par excellence, à la fois cachant et révélant, bien plus et bien mieux qu'un fard ou une perruque, le paraître de l'être ne peut être oublié ou minimisé, sous peine de manquer la réalité sociale en sa représentation et son jeu – de quoi la comédie est le redoublement révélant.

Nous l'avons vu, pour Jacob, changer de langage (du rustique au parisien), c'est commencer d'entrer dans la possibilité du changement social, c'est se procurer le masque-à-métamorphoses qui révélera les vraies possibilités de sa nature digne de parvenir. Maints exemples dans la comédie nous redisent que c'est la maîtrise du langage qui signe l'appartenance à la classe des maîtres – inquiétante quand c'est le valet qui en fait preuve, à moins qu'il ne borne explicitement ses ambitions. Le Merlin des *Acteurs de bonne foi* (I, 1) manie les signaux linguistiques de sa supériorité en employant par exemple le terme « d'anacréontique », ce qui fait dire à Éraste : « Anacréontiques ! Oh ! puisque tu connais ce mot-là, tu es habile, et je ne me méfie plus de toi. » Il aurait eu à dire dans une autre intrigue : « Et je me méfie de toi. » Mais Merlin accepte la donne sociale dont l'inégalité se marque à la dissymétrie du voussoiement servile au tutoiement tyrannique. Ailleurs les Trivelins (cf. *La Fausse Suivante*) ont appris le beau parler et le déchiffrement des langues de l'expressivité, et leur virtuosité protéiforme (voir en particulier la scène d'exposition, I, 1, « tantôt maître, tantôt valet; toujours prudent, toujours industrieux; ami des fripons par intérêt, ami des honnêtes gens par goût; traité poliment sous une figure, menacé d'étrivières sous une autre; changeant à propos de métier, d'habit, de caractère, de mœurs; risquant beaucoup, résistant peu; libertin dans le fond, réglé dans la forme, démasqué par les uns, soupçonné par les autres, à la fin équivoque à tout le monde, j'ai tâté de tout ») menacerait la comédie même si le langage régnait seul. Mais il doit correspondre avec d'autres registres de l'expression, et, heureusement, le paraître est assez démultiplié pour que des signes de sa fausseté transparaissent, laissant voir la différence de l'être au paraître...

Le lieu de la vitesse est le langage; être rapide, c'est essentiellement être rapide en paroles. Y briller, c'est avoir un débit étourdissant. Signe de l'excellence langagière, cette promptitude résume l'ambiguïté du langage, qui roule. La lenteur sera signe de niaiserie servile, la vitesse, de supériorité; mais, pouvant être apprise, elle est le masque du masque et dans sa vie même Pierre Carlet, selon le témoignage de d'Alembert, en fit l'expérience équivoque. Le virtuose persuade et son feu emporte, mais qu'il excède la mesure dont sont capables les autres, eux-mêmes bien élevés, ou qu'il manque à s'équilibrer avec d'autres signes expressifs corporels, et il devient suspect. Le socius, nous l'avons vu, a besoin de mobilité mais craint le dérèglement des métamorphoses, en particulier des comédiens. Il faut donc que le dynamisme – dont la vitesse du parler est le moteur et l'effet, l'agent et le signe, le moyen mais pas la fin – soit au service de la lenteur mesurée, de la vitesse moyenne, bonne, des mouvements : que les mouvements du cœur dans leur animation ne menacent pas les mouvements sociaux par une surpuissance d'entraînement.

Reprenons : l'égalité de la langue, plus ancienne que nos différences, elle qui permet à la duchesse de Kent de bavarder avec le petit ramasseur de balles (Wimbledon 1980), hypocritement et nécessairement, nous l'oublions sans cesse, elle est élément, comme l'eau ou le soleil, culture devenue nature, air, un des noms pour la vie. « Tu mens comme tu respires. » Elle est plus archaïque, plus immémorable que toute noblesse.

Cependant notre élocution est à deux vitesses, celle de l'expression perceptible, que nous faisons retentir pour les autres et pour nous, et celle, mentale, de la *restrictio,* que le sujet seul entend, qui est un autre discours, à la fois plus contenu et plus haché, fluxion moins élaborée (écoulement de tout, disait Héraclite), contre-courant qui court en même temps, plus tourbillonnaire. L'expérience caractéristique du sujet parlant est celle de leur tresse et de leur discrétion. La « sincérité » aurait lieu quand les deux flux sont en phase : vitesse proprement marivaldienne, quand je parle à vitesse d'intelligence : la sincérité va avec l'intelligence, quand le feu de l'entretien court assez vite pour emporter le sujet à ne pas pouvoir penser autre chose que ce qu'il dit [1]. L'intelligence discrète – celle même que ses contemporains, si l'on en croit d'Alembert, admiraient chez Pierre Carlet – *simplifie* le sujet, fait coïncider dans la promptitude de la repartie les deux sujets, celui de l'énonciation et celui de l'énoncé; il coïncide

1. Voir les recommandations de Marivaux à ses actrices. « Il faut donc, comme le disait très bien Marivaux lui-même, que les acteurs ne paraissent jamais *sentir la valeur de ce qu'ils disent,* et qu'en même temps les spectateurs la sentent et la démêlent à travers l'espèce de nuage dont l'auteur a dû envelopper leurs discours » (*Éloge,* par d'Alembert).

avec lui-même – véridique. Symétriquement, et à l'autre extrême : dans la « stupidité ». La niaiserie des pauvres Blaises les prive de la duplicité; incapables de « n'en penser pas moins », ils en pensent juste autant; comme leurs maîtres virtuoses qui ne peuvent en penser plus? Mais à peine ai-je écrit cela que je me rappelle la scène du *Prince travesti* [1] où Hortense se dissimule à la Princesse à la faveur même du code de *la franchise par absence d'hésitation* chez les Grands. La tactique de l'entretien, j'allais dire sa cybernétique, présuppose un sujet en quelque façon « rapide comme l'éclair », c'est-à-dire plus prompt que la successivité de la disparition vibratoire même ne le permet, dont les décisions instantanées pourront, comme d'une ruse ultime, jouer de cette règle du « feu de l'entretien » même, où on dirait que la vitesse empêche de rien dissimuler. La pensée est en mots, mais il y a quelque chose qui se recreuse derrière toute vague de mots, qui fait le sujet de la pensée manœuvrier dans et derrière sa manœuvre; quelque chose d'analogue à la différence entre la volonté, irréductible, et l'entendement discursif, selon les cartésiens.

Et maintenant dans cette seconde moitié du XXe siècle, anthropologues ou généticiens nous voudrions connaître, pouvoir retracer, l'histoire de cette « conquête » : le langage, peut-être pareille à une autre; comment ils y parvinrent, et qui en furent les parvenus. Portée par elle et se la réservant, y eut-il une caste de ceux qui parlèrent? Si avant d'être l'empire, et l'empirie même, de l'humanité, elle fut l'objet de rivalités et de meurtres? Avant de reposer comme le Vieil-Océan, milieu égalisant... Et au XVIIIe siècle, revendiquée comme instrument d'un parvenir social qu'elle promet et promeut?

Le langage est le masque même, instrument de toutes les ruses, bien avant l'aurore ulysséenne de notre culture; le dissimulateur, où les différences de conditions s'abîment, dont la fourberie constitutive ne sera donc excusée que par

1. Voir p. 201, plus bas.

la « nature exceptionnelle », l'amour, dont il serait, et lui seul, « l'expression », le corps glorieux, le mode. Pas de passion muette, et dans ce qu'Emmanuel Le Roy Ladurie appelle le *carré d'Amour* [1], dont il relève le schème à propos du théâtre occitan des XVIIe et XVIIIe siècles et dont la quadrature fut portée à un tel raffinement par la virtuosité française de Marivaux à la même époque, le langage est (devenu) l'obstacle et le médium.

Ce masque, plus simulateur que tous les masques ainsi rendus inutiles (Arlequin très vite n'aura plus besoin de son masque d'Arlequin), identique à la bouche même de l'amour, comme si la substance et la forme de l'expression ne faisaient qu'un, devient l'agent social le plus dynamique qui soit, fauteur de tous les troubles, par qui les différences seraient ruinées – si elles n'étaient pas réparables. Il subvertit et aplanit, puisqu'il est égal à tout, tout lui est égal; il monte et descend à tous les niveaux, réparateur de tous les maux, médiateur de toutes les synthèses – c'est cela aussi que Marivaux marque et célèbre.

1. Cf. *Le Débat*, n° 3, Gallimard, 1980.

II

DU FIL A RETORDRE

Chez moi [l'Amour] n'est en querelle qu'avec lui seul, et finit par être heureux malgré lui. Il apprendra dans mes pièces à se défier encore plus des tours qu'il se joue que des pièges qui lui sont tendus par des mains étrangères.

Marivaux
(cité par d'Alembert en son *Éloge*).

Il a de la physionomie.

(Madame Argante, engageant Éraste,
dans *L'École des mères.*)

J'oublierais le français, moi, s'il fallait dire je vous aime *avant qu'on me l'eût dit.*

(Lucile, dans *Les Serments indiscrets.*)

UN THÉÂTRE EXPÉRIMENTAL

Sans doute pourrions-nous nous servir de ce terme neutre de drame dont se sert d'Alembert, pour caractériser le théâtre de Marivaux, d'autant plus volontiers que, dans *L'Ile de la raison,* il prête à ce personnage qui parle au nom de la raison, Blectrue, le propos de renverser (selon son geste familier) l'opposition reçue entre tragédie et comédie (« Pleurer où l'on doit rire et rire où l'on doit pleurer! les monstrueuses créatures[1]! ») s'élevant à une conscience paradoxale de la relativité de ces genres. Cependant si nous tenons à un critère plus ancien que celui de la différence du rire aux larmes du côté du public, et plus intrinsèque à la formalité des genres; si nous nous en tenons donc à ce critère de la fin, selon lequel la comédie est ce qui finit bien, à savoir par la reconnaissance, nous redirons que Marivaux écrit des comédies. Quelle est la bonne fin, qui réalise la fin bonne, le triomphe de l'amour? C'est celle de l'échange des oui, de la profération de cette étrange parole, parole[2] encore et toujours étrange : je t'aime; autrement dit c'est du mariage qu'il s'agit, et la reconnaissance consiste en ce que chacun des amants paraît, au terme de l'épreuve, comme étant bien celui

1. Zinoviev (9 août 1980) explique à la télé le rôle de l'humour dans la société de l'U.R.S.S. : « Il faut bien en rire de crainte d'en pleurer [...] Parfois, les endroits qui paraissent les plus drôles me donnent envie de pleurer. La vie dans cette société est tellement effrayante que les rôles s'inversent : la tragédie devient risible et l'histoire drôle tragique. »

2. Analysée par R. Barthes dans son *Discours amoureux* : « Je t'aime n'est pas une phrase : il ne transmet pas un sens, mais s'accroche à une situation limite : " celle où le sujet est suspendu dans un rapport spéculaire à l'autre ". C'est une holophrase. »

que l'autre aime – ce qui ne va pas de soi. Comment les choses se passent-elles ?

L'initiation.

Le point de vue où se place d'Alembert quand il parle de « cette éternelle surprise de l'amour [comme du] sujet unique des comédies de Marivaux » est d'une belle généralité, qui nous oriente, sous bénéfice d'inventaire, c'est-à-dire de recensement des variantes, d'analyse des homothéties, de construction des variables.

Le drame développe un schéma d'initiation, qui conduit, en quelque sorte rituellement, par le labyrinthe d'une crise, au-dedans de la vie jusqu'à la « vraie vie ». Il conduit des personnages de l'état célibataire vers l'état conjugal, qui formerait l'horizon extérieur au drame, sous l'institution matrimoniale (son horizon intérieur), par la crise nuptiale. Un titre de Marivaux convient, on le sait, à n'importe laquelle de ses pièces, presque. L'*épreuve,* donc, ce grand mot marivaldien, convient à presque toutes pour désigner ce type de crise et de résolution, par sa signification multivoque où se surimpressionnent en effet un signifié mythologique, un signifié psychologique (qui ressortit au tourment de l'âme), un sociologique (qui réfère à une crise de l'être-ensemble à échelle des familles et des milieux sociaux) et aussi celui, que nous dirions épistémologique, de l'expérience, ou expérimentation, déjà moderne (cf. en particulier *La Dispute*) ; une aussi riche ambiguïté date bien cette formation culturelle : le théâtre de Marivaux.

Cérémonie réglée où les protagonistes, amants et maîtresses comme ils se nomment, sont dédoublés et masqués selon divers procédés (par travestissement de sexe ou de condition sociale, ou masque sur les visages ou brouillage des identités), objets et sujets d'un stratagème au labyrinthe des salons entre cours et jardins, joueurs et joués, la comédie les conduit vers la scène finale où, s'étant reconnus, c'est-à-dire assurés qu'ils étaient bien ceux-là mêmes que l'amour, d'entrée de « surprise », destinait l'un à l'autre, sont alors, devant le tribunal des parents, de la Domus, et des notaires représentant l'Institution (en l'absence de prêtres, remarquons-le) reçus comme des êtres pleinement socialisés.

Passage, donc, de l'état de célibataire – soit de nubilité adolescente, soit de viduité, soit de vide conjugal (auxquels il faudrait sans doute ajouter cet étrange état de minorité matrimoniale qui est le fait des « petits hommes », rustiques, serviteurs, ou infimes bourgeois, telle la Silvia de *La Double Inconstance,* qui ne sera mariée de manière accomplie que si le hasard l'allie à l'amour du Prince; comme si les Arlequins ne se mariaient pas vraiment, dépendant trop de leurs maîtres, changeant de partenaires selon le destin de leurs maîtres...) –, passage du célibat, donc, à l'état conjugal par la crise nuptiale, il n'est pas de comédie de Marivaux – hormis les quelques pièces « idéologiques » ou « utopiques », îles ou féeries (dont il vaudrait d'étudier à part la relation d'homologie qu'elles conservent avec les comédies de l'amour, s'il s'agit dans toutes d'un changement de positions pour voir) –, pas de comédie, donc, qui ne puisse se sous-titrer Lucile et Damis, ou Angélique et Lucidor, ou la Comtesse et Dorante. Fonctionnement d'une machine, machinerie et machination, matrimoniale, donc, que nous pourrions appeler aussi machine paradisiaque, pour l'opposer cette fois à la machine infernale, en nous souvenant que c'est de se terminer en paradis plutôt qu'en enfer qui donne au poème de Dante son titre de *Comédie.*

L'épreuve initiatique qui conduit des êtres nubiles assez confus comme le premier Arlequin à leur identité par l'amour – un devenir sujet, en somme, où se reconnaissent le naturel du désir et le culturel de l'Institution dans l'assujettissement libre au mariage –, cette épreuve est devenue une épreuve psychologique.

Comment synthétiser une subjectivité que son amour-propre moderne, aussi constitutif qu'un *cogito,* vient frapper d'interdit, et une objectivité sociale, dont la bonne loi, formulée par la négative, serait de « prohibition du célibat », mais dont le règne extérieur, prêt à tous les arrangements, a risqué de froisser les sensibilités et d'éteindre les vitalités, tel est le problème que la comédie, machine à mariage, résout heureusement à chaque fois.

Molière et Marivaux.

Tout cela ne ferait pas encore la nouveauté de Marivaux, la propriété d'un âge de la comédie européenne, datant celle-ci, si la crise, que la scène de la comédie dramatique dispose et résout, ne revêtait une figure spécifique : celle d'un nouvel obstacle, je veux dire post-moliéresque, qu'il s'agit pour l'intrigue de surmonter.

Or quel est cet agent asocial ou antisocial, qui n'a ni l'aspect de l'imposture obscurcissant l'espace domestique (Tartuffe), ni celui de la tricherie générale contre les règles des échanges sociaux (Don Juan)? Quel est ce fauteur et facteur de trouble qui rendrait impossible le mariage, c'est-à-dire la société, s'il triomphait, et qui ne ressemble pas à la réactionnaire et imprudente précaution d'Arnolphe, ni à la mauvaise passion de la transparence chez Alceste, à son interprétation misanthropique de la sincérité – même si à bien des égards la relation de ceux que Marivaux nomme les Sincères avec l'Alceste est remarquable. Il s'agit de cela qui se nomme, sous bénéfice d'analyse, l'amour-propre, produit de raffinement de la culture des hautes couches sociales dont la défaite (alléguée dans tels titres : *Le Petit-Maître corrigé, Le Préjugé vaincu*), seule, rend possible la vie sociale, la vie commune, comme seule l'expulsion de Tartuffe, de Don Jan, d'Alceste, résolvant la crise, permettait la bonne fin, la clarification d'un espace domestique et social où les relations d'échange, le plus souvent figurées en relations de parenté, et les modes de la communication et de la transaction sociales en général, soient à nouveau frayables, opérables, répétables.

Sans doute, à grande échelle, les changements que la scène reçoit avec Marivaux pourraient passer pour secondaires : il s'agit toujours d'amour; les forces dissolvantes n'ont pas tellement changé en un demi-siècle et se retrouvent dans maintes pièces de Marivaux; et l'élément de l'action représentée demeure bien le langage.

Pourtant l'agrandissement d'une séquence du drame de la vie, celle des fiançailles; une insistance éternelle comme dit d'Alembert, sur l'invariant psychologique; une amplification et une simplification font la différence de Marivaux. La « ponctuation » est celle de la crise prénuptiale. L'obstacle principal, loin d'être un empêchement extérieur et même s'il y en a qui s'y mêle, est intrinsèque à l'amour, comme une maladie de l'amour même, dans ce jeu de la coquetterie et de l'amour-propre (tantôt confondus, tantôt antagonistes) qui est la contradiction principale de l'amour.

L'élément de la progression, identiquement frein et accélérateur, empêchement et catalyseur, est le langage en confidences, l'action étant toute de répliques.

La comédie, comme lieu de réflexion sur le théâtre, gagne un ultime niveau de conscience-de-soi paradoxale : la pièce testamentaire de Marivaux, *Les Acteurs de bonne foi,* qui exhausse une deuxième scène, réflexive, sur les tréteaux, ou première scène, de l'illusion comique, nous propose la leçon cathartique du rire de Madame Amelin. Sans doute parmi les arguments des pièces, qui parcourent les figures du mal, je veux dire les formes de l'empêchement de l'heureux dénouement que le théâtre de Marivaux démultiplie pour mieux faire triompher l'amour, selon le titre fameux, nous trouvons et des thèmes communs à Molière et à d'autres jusqu'à Marivaux, et des ridicules seconds qui donnent lieu à des comédies mineures où la structure affleure moins. Soient : l'autorité parentale absolue, en particulier sur la fille...; et son contraire : l'amitié de la *mère confidente.*

La fluidité sociale excessive, agent de dissolution des diffé rences de condition, comme dans *La Commère,* ou la pression excessive de l'argent *(Le Triomphe de Plutus);* affaires de dédit *(La Fausse Suivante)* ou de legs *(Le Legs);* fourberies des transactions dotales ou caricature des unions par héritage *(L'Héritier de village);* la mauvaise différence de générations *(La Commère),* ou la mauvaise opposition de Paris à Province *(La Provinciale);* la philosophie ennemie de l'amour et bafouée par lui *(Le Triomphe de l'amour);* l'esprit de sérieux petit-bourgeois et superstitieux, ennemi de la comédie *(Les Acteurs de bonne foi);* le snobisme *(Le Préjugé vaincu);* la frivolité libertine et « homosexuelle » *(Le Petit-Maître corrigé);* la « drague » *(Félicie)*... Sans doute. Mais le dispositif initial et central, le nœud d'impossibilité qu'il s'agit de dénouer, cette contre-finalité dont aucun méchant ni malin génie n'est l'auteur, sur quoi le rideau se lève pour qu'un stratagème heureux en déjoue la méprise en retournant cette inversion, ce chiasme-piège où les amants voulaient (se) donner le change; ce que le jeu de société, jeu d'impatience, va dénouer, dis-je, en est un qui n'est pas essentiellement moliéresque : il s'agit de l'interdit de l'amour, ennemi intime de ce que Marivaux lui-même appelle la Loi, qui prend tantôt la forme du serment indiscret (« Non! Nous ne nous aimerons pas!), tantôt celle de la vengeance (complot des philosophes-célibataires contre l'usurpatrice, dans *Le Triomphe de l'amour*), tantôt celle de *L'Épreuve* (Je la forcerai d'aimer un autre moi-même... pense Lucidor, pour voir si c'est bien moi qu'elle aime!)...

La parole que Marivaux met dans la bouche de Lisette au tout début du *Jeu de l'amour* et qui est une des manières d'énoncer ce que j'ai appelé être la loi, est simple : « Le non n'est pas naturel »; le oui à l'amour est la loi, de cœur et de raison, de nature et de culture; mais les modes du non sont multiples et complexes : négation de l'amour au cœur de l'unique désir d'aimer et d'être aimé; obsession donc de ce que « je » ne désire pas, du contre-désir qui hante le désir comme la terreur produite par le mouvement d'aimer (Qu'est-ce qu'aimer? Qu'est-ce que moi? Suis-je aimable?); précipitation de ce contre-désir à se ruer dans son malheur qui lui prouverait alors le bien-fondé du sans fond de sa méfiance; impossibilité à la rigueur de la parfaite réciprocité qui exigerait la stricte contemporanéité des deux aveux, alors que chacun attend la précédence de l'autre pour se déclarer; aggravée encore quand s'y ajouta, cadenas gordien, le code, jadis subordonné pourtant au régime de la loi d'amour, qui fixe la parade amoureuse en interdisant aux femmes – et presque, du coup, les interdisant – de *dire* leur amour et ainsi affole leur coquetterie sous une « double contrainte » du dire et ne-pas-dire (dont le « faire » est peut-être la résultante); crainte comme du néant d'aimer sans être aimé, et d'être aimé sans aimer, qui voudrait s'assurer (visée cartésienne) contre le mariage sans amour : autant de facettes de cette négativité dont la racine se ramifie du côté de « l'amour-propre ».

L'expérimentation.

Ce qu'il en est de la *psyché,* c'est-à-dire de la plus essentielle détermination de l'humain pour cette philosophie qui cherche à observer et à représenter la synthèse du moi, de la sensibilité et de la socialité, se porte à la monstration et à la démonstration, spectacle et tribunal rhétorique, dans le scénario de l'amour-mariage. Le principe d'identité, la dynamique du cœur, et le fondement de la société, dans leurs contradictions multiples, non pas dans leurs embarras accidentels, mais dans la complexion paradoxale de chacun de ces termes en relation pour soi et dans leurs relations d'opposition entre eux, reçoivent la mise en scène de leur épigenèse – telle qu'à chaque fois un argument dramatique dans la perspective d'une histoire, ou consécution événementielle, vaut comme figuration empirique, allégorie si l'on veut, des conditions de possibilité. C'est un théâtre expérimental – c'est-à-dire où l'épreuve a ses deux sens d'initiation et d'expérimentation au sens moderne. *La Dispute* le souligne : on va prendre sur le vif, en train de se disposer là sous nos yeux, à la fois en accéléré (par rapport aux lenteurs des commencements préhistoriques à jamais disparus) et au ralenti (c'est-à-dire dans l'agrandissement des détails), on va observer, dans leur manifestation langagière et significative, les principes! On va savoir en écoutant! Telle est la « naïveté » de la croyance épistémologique des princes de *La Dispute,* naïve sans doute « pour nous », mais qui fournit les prémices de la méthode expérimentale. On a affaire à des êtres qui, à la différence des pierres ou des papillons, sont parlants, comme cela est mis en abyme dans *L'Ile de la raison* où les « petits hommes » parlent, et la même langue que les êtres supérieurs qui les ont mis en boîte expérimentale... Toujours un petit homme dans le grand homme pour « expliquer »! *L'argument du troisième homme* n'est pas une objection pour le théâtre; et le temps est encore à venir où celui de la *boîte noire* fera l'économie de la représentation. Et ils vont déceler la vérité du phénomène qu'ils sont; l'événement et le sens, pourvu qu'une question et une hypothèse aient été formulées, et un dispositif minutieusement agencé, sont unis, ô merveille, dans le cas de l'homme! Telle est la postulation préscientifique et ainsi scientifique, pouvons-nous l'appeler moraliste, de ce XVIIIe siècle : laissons-les faire et dans le cas de l'amour : faire c'est dire, on va les voir/entendre, c'est-à-dire connaître la loi des mouvements et le comment et pourquoi des forces et des relations élémentaires.

Sans doute est-ce un mécanisme dangereux qui est déclenché là par le Prince expérimentateur, mais lui-même ne fait que « laisser parler la nature », c'est-à-dire fait comme la nature, remettant en scène, répétant et reproduisant ce qui eut lieu naturellement, pense-t-il, pour y assister – la « naïveté » pour nous consistant à ne pas prendre en compte les conditions de l'expérimentation; à croire que l'expérience découpe une fenêtre sur la nature sans la modifier[1].

Mais quelle que soit l'inquiétude soulevée par l'expérience et qui fait dire à Hermiane à la dernière minute : « Croyez-moi, nous n'avons pas lieu de plaisanter; partons! », c'est

1. Charles Rosen écrit à propos de *Così fan tutte* : « L'essentiel est un système clos, ne laissant pénétrer aucune influence extérieure, hermétiquement isolé du reste de la vie. Il n'y a que des victimes et des hommes de science, des " philosophes "; et les deux jeunes gens, qui au début se croient parmi les philosophes, apprennent pour leur plus grande rage qu'ils sont au nombre des victimes. » Charles Rosen rapproche le théâtre et la musique : « Les différents arts n'évoluent pas toujours la main dans la main, mais dans le théâtre du XVIIIe siècle comme dans la musique, séries articulées d'événements et transitions rythmiques contrôlées se manifestent de plus en plus. » *Così* est de la fin du siècle. L'opéra a beaucoup de ressemblance avec une œuvre de Marivaux, mais s'en distingue essentiellement. L'ambiance est marivaldienne par le temps de la crise nuptiale avec son notaire à l'horizon; par le chiasme et le réassortiment final qui confirme le sort; par le gage des portraits; par le chantage à la mort, caricaturé ici dans le « suicide des Albanais », qui nous rappelle quels efforts, devenus inconcevables pour notre moralité anticonceptionnelle, devaient déployer les hommes de Société pour en avoir les filles; par l'invraisemblance générale de la fable, où deux sœurs, autrement dit une femme dédoublée, ne reconnaissent pas les sosies de leurs amants qui se sont arrangés pour devenir rivaux l'un de l'autre, substitués et méconnaissables, comme si elles brûlaient de se les échanger.

C'est une *Dispute* aggravée. L'opéra commence par une discussion et un pari d'hommes, il s'agit de faire tomber les femmes dans un piège pour prouver plutôt la facilité du « mal » et que les femmes aimantes et aimées ne sont pas à toute épreuve : on tend un piège marivaldien... où tombe Marivaux. Alfonso, contrairement au Baron de la *Surprise,* ou au Prince de *La Dispute,* ne croit pas à la Femme fidèle et parie plutôt, comme la Flaminia de *La Double Inconstance,* qu'on peut défaire un duo. Despina, une anti-Lisette, conseille le libertinage. L'épreuve aura prouvé non que les amants étaient indéfectiblement destinés, mais que l'amour se croise en un instant, ne désire que se multiplier en amours. Le trajet est émouvant parce qu'on est passé par l'épreuve et que les sujets en ont été vaincus; par la trahison effective, le malheur, et que l'amour en ressort fragilisé et trempé, pardonné et conscient de son éphémère. La catastrophe a eu lieu. Une fiction plus invraisemblable est au service d'une vérité plus vraisemblable; pas de tétanos d'amour-propre, ni de vêtement de gaieté diserte recouvrant la dure loi de Société, ni de promesse pour conjurer l'inévitable infidélité.

« L'ironie de l'opéra repose tout entière sur son tact; c'est un chef-d'œuvre de " ton ", la plus civilisée de toutes les qualités esthétiques. Rien ne permet de savoir dans quelles proportions raillerie et sympathie se mêlent dans sa musique, ni de dire dans quelle mesure exactement [Mozart] prit ses marionnettes au sérieux, de même que nous ignorons dans quelle mesure l'Arioste prit au sérieux ses contes de chevalerie, ou La Fontaine la morale des fables qu'il mit en vers. Le fait même de se poser la question prouve qu'on n'y a rien compris : l'art consiste ici à raconter son histoire sans s'y laisser prendre, mais sans non plus la moindre trace de mépris pour sa simplicité apparente. Cet art n'atteint la profondeur que quand une attitude de

pourtant à une mise en couples réglée des termes humains que nous avons assisté, mutuellement polis par l'amour, mutuellement portés à l'existence sensible et à l'optimum de la vie psychique – à l'homéostase favorable au milieu humain. Il y eut des éducateurs (le couple des bons nègres : ni dieux, ni hommes, ni bêtes); et il y a un bon couple, stable, destiné à montrer l'exemple de la satisfaction réciproque.

Le langage, de langue « naturelle », est le même, qu'il soit l'objet à observer, disons : le psychique, et le moyen du sujet connaissant, disons : la psychologie. Il y a homogénéité du connaissable à la connaissance. Moment unique, que nous pourrions appeler cartésien, où la simplicité du *cogito* tient encore unis, comme la racine d'une double souche, le langage de la *méditation métaphysique* où il se saisit, et celui de la *méthode de la Raison dans les sciences* qui s'y fonde : « mathesis universalis », du double *mathème* de la connaissance de soi et de la connaissance de la nature, qui vont, comme on sait, se développer et se dissocier jusqu'à ne plus parler la même langue ni se parler; jusqu'à un état tel que la mathématisation scientifique formalisée ne parlera plus, ne parle plus, le langage de la connaissance de soi, quelque subtiles que soient d'ultimes tentatives anthropologiques.

La comédie conduit le jeune nubile, l'être célibataire dans la plénitude de l'état adulte, à son identité psychique et civile, sentimentale et juridique [1], par-dessus l'obstacle de l'autosuffisance, à la faveur d'un stratagème qui est en dernière analyse langagier, c'est-à-dire consiste à changer les positions des sujets de discours et d'énonciation. Elle est fête des noces, escorte à l'amour, vers l'autel, et vers le lit sans doute, avec une certaine alacrité de *jocatio procax* du côté des valets (mais le lit ne doit pas être présent sur la scène marivaldienne en

supériorité ne veut pas dire éloignement, et qu'on ne peut plus dissocier objectivité d'acceptation » (Ch. Rosen).

1. *Le Roman de Marianne,* en l'occurrence, s'attarde à décrire l'état de minorité de la jeune femme.

dépit de l'envie de metteurs en scène « audacieux »; pas plus qu'il n'y a de nurserie sur la scène de Marivaux : puisqu'il n'y a pas d'autres enfants dans ses comédies prénuptiales que ces « grands enfants » que sont pour leurs parents, Orgons et Argantes, les jeunes gens à marier; pas de petits enfants parce que ce n'est pas ce moment-là du devenir de la famille que Marivaux ponctue).

La parole dans l'éther de la langue, et dans la forme, ou « langage », de l'échange par répliques, le logos comme dialogue, cela peut guérir les sujets de la rivalité des amours-propres, les arracher à soi, parce que le se-parler d'amour, l'interlocution galante, confie les désirs à la loi de l'Autre, les assujettit au logos, au symbolique où deux peuvent être ensemble, s'échangeant ce qu'ils sont. Le théâtre de Marivaux fait confiance à la cure par le langage; il marque une place dans une histoire du salut par les échanges verbaux, qui va du gymnase de Théodore-Théètète au divan et au séminaire psychanalytiques [1].

L'expressivité.

Exprimer? pour chacun, la plupart de ses propres gestes sont infaillibles – ils « l'expriment »; par exemple un promeneur divague en ce *Luxembourg* que fréquentait Watteau, il cherche un lieu qui lui convienne; on le voit soudain s'arrêter, il a choisi ce coin qui lui convient, lui ressemble, sans hésiter. Tout détail est expressif; il n'y a jamais que le tout dans un détail; la partie est le tout, qui n'a pas d'autre mode que sa partie. Expressif, non de quelque chose qui serait déjà fixé, assignable pour soi, en dehors de ses expressions, mais de ce qui, étrangement, ne parvient que rarement, imparfaitement, à s'exprimer en mots de la pensée. L'expression, en

1. Et je remarque que les psychodrames, « recueillis » par le docteur Laing sous le titre théâtral de *Nœuds*, fournissaient à Paris naguère un spectacle sous le titre marivaldien de *Est-ce que tu m'aimes*... encore et toujours...

tant que pensée, elle-même exprimée en langage, serait la dernière, la plus difficile et chanceuse? Non que l'idiosyncrasie d'un parleur ne passe en flux verbal; nous savons même que certaine folie se reconnaît à son intarissable verbalisation, à son infaillibilité, en ce sens qu'elle ne manque pas à offrir son discours en symptôme. Le corps propre est un corps parolier, hautégorique. Nous nous déchiffrons tous, augures les uns par les autres de notre condition, surveillant la correspondance des registres expressifs et la traduction de ce qui est exprimé, à la recherche de ce qui s'exprime. A cause des autres qui font théâtre, et du « feu », entendons de la vivacité du sentir intéressé à la socialité où je me montre, je peux réfléchir et offrir ma fable jouée, lester de charge allégorique mon comportement.

Le génie d'un auteur dramatique n'est dans aucune des phrases qu'il confie à des personnages – puisque aucun n'est génial; il est dans le surplomb de leurs expressions. Aucun ne sait ce qu'il dit, l'auteur sait ce qu'ils font. « Tout ce qu'on dit est faux » (Alain); et avec cette fausseté, l'auteur fait du vrai.

Ce qui est imité ou reproduit, c'est, nous dit l'avertissement des *Serments indiscrets* (une des très rares préfaces de Marivaux et la seule qui soit un peu explicative), « la nature » entendue comme « le ton de la conversation en général »; et, un peu plus loin, « c'est de porter le langage des hommes dans une comédie, le langage des conversations et la tournure des idées familières et variées qui y viennent »; et, « j'ajouterai – dit Marivaux – qu'entre gens d'esprit les conversations dans le monde sont plus vives qu'on ne pense, et que tout ce qu'un auteur pourrait faire pour les imiter n'approchera jamais du feu et de la naïveté fine et subtile qu'ils y mettent ». Le psychologique et le littéraire symbolisent réciproquement; se prouvent l'un l'autre, deux en un : dogme du vraisemblable. C'est le style du langage naturel où s'entretient une conscience. Ce qui est appelé ici mariage est drame vécu, comme ce qui arrive à une subjectivité moderne, celle de l'individu déterminé en tant que *perceptio* et *appetitus,* représentation et volonté, dans le milieu de la vérité entendue comme véridicité ou sincérité : milieu du *se-dire,* milieu consciencieux du soliloque et du dialogue, de la confidence (à soi, à son double, serviteur, aux autres et à l'Autre) où le sujet du langage s'occupe à parvenir à la révélation de ce qu'il ressent, faute de quoi il ne pourrait pas se décider librement à partir de lui-même.

Or, le retard de la lucidité sur le cœur, dont parlent Marivaux et ses glosateurs contemporains, ne désigne pas, bien sûr, un manque d'intelligence, mais plutôt le risque que court la haute caste, qui est à la fois paradigme raffiné de la société et son abstraction mortelle; il consiste en ce que la prévention des codes où la galanterie et l'amour-propre se sont alliés, étouffe la loi, naturelle, c'est-à-dire primordialement culturelle, dont ils sont issus : l'appel à la raison est pour renverser ce rapport et resubordonner le langage, l'expressivité de l'amour, à la loi du genre humain.

La vérité incombe au dire *(l'aléthéia* au *logos),* et ce logos est entendu comme « langage naturel », maternel, de bonne société – comme si l'acquis révélait l'inné, le culturel révélait le naturel – de sorte que la société, qui n'est pas une transcendance majusculée pour Marivaux, se définit par celui-ci [1].

1. Cf. *La Vie de Marianne,* fin de la IVe partie (Pléiade, p. 246).

« Au reste, ma fille, je ne connais point de meilleure compagnie que celle où je te mène, ni de plus choisie; ce sont tous gens sensés et de beaucoup d'esprit que tu vas voir : je ne te prescris rien; tu n'as nulle habitude du monde, mais cela ne te fera aucun tort auprès d'eux; ils n'en jugeront pas moins sainement de ce que tu vaux, et je ne saurais te présenter nulle part où ton peu de connaissance à cet égard soit plus à l'abri de la critique : ce sont de ces personnes qui ne trouvent ridicule que ce qui l'est réellement; ainsi ne crains rien, tu ne leur déplairas pas, je l'espère. »

Nous arrivâmes alors, et nous entrâmes chez Mme Dorsin; il y avait trois ou quatre personnes avec elle.

« Ah! la voilà donc enfin! vous me l'amenez, dit-elle à Mme de Miran en me voyant. Venez, Mademoiselle, venez que je vous embrasse, et allons nous mettre à table; on n'attendait que vous. » Nous dînâmes. Quelque novice et quelque ignorante que je fusse en cette occasion-ci, comme l'avait dit Mme de Miran, j'étais née pour avoir du goût, et je sentis bien avec quelles gens je dînais.

Ce ne fut point à force de leur trouver de l'esprit que j'appris à les distinguer; pourtant il est certain qu'ils en avaient plus que d'autres, et que je leur entendais dire d'excellentes choses, mais ils les disaient avec si peu d'effort, ils y cherchaient si peu de façon, c'était d'un ton de conversation si aisé et si uni, qu'il ne tenait qu'à

Ce moment psychologique du devenir de la vérité emporte la fixation de sujets comme individus se parlant chacun à soi et s'entretenant de leurs états affectifs; l'âme parle en « parlant à l'âme sa douce langue natale » jetant en mots le pont précieux de l'expressivité dont beaucoup de contemporains détestèrent les volutes. L'accord de l'interne, soit de l'Être entendu comme « mon » être, et de l'exprimé, ou paraître, physionomie et propos, cette convenance apriorique règle l'homologie des aspects, mines et mimiques, airs, gestes, etc., tous codes expressifs, et les uns des autres, sur le modèle du langage de la langue et du plus haut accomplissement de celle-ci dans « le feu de la conversation ».

Le mouvement de l'âme entraîné par le cœur est esprit,

moi de croire qu'ils disaient les choses les plus communes. Ce n'était point eux qui y mettaient de la finesse, c'était de la finesse qui s'y rencontrait; ils ne sentaient pas qu'ils parlaient mieux qu'on ne parle ordinairement; c'étaient seulement de meilleurs esprits que d'autres, et qui par là tenaient de meilleurs discours qu'on n'a coutume d'en tenir ailleurs, sans qu'ils eussent besoin d'y tâcher, et je dirais volontiers sans qu'il y eût de leur faute; car on accuse quelquefois les gens d'esprit de vouloir briller; oh! il n'était pas question de cela ici; et, comme je l'ai déjà dit, si je n'avais pas eu un peu de goût naturel, un peu de sentiment, j'aurais pu m'y méprendre, et je ne me serais aperçue de rien.

Mais, à la fin, ce ton de conversation si excellent, si exquis, quoique si simple, me frappa.

Ils ne disaient rien que de juste et que de convenable, rien qui ne fût d'un commerce doux, facile et gai; j'avais compris le monde tout autrement que je ne le voyais là (et je n'avais pas tant de tort) : je me l'étais figuré plein de petites règles frivoles et de petites finesses polies; plein de bagatelles graves et importantes, difficiles à apprendre, et qu'il fallait savoir sous peine d'être ridicule, toutes ridicules qu'elles sont elles-mêmes.

Et point du tout; il n'y avait rien ici qui ressemblât à ce que j'avais pensé, rien qui dût embrasser mon esprit ni ma figure, rien qui me fît craindre de parler, rien au contraire qui n'encourageât ma petite raison à oser se familiariser avec la leur; j'y sentis même une chose qui m'était fort commode, c'est que leur bon esprit suppléait aux tournures obscures et maladroites du mien. Ce que je ne disais qu'imparfaitement, ils achevaient de le penser et de l'exprimer pour moi, sans qu'ils y prissent garde; et puis ils m'en donnaient tout l'honneur.

Enfin ils me mettaient à mon aise; et moi qui m'imaginais qu'il y avait tant de mystère dans la politesse des gens du monde, et qui l'avais regardée comme une science qui m'était totalement inconnue et dont je n'avais nul principe, j'étais bien surprise de voir qu'il n'y avait rien de particulier dans la leur, rien qui me fût si étranger; mais seulement quelque chose de liant, d'obligeant et d'aimable.

Il me semblait que cette politesse était celle que toute âme honnête, que tout esprit bien fait trouve qu'il a en lui dès qu'on la lui montre. »

au sens du XVIIIe siècle, autrement dit vitesse de langage, vivacité et subtilité monologuante et dialoguante s'indivisent. Entre le sentiment et l'expression, ce n'est pas le défaut de dire (mutisme, aphasie ou « inhabileté fatale ») qui fait obstacle. Ce n'est pas faute de savoir parler que les amants ne se disent pas ce que l'autre et les autres attendent. L'interdit qui vient frapper la Loi et se retourner contre elle ne procède pas d'une inaptitude à trouver ses mots pour un sujet de l'amour, laquelle proviendrait d'une hétérogénéité radicale des paroles aux pensées, et du penser au sentir, sur le fond d'une suspicion de l'expressivité en général au titre de l'arbitraire. Au contraire, le naturel c'est l'expressivité. Le refus qui suspend la Loi est le recul d'où ne cesse de couler de source une éloquence amoureuse où le sujet « interdit » dédie son amour en s'en dédisant, se dédit en se dédiant. L'expressivité c'est le naturel : les sphères du sentiment, de l'idéation et de l'expression symbolisent entre elles. Le cœur sur le visage, et le cœur dans la bouche, vociféré : ces registres s'expriment l'un l'autre. Ainsi le Trivelin de *La Fausse Suivante :* « Je n'ai qu'à regarder une femme entre deux yeux, je vous dirai ce qu'elle sent et ce qu'elle sentira, le tout à une virgule près. Tout ce qui se passe dans son cœur s'écrit sur son visage, et j'ai tant étudié cette écriture-là que je la lis tout aussi couramment que la mienne. » La culture est une seconde nature qui, loin de craindre qu'une sémiotique sociale ait effacé la nature, s'imagine plutôt qu'elle la laisse s'exprimer elle-même. L'innovation (relative) de Marivaux, de laisser parler « naturellement » le cœur, implique que le cœur parle. Les amants ne parlent plus en alexandrins mais du ton de la « conversation », qu'elle soit aristocratique ou domestique, voire rustique[1] – quelles que soient les variations phonétiques, morphologiques et syntaxiques de cette *langue des jardins* que Marivaux invente entre cour et jardin, elle est tout aussi homogène aux mouvements du cœur et de

1. Les trois idiomes ne sont pas sans différences; c'est pour que leurs homologies conspirent précisément à l'expressivité en général.

l'âme, elle « dit la même chose »; et quand dans *L'Héritier de village* le jeu du chiasme va jusqu'à conjoindre un moment le Chevalier et Colette, Madame Damis et Colin, ils « s'entendent » fort bien. Cette nouveauté (relative) – que le cœur soit lisible par les yeux et les traits comme un texte, et que les pensées soient si consubstantielles aux signifiants que l'attention aux mots et aux yeux de l'autre lise « naturellement » sa pensée – suggère qu'entre l'ordre du désir, « le plus naturel », et le plus culturel, celui du langage, la correspondance est telle, la parenté si proche et si heureuse, que les jeux du hasard dont les parties se jouent selon les règles du discours et de la conversation donnent à l'amour, jouant même à qui perd, ses meilleures chances de gain. Il faut jouer; nous sommes emportés; le refus est encore une manière d'être au jeu... « Optimisme social » que n'entame pas vraiment la tricherie grossière de Plutus-Richard [1] (qui a son antitype dans le père riche du Damon de *La Joie imprévue* faisant servir l'argent à arracher son fils aux jeux de l'argent) ni les tricheries médiocres de ceux qui veulent séparer de l'amour le jeu social du parvenir.

Dans la *comédie* il n'y a pas affaire à du non-humain, et même si l'intériorité se fend sur le *rien* [2], béance de la vanité qui envertige le moi, solipsisme de l'amour-propre, par où le lien social risque de se rompre, ce n'est pas le gouffre de la folie intarissablement idiolectale, ou aphasique, qui s'ouvre : l'*Autre* est un nom (familier à l'anthropologie contemporaine) pour la symbolique sociale et la loi langagière communes dont la prévenance aura rendu possible que deux êtres finissent par échanger le don de *soi*. Le monde que la miniaturisation théâtrale met en scène dans le face-à-face des acteurs et du public, avec tout le trafic conventionnel de leur échange

1. Cf. *Le Triomphe de Plutus*.

2. « Monsieur le Critique, vous vous étonnez qu'un *rien* produise un si grand effet. Et ne savez-vous pas, Raisonneur, que le Rien détermine ici l'esprit de tous les mortels; que c'est toujours le Rien qui commence les plus grands Riens qui le suivent, et qui finissent par le Rien [...]? » (cité par Jean Rousset dans *Forme et signification*, éd. Corti, 1964, p. 49).

indirect, c'est celui de la société spacieusement enveloppante, et il n'est pas jusqu'au milieu de médisance et de commérage (cf. *La Commère*) où la communication divague, qui ne soit celui des paroles veillant et favorisant l'orthogenèse, naturelle et culturelle, du bon mariage, du mariage convenable où la société se sauve.

La répétition même de l'origine où prétend l'expérimentation de *La Dispute* ne doute pas un instant qu'au commencement il y ait eu langage; il ne s'agit pas d'assister à la naissance du parler des enfants depuis le dehors absolu du silence prénatal et préhistorique; ni de problématiser la co-naissance du langage et des sentiments. Il n'y a pas de *barbares* dans le théâtre de Marivaux; nul n'entre ici s'il ne sait parler, toujours déjà, le français[1], et le dialecte des jardiniers et paysans n'est pas barbarisme, à peine plus idiolecte que celui des Gascons. Ainsi n'y a-t-il pas *Deux,* dualité; aucun vertige d'interrogation sur une chose en soi et son inaccessibilité pour l'homme, mais *Trois,* triade, comme dans le dispositif linguistique : le cœur, la pensée, le discours; ou le sentir, le penser, le parler; ou l'amour, la chose à dire, l'expression... agencés comme le référent (le réel ou l'affaire des cœurs), le signifié (ce que j'ai dans la tête, l'intentionné sincère) et le signifiant (langue française : langage de bonne société; style vif, naïf, naturel, douce langue natale de l'âme; *feu* de la conversation, de l'échange des répliques dans le code de la cour amoureuse et la tropologie galante) – chacun des termes venant en tiers médiateur entre les deux autres qui ne sont jamais en train de distendre infiniment, abyssalement, leur relation. De même chaque couple d'opposés a son tiers : les

1. Ce qu'il sait le mieux, c'est son *français;* or le risque qu'il court, dit Lucile, c'est de « l'oublier », car il « préférerait » le perdre plutôt que de transgresser le code de l'échange galant, amoureux. C'est toute la question. Marivaux emporte donc tels *Français(es)* à transgresser cette loi du *taire* son cœur en premier, qui est entrée en grave contradiction avec la plus profonde loi naturelle-raisonnable de l'amour partageable; à excéder les conditions sociales codées du *parler français;* et tout le *travail* de cette transgression fait les échanges subtils, rapides et *violents* de la comédie par scènes. Vous voyez, sourit l'auteur à la fin, vous avez su malgré vous dire l'amour – « faire l'amour ».

deux amants, grâce aux autres, les deux générations, grâce aux valets; les deux familles, ou clans, grâce aux naïfs, traîtres involontaires.

Fallait-il l'obstacle; l'empêchement intestin; le frein qui enraye et engage la précipitation? « Il le fallait » : Moïra de la Comédie, pour la bonne fin.

« Il le faut », c'est le nouveau cahier de charges de la justice sociale : que cela s'arrange. La société doit être faite pour assurer cette justice distributive dont le mariage (ou assortiment des physionomies, des caractères, des visages, des discours, des étiages sociaux comme autant de registres expressifs se correspondant et ainsi exprimant la vérité) est l'allégorie : harmonie rétablie. Et pour chacun malgré lui; car telle est la nouveauté où Marivaux insiste; chacun recèle l'ennemi de son bonheur et se refuse...; et le stratagème de l'eutrapélie érotique qui va surmonter l'obstacle consiste à faire manœuvrer les doubles délégués à la tromperie dans un moment autonome de fausse apparence où les égarements symétriques se neutralisent, en préservant ainsi la vérité et l'être tenus en ressource.

Les choses sont plus compliquées que la distinction de l'être et de l'apparence le ferait croire, comme si elle présidait à une distribution de signes démêlables, parce que l'être comme l'apparence appartient au paraître; et il suffit de songer que notre visage, notre aspect, est un masque que nous subissons, qui nous piège, stratagème d'un Autre, loin que nous nous soyons travestis délibérément pour gagner à un jeu où il suffira que l'autre nous reconnaisse, pour entrevoir par où les déguisements et duperies – seconds, volontaires, du jeu marivaldien – redoublent comme une métaphore notre condition expressive qui, n'était la comédie, peut jouer contre nous et nous vouer à la méconnaissance...

Ce que je dis lutte avec ce que vous voyez; mes paroles cherchent à vous détromper de la tromperie même que j'ai résolue pour vous apprendre à vous fier à l'apparition dans la défiance même de l'apparence et pour vous conduire par égarement jusqu'à ma visibilité; et comme la souillon de fable, princesse occultée, qui pourrait ne pas rencontrer la chance de sa manifestation reconnue, je soupire. Prisonnier de son « paraître », chacun l'est, plus encore, follement, que ne le dit cette formule clichée; au moins autant que le dit cette autre, fameuse : « L'anatomie, c'est le destin. »

Anxiété pour chacun de monter à la surface de sa propre physionomie, de crier par les soupiraux, les ventaux, de la face – que le fard ou le masque redouble pour montrer qu'il s'agit bien de cela – secouant les cils à deux yeux, c'est moi, c'est bien moi; je suis là, je ressemble ou je ne ressemble pas à ce visage, ce masque de peau bosselé, qui me rend inaudible. Ce visage que ma simulation peut rendre d'emprunt parce qu'il l'est de toute manière me rend inaudible et ainsi invisible.

De sorte que l'aspect est toujours l'aspect de l'aspect, l'apparence de l'apparaître, ce costume de chair prolongé d'apprêts, d'appâts, qui joue à « cache-montre » avec des dehors de soie et un dedans de soi, qui me déguise et me livre, c'est moi et ce n'est pas moi, vous pouvez m'y saisir, m'y rejoindre, en m'aidant à m'y saisir et m'y rejoindre moi-même, c'est la peau de ma peau, et ma peau n'est peut-être que l'avers d'une âme; mais nous pouvons aussi nous y méconnaître tous ensemble... Cet aspect en lui-même double, dédoublé, je le redouble d'appâts, de mouches que vous gobiez. Je sors de moi par là, c'est mon expansion, ce leurre de la vérité, qui me fait ressortir, et c'est pour notre bien, notre amour... Mais c'est périlleux; il faudrait que ces masques tombent en même temps qu'ils collent à votre peau, caducs jusqu'à l'âme.

Chez Marivaux, c'est précisément la *comédie* qui organise, qui rend inévitable le succès de la manifestation; le triomphe de l'amour, c'est-à-dire de la vérité de chacun qui paraîtra, comme de Cendrillon débarbouillée d'une apparence réelle.

On dirait que l'auteur prend en main la circulation des simulacres, des dédoublements [1], des reflets, des supercheries

1. Mais la dualité de l'alibi? Il y a comme un fond sans fond, quelque chose comme un abîme, une impropriété abyssale de toute chose quand une chose (toute

pour pouvoir en maîtriser la défaite, la dissolution, la réduction au simple, comme un photographe qui joue des surimpressions sans perdre de vue le même. Joueur de flûte, artiste, qui apprivoise la menace de la multiplication dont il fut l'apprenti sorcier pour prendre la tête de son cortège, en dissiper le mirage inquiétant, et guérir la famille de la contagion. Les doubles fictifs sont comme autant d'apparences déléguées à la tromperie, pas assez consistants pour menacer la légitimité, le règne établi, la hiérarchie.

Alias Phocion prend les devants : elle déchaîne les simulacres, les masques, pour étourdir à son propre jeu les séditieux; elle entre sur le terrain de l'autre avec les propres armes de celui-ci, de traîtrise, elle le subjugue et lui pardonne avant qu'il ait commis son crime. Ainsi le dramaturge; il gère la scissiparité fatale de l'être en apparition(s) et apparence(s) – et au besoin comme un prestidigitateur qui serait allé trop loin, il fait sortir *in extremis* le bon couple (*Dina, Meslis* à la fin de *La Dispute :* force et douceur) et rentrer dans la fosse ces deux autres couples emmêlés avant d'avoir apaisé leur turbulence provoquée. On ne peut empêcher que cette scissiparité n'engendre en arrière le rêve de la simplicité ou innocence originelle perdue, et en avant le désir de multitude troublée, de vitesse, de vertige, d'étourdissement. Mais on peut prendre à son piège la duperie de l'amour-propre, égarer les personnages que chacun croit être capable de contrefaire, de s'amuser à représenter en apparence de soi qui trompe l'autre, en montrant qu'il n'y a que la sincérité qui peut l'échapper belle. Il s'agit de feindre pour rapatrier l'apparence, qu'on a désiré trompeuse, dans le paraître-tel-qu'on-est. Synthèse *a posteriori,* mais synthèse.

Ce que dit la fable-épure de *La Méprise :* le masque (redou-

chose?) est en même temps à la place d'une autre, sans qu'on sache laquelle; par exemple dans la perspective où nous pressentons que l'amour est *en même temps* une figure donnant à autre chose de transparaître sans que cet x à quoi est ainsi donné une figure soit quelque chose en propre qui serait défiguré dans son représentant. A voir comment Phocion triomphe de l'amour, on se demande si l'amour n'est pas là pour quelque chose d'autre, innomé et peut-être indicible.

blement de l'apparence) fait apparition; il inquiète, fascine, en posant l'énigme de l'être. Le masque en dérobant l'identité fait briller la promesse du bonheur qui serait obtenu par l'assurance que l'apparition démasquée ressemble (s'identifie) à ce que le masque entrouvrait. On s'éprend non du masque mais du risque de méprise qu'un masque offre, parce qu'à le percer on gagne une certitude.

A ces conditions, la question de l'identité (qui est l'autre? qui suis-je?) peut se résoudre. Le secret d'un masque entrevu, d'autant plus aguichant qu'il pourrait dissimuler n'importe quelle autre « sœur », séduit comme une énigme résoluble, un danger dont on peut se sauver, un exploit de révélation qu'on peut accomplir – allégorie du jeu de l'apparence et de la réalité.

Marivaux occupe toutes les perspectives : tantôt le spectateur s'identifie avec le masqué, tantôt avec l'enquêteur séduit; tantôt avec le sphinx, tantôt avec Œdipe. Parfois nous sommes derrière le masque, parfois devant – comme à Guignol. Parfois un seul se dissimule – pas pour nous spectateurs de *La Fausse Suivante* ou du *Jeu* – et « teste » l'autre dont nous espérons qu'il triomphera de l'épreuve, et nous souffrons avec l'éprouvée, Angélique; tantôt deux ou plus, sont masqués, Colin-Maillard où chacun croit qu'il n'a pas de bandeau sur les yeux, mais nous, « spectateurs français », nous voyons qu'ils en ont chacun un, nous croyons que nous n'en avons pas et nous espérons qu'ils vont « ne pas se manquer », s'étreindre.

SENSIBILITÉ; AMOUR-PROPRE; LOI

Sensibilité et sentiment.

L'amour est au principe; lui-même condition de possibilité du drame qui va se fomenter de sa propre scission en désir, en amour-propre, antagonistes, lutte intestine dont la coquetterie sera pour un temps une formation de compromis; l'amour a pour condition la capacité d'être affecté; l'affectivité du sentir dans la genèse comporte la passion de soi. « ÉGLÉ : Quoi! C'est là moi; c'est mon visage? CARISE : Sans doute. ÉGLÉ : Mais savez-vous bien que cela est très beau, que cela fait un objet charmant? Quel dommage de ne l'avoir pas su plus tôt! CARISE : Il est vrai que vous êtes belle. ÉGLÉ : Comment " belle "? Admirable! Cette découverte-là m'enchante. Le ruisseau fait toutes mes mines, et toutes me plaisent. Vous devez avoir eu bien du plaisir à me regarder, Mesrou et vous. Je passerais ma vie à me contempler; que je vais m'aimer à présent! » (sc. III).

Principe psychologique, il est principe dramatique : il se fait argument théâtral; passé imminent en avant-scène de la première scène, passif de l'action, il est ce ressort singulier, force vive et inertie, accélérateur qui trouve en lui son frein; il va en faire une histoire...

La sensibilité est la présupposition. Michel Gilot montre bien *(op. cit.,* p. 116 *sq.)* cette espèce de matérialisme où la psyché est agitée de mouvements, flux, qui ne sont intéressants, « humanisés », qu'à partir du moment où l'amour les centre, leur donne du sens, empêchant la rotation folle, la métamorphose incontrôlable. C'est l'amour qui fixe, intériorise le sentir et donne l'être. Pour « éprouver un sentiment », il faudra une *épreuve*...

L'amour est la condition de possibilité de l'hominisation, comme de l'humanisation. On sait que la première comédie en prose de Marivaux (1720) en procure la fable démonstrative : comment l'esprit vient aux hommes? Par l'amour. Arlequin est polissable; le langage, le dire fort et le dire faux, la déclaration et la ruse, lui viennent de la surprise qu'est Silvia. Aucun pouvoir de la fée ne pouvait lui donner cet éveil.

Le *sentir* est la grande chose (faculté, entité), grand terme de cette psycho-physique. Dès sa première apparition, Arlequin, premier Adam de cette œuvre, statue condillacienne, n'existe pas encore *pour soi,* n'est pas encore poli, c'est-à-dire humain, en d'autres termes demeure en deçà de l'esprit et du langage qui est son mode, tant qu'il ne sent pas. Il ne se sent pas tant qu'il ne sent pas et réciproquement. Silvia est son odeur de rose. Être pour le sujet c'est sentir en se sentant sentir; la transitivité et la pronominalité vont ensemble, et le prédicat essentiel du complément d'objet de sentir est l'« aimable ». D'un bout à l'autre du théâtre; et ainsi l'Hortense de *La Méprise* dira à Ergaste : « Vous aspirez à me rendre sensible [...] Personne n'y a réussi; nous verrons [...]. » C'est l'amour qui me fait me sentir. L'amour porte l'affectivité à son maximum d'effectivité; la loi de réciprocité, d'amour mutuel, est loi d'optimum psychique et social.

Or le sentir qui est un *se-sentir* a pour épigenèse la passion de Soi. Devenir conscience et narcissisme croissent ensemble. L'Amour-Propre comme phase réelle de la genèse vient fournir une origine au drame « en général », dont il va y avoir genre : marivaldien.

Que l'histoire commence! L'amour, la surprise de l'amour, est ce qui a eu lieu; va avoir eu lieu. Passé simple de ce présent critique qui va se nouer en se dénouant, future antériorité du commencement, catastrophe initiale, qui vient de se produire, dont l'argument s'expose aux toutes premières scènes comme le il-y-avait-une fois minimal que résument les premiers échanges de ce que nous appellerions informations, pendant que le rideau se lève; l'« accident » a eu lieu, rencontre du Prince et de Silvia dans la forêt, il y a peu, ou de la Princesse et d'Agis dans la forêt, ou imminence de la complaisance que vont prendre les Maîtres à s'empêcher de s'aimer, et que les confidents pressentent... ; surprise de l'amour, première ou seconde, mais toujours première, qui va diviser le sujet à passion selon sa contradiction pathétique, celle de la passion de soi contre la passion de séduire. Cela qui fait que l'action trouve sa formulation générale dans cette étonnante question : « Comment feront-ils pour observer et pour trahir en même temps les mesures qu'ils doivent prendre contre leur mariage? » Que commence l'histoire du mariage, qui tombe à la fin, fatalement différé par les manœuvres des promis pour que leur refus initial à l'amour se change, par, et malgré eux, « dupés par leur propre stratagème » grâce aux autres et à l'Autre, en échange simultané des oui : *felix culpa!*

Quand chacun des deux termes, disons chaque « amant », s'est divisé en désir de séduire, ou coquetterie, qui le porte au dehors, et en préférence absolue de soi-même, qui fait dire à Lucile : « Je veux que mon visage n'appartienne qu'à moi; que personne n'ait à voir ce que j'en ferai, qu'il ne relève que de moi seule » *(Les Serments indiscrets),* c'est alors qu'il se désigne à l'autre comme éminemment désirable parce qu'éminemment inaccessible, incluant « narcissiquement » (le clivage a eu lieu par le miroir) soi-même comme son double, en tiers pour l'autre, chacun est alors à lui-même son propre rival pour l'autre, et comme la relation est duelle, cela fait quatre termes : figure du chiasme. De se ressembler complètement, dans cet autodédoublement qui fascine « l'autre » en même temps qu'il l'interdit, leur situation est aporique, bloquée – comme deux symétriques insuperposables à moins qu'on ne les retourne comme un gant...

Les protagonistes (« amants ») deviennent de plus en plus « les mêmes », et ainsi de plus en plus adverses : leur refus et leur défi, cette volonté d'éprouver l'autre jusqu'à le faire céder, qui symétrise leur stratégie et leur stratagème, les précipitent l'un contre l'autre dans un conflit où la différence sexuelle s'affaiblit, se retire presque du jeu, tandis que la différence numérique – celle qui consiste à être deux, deux mêmes, deux alter-ego, égaux – s'exaspère jusqu'à un équilibre paralysant.

Car le défi n'est pas ici celui des rivaux de même sexe qui s'affrontent pour conquérir ce même objet désirable qui les oppose en les assimilant (comme au combat animal où les cervidés s'entêtent par leurs ramures pour la préemption des femelles), mais celui des deux amants de sexe différent, ces amants entêtés en miroir d'un fol amour-propre, tels que chacun porte en soi son propre rival, suscitant des pseudo-tiers, parfois « incarnés » en rôles dans la pièce, parfois absents et seulement nommés, j'allais dire fantasmés, dans les dialogues, et ne paraissant pas, comme dans *La Seconde Surprise de l'amour* où le Chevalier suscite une sœur du Comte qu'on ne verra jamais, ou dans *Le Préjugé vaincu* où la cadette d'Angélique et un Baron fantôme dessinent les places manquantes du quadrilatère du chiasme. D'où aucune résolution ne peut advenir à moins que les autres, parents, amis, mais surtout serviteurs, ne les dégagent. La scission du désir et de l'amour-propre en chacun ferait une scission tragique entre les deux amants, et le choc des ruptures incessantes (cf. *Les Serments indiscrets*) se consommerait en une désunion irréparable si les amants n'étaient conduits au mariage malgré eux par les autres, qui sont à la fois semblables et autres qu'eux-mêmes, amoureux et *valets* par exemple. Les deux du couple futur passent ainsi par l'épreuve de leur ressemblance poussée jusqu'à l'identité, comme si la différence sexuelle qui les dissymétrise s'effaçait devant la différence numérique : moment où, de se pressentir identiques, ils se repoussent, et ne pourraient s'en sortir si les autres ne venaient s'interposer, bouleversant la catoptrique des narcissismes et catalysant leur union. Il faut que le stratagème des amants, qui veulent chacun éprouver l'autre, leur échappe et devienne le stratagème des autres retourné contre les amants de sorte qu'ils y tombent et y soient réunis malgré la puissance de répulsion des amours-propres.

D'abord, c'est-à-dire à toute vitesse, ils sont frères ennemis puisqu'ils ont juré le même – non à l'amour – qui les fait aussitôt idoles et dupes l'un de l'autre, tandis que le désir se cache pour opérer, rentre dans les détours du langage dans l'espace de la scène qu'ils se font; le centre de leur symétrie s'interpose : on le figurerait par une surface qui serait à la fois réfléchissante et translucide comme une lentille : miroir où chacun se réfléchit, jubilant à son image, tantôt miroir réel à la place duquel vient parfois l'autre, comme dans *La Dispute,* optique transparent qui fait de chacun l'image adverse de l'autre. Parfois c'est le portrait qui joue ce rôle; parfois ce sont les yeux de l'autre où je guette mon idole sans le voir. Il s'agit qu'ils se retrouvent ensemble alliés, d'un même côté par rapport à et grâce à un autre système de réflexion qui les redonnent l'un à l'autre dans leur différence et dans leur préférence : faisant couple du même côté, avec d'autres couples sous le regard de cet Autre qui les renvoie à leur être-l'un-à-l'autre; qu'ils se voient ensemble comme un couple parmi d'autres d'un même côté par rapport à l'Autre, et non plus séparés par la lame imperceptible de leur image illusoire. Un Autre, donc, non hostile, non fascinant mais bienveillant et auxiliaire neutre et prévenant, « qui en a vu d'autres »... C'est la Loi, de socialité et de langage, qui s'est mise à la place du miroir qui les dédoublait et les redoublait. L'illusion d'optique, dont le mécanisme est toujours en place bien sûr, aura été traversée et connue comme telle. L'être en-dialogue des hommes dans le langage « naturel » et « maternel » de leur société les a arrachés à la fascination-détestation.

Le chantage.

La représentation de la mort sur la scène de la comédie où elle est interdite de séjour, le retour de la mort, c'est donc indirectement qu'ils cherchent à se faire rappeler.

D'abord très secrètement, nous l'avons rappelé tout à l'heure, par l'amour-propre si son fonds est horreur de la mort, oubli de l'oubli de la mort. Négativement, mais moins « à double tour », moins retorsement par l'amour lui-même, si la loi qui marie, loi de la génération, est une certaine manière au moins de ne pas se fermer l'horizon à la perspective de son remplacement par une autre génération, et s'il est vrai que « les jeunes premiers » marivaldiens, absorbés dans l'épreuve des fiançailles, n'ont pas d'enfant, pas même pas encore, ils ont des parents – dont on nous rappelle fréquemment et placidement la disparition prochaine.

Puis, par le « on ne m'y reprendra plus; je ne jouerai plus au jeu de l'amour », de certains personnages, telle la Flaminia de *La Double Inconstance,* « veuve ». Pour la marquise aussi, *la femme fidèle,* la mort a eu lieu : elle dit le contraire et que son amour ne croit pas à la mort, mais nous pouvons entendre, puisque cette jeune Pénélope est pressée par un charmant prétendant, que c'est pour ne pas se remarier, pour ne pas recommencer à refouler la mort. Et cette obstination de maints retraités de l'amour à ne pas rentrer sur la scène et le marché de l'amour – un peu pareille à celle des Philosophes du *Triomphe* occupés, j'imagine, à méditer que « philosopher c'est apprendre à mourir », mais qui s'y sont pris trop tôt – nous pouvons la recevoir comme un refus de passer encore au Léthé la vérité de leur mortalité admise : un des modes variés qu'a la mort de n'être pas là, pas dite, et dans ce retrait même d'être symbolisée?

Mais surtout, et je veux dire plus positivement, l'interdiction de mourir intervient dans la transaction où l'amour se socialise : c'est le « chantage à la mort », multiple qui, posant des limites contradictoires à la violence de l'amour (« tu (ne) voudrais (pas) ma mort, tout de même! »), en borne le cours égaré et la contraint à rentrer dans un lit.

Il s'agit d'une certaine économie de l'impossible, ou de la mort. Les impossibilités que rencontre l'amour ne hantent la scène que pour autant qu'elles y figurent, comme obstacles mineurs (de l'honneur, de la pudeur, des codes amoureux), l'impossibilité intrinsèque de l'amour. Que l'amour soit impossible, c'est ce que disent tous les amants de Marivaux, sur les différents modes de leur refus. Est impossible ce qui inclut la mort mais de manière paradoxale : impossible d'aimer sous peine de mourir; mais impossible de ne pas aimer sous peine de mourir (loi de l'espèce).

Plutôt mourir que d'aimer – comme diront *La Nouvelle Héloïse* ou *Virginie*. Je préférerais mourir plutôt que de dire je t'aime (cf. Lucile). Mais plutôt mourir que de ne pas s'aimer. Car, dit par exemple le jeune Dorante à la mère confidente, je mourrai si nous ne nous aimons pas. A quoi la mère opposera sa propre mort.

L'amour entre en transaction, en « chantage », avec la mort dans le langage. Le passage par la mort a lieu en paroles et discours, dans le mot, la sémantique et la rhétorique du mourir, où elle se fait représenter en son absence, fait retentir son absence (définition de l'imaginaire : mais peut-on avoir d'autre rapport avec la mort ?). La mort gage le sérieux : c'est le dépôt de garantie « or » pour la valeur la plus haute : celle qui « vaut » de mourir. Du coup sa pierre de touche révèle ce qui n'est pas à la hauteur : elle teste les sentiments, elle permet les équivalences par le chantage à la mort. Bien sûr, cette économie générale – sur le fond de siècles érotiques, mystiques, héroïques – est devenue complètement rhétorique du temps de Marivaux (et pour nous à certains égards inaudibles : d'où la difficulté extrême de jouer Marivaux sans parodie), mais il essaye de lui redonner de la vérité par force pédagogique contre la dissolution des mœurs, comme plus tard Rousseau; par exemple dans *La Mère confidente*.

C'est une logique du tout pour le tout. Dorante lui-même éclairé par la Mère *(La Mère confidente)* se rend au parti de l'honneur et renonce à une jeune fille qu'il perdrait en l'enlevant. Or il faut avoir tout perdu pour tout gagner : logique du pari. Dorante fait preuve, en renonçant à tout, à son désir, c'est-à-dire à sa vie, qu'il peut *tout* mériter : recevoir tout en surplus. Marché tel que le « par-dessus-le-marché », ou valeur absolue de l'amour, s'y gagne.

Un Dieu existe qui peut faire tout gagner à qui perd tout? Optimisme « jobien », la distance des enfants aux parents mesure la distance des hommes au Créateur. Les serviteurs favorisent cette transaction supérieure; sans eux, l'amour serait arrangé, aménagé par les parents, sans biographie, sans histoire, négative.

Ouvrons *La Mère confidente*. L'énoncé du problème, comme toujours, est clair, et tôt posé (I, v) : « LISETTE : Angélique est une héritière, et je sais les intentions de la mère; quelque tendresse qu'elle ait pour sa fille, qui vous aime, ce ne sera pas vous à qui elle la donnera, c'est de quoi vous devez être bien convaincu; or, cela supposé, que vous passe-t-il dans l'esprit là-dessus? DORANTE : Rien encore, Lisette. Je n'ai jusqu'ici songé qu'au plaisir d'aimer Angélique. LISETTE : Mais ne pourriez-vous pas en même temps songer à faire durer ce plaisir? »

La version de l'histoire vue par la mère (sc. VIII) qui reproche à Angélique de se « livrer à l'indécence de tant d'entrevues secrètes, ménagées par une misérable suivante sans cœur, qui ne s'embarrasse guère des conséquences pourvu qu'elle y trouve son intérêt » a de quoi convaincre la fille. Chacune se dédouble, selon les deux aspects contradictoires de la vérité. Toute rencontre est aussi bien mauvaise rencontre, où on ne se révèle pas. Le prince est caché en valet, etc. La rencontre de l'amour a lieu en quelque manière dans des conditions qui interdisent la clarté, la vérité de l'amour – lequel doit déjouer ses conditions de possibilité réelles; mais à quel prix?

« Le ciel les a destinés »... Mais la mère en transformant sa relation à sa fille par un dédoublement abstrait (« tu me prends pour ta mère »!) barre l'issue, enferme Angélique dans une double contrainte. En tant que mère elle est la rivale de Dorante – elle garde sa fille pour son amour; en tant que confidente, elle est la rivale de Lisette – à qui elle ne pourra pardonner de l'avoir trompée.

« Les extrémités pardonnables » (II, VI) où Dorante en arrive : un enlèvement, dont le dessein prévoit une réconciliation future avec la mère, sont gagées par sa propre mort; preuve du sérieux de son amour qui obtient l'écoute d'Angélique : prix à payer pour la durée d'une situation scabreuse. A quoi la Mère oppose sa propre mort (II, XII). Angélique entre deux morts, avec la sienne pour s'en sortir (« J'aimerais mieux mourir moi-même », II, XII), c'est une nouvelle Héloïse... Dorante, lui-même éclairé par la mère, se rend au parti de l'honneur. Logique : il faut avoir tout perdu pour tout gagner. Logique du tout pour le tout. Logique du pari. Dorante qui a manifesté sa grandeur en renonçant à son « tout », prouve qu'il mérite tout. Il reçoit tout en surcroît : hors marché; gracieusement.

Les serviteurs, agents du meilleur par le pire (la simulation du pire est toujours sûre), sont des quantités différentielles : diablotins du meilleur des mondes, avec leur force « basse ».

Syllogisme?

Le moment de l'épreuve serait, si nous cherchions à superposer un graphe simple du chiasme marivaldien à un schéma logique de l'attribution, celui où chaque sujet cherche le prédicat qui lui revient, par la mise en relation (« seconde » mais donnée en prémisses) avec un moyen terme, et tel que le moment conjugal de l'amour réciproque prononcé est celui où chacun des deux sujets est devenu le prédicat de l'autre, en conclusion spéculative (S est P, P est S) – bonne prédication « érotico-ontologique » d'où le tiers, d'abord inclus, rival médiateur, moyen terme, est exclu comme dans la bonne fin du syllogisme. Soient ces moments[1] :

1. Schéma de renversement et de rétablissement qui dans sa généralité vaudrait aussi pour les *Iles* et *La Colonie*, pour les relations d'inégalité sociale et humaine.

a. une relation positive inchoative (ébauchée et donnée)

$h_1 \longrightarrow f_1$ amour de lui pour elle

ou $f_1 \longrightarrow h_1$ amour d'elle pour lui

ou $h_1 \longleftrightarrow f_1$ amour partagé

b. Le chiasme (par toutes sortes de raisons ou d'amour-propre, ou de coquetterie, ou d'épreuve)

(h2 et f2 pouvant être réels, virtuels, fantasmés, allusionnés, rivaux effectifs, ou rivaux qui ne sont autres que les deux amants mêmes.)

c. (r)établissement du 1er temps, de la bonne relation, éprouvée

$h_1 \longleftrightarrow f_1$ S est P, P est S.

Parfois deux amants s'aiment, jeunes premiers promis l'un à l'autre par le dieu amour, et l'obstacle est extérieur, venant par exemple des parents *(L'École des mères; La Mère confidente...)*, ou du piège qu'ils se sont tendu l'un à l'autre au nom de la vérité et de l'importance du mariage *(Le Jeu de l'amour);* c'est le oui promis au oui;

parfois deux êtres ne veulent pas aimer, ont dit *non* à l'amour, et s'approchent, non à non, dos à dos, dans la découverte de ce destin « qu'ils sont faits l'un pour l'autre » et seront amenés à faire exception de la maxime qui faisait exception d'eux par rapport à la Loi, et ainsi rentreront sous la loi;

parfois il y a dissymétrie au départ : en ceci que l'un *aime;* l'autre pas, pas encore; oui contre non. Cas de *La Double Inconstance,* du *Triomphe de l'amour,* des *Fausses Confidences...*

oui, mais
* J'aime aimer, je désire aimer (oui de principe)
mais (cf. Silvia)
mais l'état de mariage est mauvais, par exemple
* J'aime celui-ci :
* mais pas un autre, qu'on me propose
ou
mais il ne m'aime pas (jalousie, dépit...)
ou
mais comment m'aimerait-il?

non, mais
* Je ne veux pas de l'amour
* Je n'aime pas (encore)
* Je n'aime plus (du tout = je n'aimerai pas)
mais... l'amour me surprend.

Les puissances affirmatives sont celles-ci :

- de la Loi du Baron en général *(La Surprise de l'amour)*
- de la convenance sociale (accord des parents, culture du village...)
- du désir.

Les puissances négatives sont celles

- des empêchements objectifs, sociaux...
- de l'empêchement intrinsèque ou amour-propre.

Du *non* du premier Arlequin à la fée (*Arlequin poli par l'amour,* 1720) au *non* de Madame Argante (*Les Acteurs de bonne foi,* 1757), qui est un non à la comédie de l'amour; et du oui de désir de la première Silvia *(Arlequin poli par l'amour),* qui est l'avers d'un non (non au berger de sa tribu), au oui arraché et sophistiqué de Lucile *(Les Serments indiscrets)* ou de la quatrième Angélique *(Le Préjugé vaincu)* par destruction de la négativité intérieure, en passant par les oui de coquetterie, de résignation, de convention *déjà* passée, de lâcheté, il y a plus de 33 combinaisons (puisque nous ne considérons pas ici les deux pièces versifiées, ni les vestiges, ni les « dialogues » publiés en *Journaux* ni les deuxièmes versions de certaines œuvres). De l'insensibilité simple par non éveil de la sensualité, à l'insensibilité par repli dans le veuvage ou le célibat de celle qui se croit trop vieille à ceux qui se croient philosophes; de l'horreur féminine de l'aveu (où l'amour-de-soi se confond avec le code social, son alibi) au préjugé libertin, ou homosexuel du Petit-Maître, ou nobiliaire de l'avant-dernière Angélique, le *non* est varié. Au gré des différents aspects de l'empêchement « objectif » et de l'inconvenance sociale, de la princesse de Babylone à la provinciale, de l'héritier de village à la commère, la connivence du négatif qui s'oppose, ou surplombe, « de l'extérieur », avec les *non* qui sont ceux d'un sujet qui finit par vouloir s'en affranchir, est retorse; jusqu'au non par méprise, comme dans *La Joie imprévue* où les deux qui s'aiment ne disent non à l'autre qui leur est assigné que parce qu'ils ne savent pas que c'est un seul et même.

La puissance d'affirmation et la puissance de négation, leur opposition schématique ici ne doit pas nous faire oublier un autre critère de distinction essentielle, celui de l'extériorité et de l'intériorité : si bien que sous l'angle de « l'extériorité », les affirmations de la loi générique et des circonstances passent du même côté que la grandeur négative des embarras sociaux : le oui de convenance sociale est équivalent au non en régime d'extériorité (des obstacles) par rapport au critère de la valeur de ce qui vaut, qui est de subjectivité et intériorité. De sorte que l'opposition principale apparaît comme celle de désir et d'amour-propre.

L'invariant massif est celui de la lutte d'un oui contre un non; lutte de deux propositions – du dire oui à l'amour, où se distinguent le oui-à-l'amour et le oui-à-cette-personne; et du dire-non à l'amour, où se distinguent le refus de l'amour et le refus de cette personne; de sorte que le oui est mêlé, équivoque, un oui-mais, de la forme, par exemple « oui à l'amour, mais non à celui-ci », de même que le non, non à l'amour mais insinuation à l'exception, par « vanité piquée » du « Je ne veux pas qu'on me refuse », en faveur de « celui-ci peut-être ». Lutte de deux propositions « abstraites », immédiates (énonçables par le sujet au début de l'action), aux prises avec la médiation de propositions intermédiaires « concrètes » et en porte à faux, telles que « oui à cet autre qui n'est pas le bon », ou « non à celui-ci qui serait l'aimable »... Le oui à l'amour, pour s'établir dans sa concrétion synthétique, se développer et s'accomplir dans sa vérité, c'est-à-dire dans la forme la plus riche du double oui échangé singulièrement dans la réciprocité simultanée – quel qu'en soit le paradoxe – de l'amour qui alors commencera (c'est la fin), doit passer par l'épreuve de la négation : devenir un oui exclusif par l'épreuve du non, non à cet autre (qui peut être indiscernable de l'autre promis, un autre lui-même que lui-même !); et le non à l'amour doit passer par l'épreuve de sa négation, c'est-à-dire du sans-exception où il devrait se confirmer... épreuve dont, précisément, il ne triomphe pas. Oui par oui, oui par non, et non par non donnent oui.

Il n'est aucune pièce qu'un fil d'intrigue amoureuse ne contribue à intriguer. Pourtant, entre les deux pôles nettement distincts du drame bourgeois, d'une part, plus réaliste, épuré même des signaux d'un genre traditionnel (exempté même, disons, de la batte d'Arlequin, que personne effectivement ne rencontrait dans les demeures de 1730) et d'autre part celui des féeries, ou des Iles-Utopies à ressort swiftéen, où se met en scène une morale à la faveur d'une fable, ou des Allégories à divinités, ou des farces-caricatures, les variétés ne manquent pas, et ce critère de l'invraisemblance qui requiert du public un type spécifique d'intentionnalité, de créance, nous permettrait de séparer d'un côté les *Ile, La Colonie, Le Triomphe de Plutus, La Réunion des amours, Félicie,* voire, si nous ajoutons à ce groupe les farces ou les mises en pièces de romans : *L'Héritier de village, La Commère, La Provinciale;* pour considérer à part les drames marivaldiens de l'amour, qui ne comportent que quelques ingrédients de féerie fonctionnels et peu d'invraisemblance de caricature.

Mais comment caractériser l'initialité de la situation? Par ce qui est exposé à la première scène, ou aux toutes premières, que résument les premières phrases des comptes rendus critiques du *Mercure de France?* Ce minimum d'information, de secret, surpris par le public, qui lui permet de « comprendre la suite »? Si nous nous en tenons là, sans intégrer les divers présupposés, en deçà chronologiques ou psychologiques ou logiques du début que la suite révélera dans leur antériorité; ni de la circularité de la fin et de l'origine; et si nous considérons pour déterminer la situation initiale le rapport des deux protagonistes principaux, à savoir ceux dont l'union sera prononcée à la fin, maîtres plutôt que valets, et couple moteur plutôt que couple interposé par la stratégie, à quoi il faut encore ajouter la différence entre le dit et le non-dit, entre le oui dit et le oui non dit, alors trois cases pourraient être, fragilement, distinguées, correspondant à ces données : de l'amour réciproque promis qui surmontera les forces qui s'opposent à sa réussite : « oui à oui ».

Du refus de l'amour quelles qu'en soient les motivations, du dire-non simultané : « non à non ».

Et de la dissymétrie d'une passion à une indifférence : pour une situation de chasse et de conquête : « oui à non ».

Note sur le renversement utopique.

Soit *L'Ile des esclaves :* Le couple des couples maîtres/serviteurs masculins et féminins se retrouve isolé après naufrage qui a catastrophé les temps et les lieux, dans le royaume de Trivelin, terre d'outre-vengeance. Ils portent des noms grecs, à l'exception de l'esclave Arlequin et du maître des maîtres, Trivelin, le sage, affranchi de la différence même entre affranchis et maîtres. Cléanthis – c'est la servante – attaque sa maîtresse en coquetterie; ce pourrait être un portrait des *Journaux.* Les maîtres sont conviés à l'autocritique, procès de l'Ile Utopia. On leur demande la Comédie – la comédie qui représente et permet de corriger, cette comédie que demandera une dernière fois Madame Amelin à Madame Argante *(Les Acteurs de bonne foi)*. Arlequin peint en moraliste; Cléanthis ouvre une auto-école de conversation galante, se moque des personnages de Marivaux. Et alors? Ça ne veut pas dire que Marivaux n'aime pas aussi ses mondaines et coquets. Arlequin et Cléanthis contrefont aussitôt les maîtres; sont piégés. Ils énoncent eux-mêmes que coquetterie, c'est ne pas aimer; la satire pousse la caricature jusqu'au double chiasme, des valets qui jouent les maîtres, et des positions amoureuses, puisqu'en train de se « faire l'amour » ils décident de se quitter pour se donner leurs maîtres devenus leurs serviteurs : Arlequin courtisera Euphrosine, Cléanthis Iphicrate. Renversement rare dans le théâtre, et que la caricature autorise ici, puisqu'en règle générale, dans les jeux de l'amour, les maîtres aiment dans leur caste et les valets à leur étage. Tout le monde se donne la leçon. Arlequin est bon; maître et valet s'aiment; Arlequin est meilleur que son maître, car eux, les serviteurs, ils ont compris la réciprocité, et n'abuseront pas de la subversion des rôles. Pure morale du pardon réciproque.

Soit *L'Héritier de village :* Ce que la catastrophe utopique imaginait, l'argent le met en scène encore plus promptement : variante du renversement, les paysans parvenus, d'un coup par un fabuleux héritage inattendu, sans la lente transformation, donc, d'un vrai parvenir romanesque qui efface les traces d'origine, en particulier langagières, sont en position d'être courtisés par les maîtres; Colin et Colette, enfants de Blaise et Claudine, par Madame Damis et le Chevalier Gascon. Image des mondains dans le miroir déformant des rustres – et la leçon d'honneur au village que rappelle Claudine à Blaise est à rapprocher du code rustique de l'Arlequin de *La Double Inconstance.* Le Gascon a imaginé aussitôt l'alliance des hobereaux ruinés avec ces fermiers devenus riches. Jusqu'au coup de théâtre de la ruine de Blaise, aussi fictive que son enrichissement – dont on n'a pas vu la couleur. Mais il aura suffi d'un bruit pour mettre le monde à l'envers. C'est un amusement que se sont donné les petits nobles, un renversement comme dans une « Ile » qui a mis le haut social dans la dépendance du bas, obligé à bouffonner une basse cour[1]. A l'école les uns des autres, ils se sont administré une leçon inoffensive. Puis tout se remet à l'endroit.

Soit *L'Ile de la raison (ou Les Petits Hommes) :* Blectrue fait une « expérimentation » en se faisant amener les « petits hommes » dans leur cage. Les naufragés sont amenés à une séance d'autocritique contrôlée. Blaise, paysan, est le premier à savoir se rappeler que les vertus chrétiennes font la raison. La chaîne de guérison commence par lui, puis, de Fontignac à Spinette, elle délivre tous les petits hommes rendus progressivement à leur taille, quand ils ont compris qu'ils devaient, et pour leur propre compte, remettre le Haut en haut et le Bas en bas. « Les derniers seront les premiers »... Blectrue voudrait réaccorder la culture (code d'amour) à la nature : c'est la femme, plus faible, qui peut dire son amour en premier; c'est l'homme qui devrait être déshonoré, non la femme. Il y a une inversion de la nature et de la culture au principe de notre société; il faut renverser les rôles inversés. Les scènes d'amour dans l'île sont telles que c'est la femme qui y fait les avances.

Qu'est-ce qui corrige, compense, pour Marivaux, la perception aiguë de la différence grands/petits, de l'étonnante inégalité humaine? L'amour. C'est l'amour qui reforme partout la différence la plus intéressante; qui traverse l'espace social, empêchant que celui-ci ne soit que ce qu'il est, autrement dit un « enfer ». Il est l'éther, la relation, plus impor-

1. La scène IX offre l'exemple d'une soif d'imitation formidable, un mouvement social fou, « vers le haut » : une mobilité sociale caricaturée par l'instantanéité de la métamorphose : le grossissement du *très vite,* c'est l'instantanéité invraisemblable. Une singerie générale des manières. Il y a une bonne imitation, généreuse, identifiant le bon modèle, se mettant à son école, et une mauvaise imitation, singerie venimeuse. Or, entre les deux formellement considérées, il n'y a guère de différence, elles peuvent recourir aux mêmes procédés (reprendre, s'approprier). Donc, il n'y aurait de différence qu'éthique, en « intention »? Marivaux tient la balance égale; ridiculisant, le cas échéant, maîtres et valets. Les maîtres sont fixés dans le moment de leur vanité, mais pas renvoyés aux poubelles de l'histoire.

tante que les termes pris séparément dont la particularité, isolée, se change aussi bien en négatif : la maîtresse est une vaniteuse coquette; le valet un fourbe ou un grossier; celui-ci un snob dragueur, celui-là un rustre, un vulgaire ou un barbon... C'est l'amour qui est l'âme de l'analogie : le Seigneur est à sa Dame comme Arlequin à sa Silvia; ils se ressemblent sous ce rapport; il y a identité de rapports. Aucun terme n'est égal, mais l'égalité des hommes, l'humanité est ménagée par cette opération qui ne serait qu'une abstraction, un raisonnement, s'il ne s'agissait précisément de l'amour, du cœur. « Ça se sent. »

De ce renversement, quelle serait la figure, la métaphore géométrique? Peut-être celle du cercle ne convient-elle pas : l'état de choses existant n'est pas si dénaturé, si irrationnel, qu'il suffise d'un demi-tour pour remettre à l'endroit ce qui aurait été mis à l'envers, ni d'un tour complet pour remise à l'état initial de l'envers redressé. Car la différence supérieur/inférieur chez Marivaux n'est pas mauvaise en soi; il y a une supériorité native (pas forcément héréditaire) qu'il importe de retremper dans une épreuve qui en prouve à nouveau la valeur. La proximité à la « nature » des inférieurs leur donne un avantage surtout dans le savoir-aimer, qu'il importe que les Maîtres, qui ont oublié la provenance de leur élection, se remémorent – d'une manière au besoin « frappante ». C'est plus pénible pour eux précisément parce qu'ils sont plus dénaturés; mais s'ils s'en tirent (après tout, comme la Silvia du *Jeu* qui échange sa position avec celle de Lisette), comme ils le font (à l'exception du poète et du philosophe de *L'Ile des esclaves,* qui prouvent par là leur incorrigible déshumanisation, seuls parmi les valets et les maîtres qui s'amendent), ils ont par là même accompli un exploit qui les confirme comme *optimates.*

Il faut que tous ces « hommes » repassent par le moment de l'égalité qui est le moment de la tendresse où les partenaires se donnent le pardon réciproque, et, sous l'œil vigilant d'un Maître du Jeu, tout sage et tout puissant, qui empêche que l'épreuve ne dégénère (Trivelin), se reconfirment mutuellement (sans recours à un sacré, à un sacrifice, à des sacerdotes) leur humanité commune pour la rejustification-refondation de l'inégalité sociale. Ce n'est pas une culbute carnavalesque[1], pas vraiment, mais une rotation imaginaire où le point de renversement est entraîné déjà, sans aucun risque que la roue s'y arrête, dans la remontée qui rétablit la station hiérarchique comme la meilleure. Un bon gymnaste ne reste pas la tête en bas mais retrouve et reprouve l'équilibre.

« Que se passerait-il si », demandent les pièces « utopistes » de Marivaux, autant de variations imaginaires, *si :* si les esclaves échangeaient leur place avec leurs maîtres; si nos mensonges habitués débarquaient dans *L'Ile de la raison* où nous nous retrouverions tous réduits à égalité par le bas, forcés à confesser le mensonge de nos vies; si les femmes devenaient maîtresses de leur sort dans une étrange *Colonie*...

Qu'est-ce qui se passe quand on revient à ce qu'on avait quitté en passant par l'épreuve de son renversement, par l'hypothèse que l'imagination a (au moins en mots et en situations simulées) rendue réelle pour un temps? N'est-ce pas la conscience du paradoxe qui est gagnée par cette fiction? La vérité est résultat intelligent de la mise en fiction. A la place de la simplicité d'un immédiat donné comme naturel allant de soi, stable, et donc de cette *doxa* caractéristique du peuple selon Pascal, on est passé en pensée par le contraire, le moment de la subversion qui frappe de

1. Comme dans *La Nouvelle Héloïse,* la fête de la vendange, qui égalise un temps les conditions, ne doit permettre à aucun inférieur une sortie ni réelle ni imaginaire de son rang, pas même la moindre insolence (qui serait châtiée par son renvoi le lendemain, comme celui de Lisette à la fin de *La Mère confidente*)... Mais notre comparaison ne va pas, puisque les valets sont insolents chez Marivaux? A moins que l'insolence ne soit tolérable sur scène parce qu'elle est moins une marque réaliste que le signe d'un dédoublement du même (Lélio « déboîté » en Lélio + Arlequin : « Tel valet, tel maître. Je ne m'embarrasse pas d'être un ridicule pourvu que je vous ressemble. » *La Surprise de l'amour,* II, v), en définitive homologue au dédoublement de la nature en nature et culture – et par convention ancienne de théâtre : un dialogue y étant plus « vraisemblable » et plaisant qu'un monologue.

contingence le « donné » en faisant éclater son essence historique et culturelle (moment des « demi-habiles »), on a expérimenté, par représentation, de quelle contradiction est fait *le fait* (contradictoire avec ce qui pourrait, aurait pu, avoir lieu) et donc sa fragilité instituée reposant sur une convention, immémoriale peut-être, mais renversable au présent. Et si on revient à la première formule, comme les habiles de Pascal, c'est au paradoxe d'une Raison qui a connu le caractère « raisonnable », possible, de ce qui passait pour déraison.

Ainsi du théâtre lui-même, en tant que genre partagé en les deux grandes espèces reconnues de la tragédie et de la comédie. C'est ce que *L'Ile de la raison* réfléchit expressément en sa scène x, critique paradoxale à l'intérieur de la pièce – de même que son prologue qui avait valeur d'« Impromptu » et de « mise en abyme ». Il ne serait pas déraisonnable de pleurer à la représentation des ridicules humains (comédie) et de rire à celle des actions « folles » des héros qui sont des reproductions mécaniques d'une tradition peut-être lassante et lassée, c'est ce que fait observer Blectrue au poète représentant des gens-de-lettres dans la pièce. Le rire et le pleurer peuvent être inversés; vus sous un autre angle – celui de la fausse naïveté de Blectrue, ressort de l'ironie – ils sont échangeables; on peut imaginer de surprendre le moment où ils passent l'un dans l'autre, moment impur de leur confusion. De sorte que le théâtre écrit par Marivaux qui réfléchit ce moment paradoxal entend ne pas ressortir, par là même, à la distinction admise de ces genres, au-dessus de la séparation desquels il s'est placé; ni tragédie ni comédie – peut-être drame[1]. Et le rire souverain de Madame Amelin veut entraîner les autres dans son rire, celui de la Représentation en général plus haute que sa différenciation, et comme

1. Ainsi d'Alembert parle-t-il des *drames* dans son *Éloge* en ces termes : « qui ont pour objet des actions intéressantes et tirées de la vie commune », ajoutant que « la tragédie et la comédie proprement dites sont deux genres d'ouvrage, bien supérieurs aux drames par les beautés dont ils sont susceptibles et par le talent qu'ils supposent ».

d'un point de vue sur la vie extérieur à la vie, étrange, étrangeant la vie...

On peut remarquer une homologie entre le théâtre d'idées (les *Ile*) et le théâtre de l'amour, au niveau de généralité où il s'agit de l'expérience d'un « changement des positions pour voir » : une première relation est donnée; au 2e temps les termes de la relation s'inversent, et le 3e moment est celui de la confirmation de la première configuration comme de la meilleure possible. Pourtant une différence apparaît à une vue plus rapprochée; la variation imaginaire ne procède pas avec les mêmes termes : dans les pièces de l'amour il y a quatre termes et la figure du chiasme : chacun des deux amants est dédoublé et passe à la relation avec le double de l'autre (soit réel, je veux dire donné comme personnage sur la scène, Comte à côté d'un Marquis, ou Lisette à la place de sa maîtresse, etc.; soit virtuel, je veux dire allusionné par l'un, halluciné par l'autre, simplement nommé, évoqué dans les discours) et les partenaires doivent s'en tirer par eux-mêmes, dans un mouvement qui est en définitive celui de leur volonté libre, car le oui de l'aveu à l'amour, le oui au mariage, est en même temps le oui du sujet de sa liberté à sa vérité.

Tandis que dans les pièces d'« idées » les deux partenaires-adversaires en lutte à vie (plutôt qu'à mort) sur l'axe de la supériorité et infériorité ne peuvent qu'échanger leur position sans alliance-alliage avec des tiers (les deux tiers que sont pour les partenaires du couple leurs rivaux), mais sous la conduite d'un seul tiers qui est la tutelle judicatoire et judiciaire du Maître du Jeu. Puissance supérieure au jeu qui, dans le jeu, règle le jeu : Trivelin de *L'Ile des esclaves;* Gouverneur de *L'Ile de la raison.* Menace de la guerre à la fin de *La Colonie.*

Le jeu de l'expérimentation sociale, où il s'agit des rapports de supériorité, ne ménage pas le drame de la liberté autant que fait le jeu de l'amour. C'est la démiurgie d'une idée qui en tire les ficelles. Il est moins profond, moins immanent que celui de Psyché au théâtre.

La Loi.

A la folie de l'amour-propre, qui se retranche dans son refus, répond la généralité inexorable de la Loi qui ne souffrira pas d'exception, sûre depuis toujours d'être obéie, et qui se rappelle, brièvement ou éloquemment, par la voix de ses représentants. Rien ne lui a résisté parce que rien ne peut lui résister (elle en fera la preuve), surtout pas la naïve démesure d'un sujet trop confiant dans son autarcie, qui prend le risque de la défier : ce défi est une sortie qui s'apercevra trop tard qu'elle a été prise à revers. L'exception aura confirmé la règle. La Loi a ses serviteurs, ceux qui ont payé pour la savoir, qui avaient juré qu'on ne les prendrait ni ne les reprendrait, les exceptions qu'elle s'est assujetties, qui mettent maintenant leur passion à faire entrer dans le rang les naïfs ou les rétifs, et dont la volonté est au service de la Loi : « Je le veux » est le mot de Flaminia, laquelle est la volonté du Prince de *La Double Inconstance,* comme Dubois est celle du Dorante des *Fausses Confidences.*

La Loi est une loi générale, qui se modalise en se reformulant selon les différences psychologiques et sociales aux plans particuliers où elle s'applique. Entendons-en d'abord l'énoncé général, et ensuite l'expression dans les codes subordonnés.

a) Voici quelques exemples de la proposition générale, rappels brefs le plus souvent : « Le non n'est pas naturel ! » (*Le Jeu de l'amour,* I, I) ou « On s'épouse de tout temps; on s'épousera toujours; on n'a que cette honnête ressource quand on s'aime » (Lépine dans *Le Legs*); ou : « l'amour nous destine, Lisette et moi, l'un à l'autre » (Merlin dans *Les Acteurs de bonne foi*); ou : « Allons Madame, il faut que vous épousiez cet homme-là, le ciel vous destine l'un à l'autre, cela est visible » *(La Mère confidente).* Elle s'énonce *a contrario* dans la version « utopique », la contre-épreuve de *La Colonie :* « LINA : Abolir le mariage? Et que mettra-t-on à la place? MADAME SORBIN : Rien. LINA : Cela est bien court. »

Parfois, plus emphatiquement : c'est le Baron de *La Surprise de l'amour* : « Nos propres expériences et les relations de nos voyageurs nous apprennent que partout la femme est amie de l'homme, que la nature l'a pourvue de bonne volonté pour lui. La nature[1] n'a manqué que Madame; le soleil n'éclaire qu'elle chez qui notre espèce n'ait point rencontré grâce, et cette seule exception de la loi générale se rencontre avec un personnage unique [...] »

Or il y a une folie de la Loi qui se heurte et se conjugue à la folie de l'amour-propre. Il y a dans l'institution quelque chose qui fait violence à la nature, à la nature psychologique du désir et se montre en s'imposant contre cette nature. Ainsi dans *La Femme fidèle,* la Marquise « a toutes les raisons » (naturelles) de se remarier; son mari est mort, des années ont passé, des témoins ont rapporté sa mort. Mais le plus-fort-que-la-mort est la mesure, anti-naturelle, du caractère insensé du serment et de l'institution : dans et par-delà la mort la Marquise reste fidèle à son serment d'être fidèle, et, tandis que sa suivante va se remarier, plus ou moins « sans cérémonie », elle attend le retour posthume du Marquis, qui assiste à cette fidélité déraisonnable à un autre lui-même, pareil au Lucidor de *L'Épreuve,* en différant de se démasquer; et le remariage avec le même aura lieu au prix de cette double constance. Ou Léonide, princesse de Sparte, tyrannique parce que son désir se confond avec la Loi, envers et contre tout – en l'occurrence contre la philosophie et le ressentiment du couple philosophique frère-sœur qui veille sur le jeune prétendant Agis –, fera triompher l'amour en promettant le mariage à tout le monde : amour du triomphe qui triomphe de l'amour.

b) Voici des exemples de maximes subordonnées à la Loi, que nous pouvons dire culturelles par rapport au principe général où raison et nature s'allient. Ainsi du Prince de *La*

1. Par *nature,* entendons ce milieu relativement homogène, isotrope, que « les hommes » essaient de projeter autour d'eux – comme les navigateurs jetaient des tonneaux d'huile dans la tempête pour l'apaiser – pour tenter de s'y retrouver, avec des régularités bientôt érigées en lois; pour s'orienter, se repérer, agir avec.

Double Inconstance, dont la parole relativise la Loi à sa principauté, comme celle de la Princesse du *Prince travesti :* « la loi qui veut que j'épouse une de mes sujettes me défend d'user de violence avec qui que ce soit. »

Chez les Inférieurs, deux modes se distinguent : une forte propension au « mariage sans cérémonie » chez les serviteurs de maison, d'une part; tandis que chez les rustiques, plus « naturels » *i.e.* moins dégénérés d'une ancienne culture, règne un code des fiançailles, de la parade, que nulle passion ne dérange et dont voici les douze phases strictement réglées : « Les premiers jours il fallait voir comme elle se reculait d'auprès de moi; et puis elle reculait plus doucement; puis, petit à petit, elle ne reculait plus; ensuite elle me regardait en cachette; et puis elle avait honte quand je l'avais vue faire; et puis moi j'avais un plaisir de roi à voir sa honte; ensuite j'attrapais sa main, qu'elle me laissait prendre; et puis elle était encore toute confuse; et puis je lui parlais; ensuite elle ne me répondait rien, mais n'en pensait pas moins; ensuite elle me donnait des regards pour des paroles, et puis des paroles qu'elle laissait aller sans y songer, parce que son cœur allait plus vite qu'elle; enfin c'était un charme; aussi j'étais comme un fou. Et voilà ce qui s'appelle une fille [...] » (*La Double Inconstance,* I, VI).

Le culturel de cette nature au Village se décompose en quatre phases de trois moments chacune, ponctués par le « et puis » d'Arlequin :

1 : Le Recul : *a)* le recul
b) doucement
c) fin du recul
2 : Le Regard : *a)* en cachette
b) « honte quand je l'avais vue faire »
c) plaisir à voir sa honte – et elle le supporte
3 : Le Geste : *a)* j'attrape sa main
b) elle me la laisse prendre
c) elle est encore confuse

4 : La Parole : *a)* je parle; elle ne répond rien; n'en pense pas moins
b) elle donne des regards pour des paroles
c) elle donne des paroles sans y songer

de sorte qu'à la dernière phase, toujours de « cour », elle n'a pas encore dit oui; pas fixé sa volonté au même rythme que son désir.

Chez les Supérieurs : écoutons le code du silence féminin; « LUCILE : [...] votre ami était un impertinent de proposer à une femme de parler la première; il faudrait être bien affamée de cœur pour l'acheter à ce prix-là [...] Quel lâche abus de la faiblesse d'un cœur! C'est dire à une femme : Veux-tu savoir mon amour? Subis l'opprobre de m'avouer le tien; déshonore-toi et je t'instruis. Quelle épouvantable chose! [...] J'oublierais le français, moi, s'il fallait dire je vous aime avant qu'on me l'eût dit » (*Les Serments indiscrets*, II, x).

Et le deuxième trait, antagoniste et complémentaire, qui marque la deuxième nature, éduquée, des femmes, dans l'histoire, et que rappelle Flaminia, comme une maxime psychologique, clé du code correspondant à cette féminité moderne : « Je connais mon sexe : il n'a rien de prodigieux que sa coquetterie. Du côté de l'ambition, Silvia n'est point en prise; mais elle a un cœur, et par conséquent de la vanité; avec cela, je saurai bien la ranger à son devoir de femme » (*La Double Inconstance,* I, II). Ainsi ces deux codes, le rustique et le féminin aristocratique qui ont en commun l'obligation faite au mâle de faire les avances, tantôt sont opposés socialement comme l'inférieur et le supérieur, et tantôt se trouvent rejetés du même côté, le côté « culturel », par opposition à la « nature » : au nom de laquelle maintenant un utopique renversement complet est inventé par *L'Ile de la raison :* « BLECTRUE : Que deviendra l'amour, si c'est le sexe le moins fort que vous chargez du soin d'en surmonter les fougues? Quoi! Vous mettrez la séduction du côté des hommes, et la nécessité de la vaincre du côté des femmes! Et si elles y succombent, qu'avez-vous à leur dire? C'est vous en ce cas qu'il faut déshonorer, et non pas elles. Quelles étranges lois que les vôtres en fait d'amour ! Allez, mes enfants, ce n'est pas la raison, c'est le vice qui les a faites; il a bien entendu ses intérêts. Dans un pays où l'on a réglé que les femmes résisteraient aux hommes, on a voulu que la vertu n'y servît qu'à ragoûter les passions, et non pas à les soumettre » (II, III).

Nul doute que, pour Marivaux, une classe sociale, la caste aristocratique et la bourgeoisie qui l'imite, coure à la catastrophe, accrochée, pendue, se suspendant, à ce point excessif, excentrique, de la vanité, comme un siècle plus tôt au point suicidaire de l'honneur duelliste : car ce mode de refus de l'amour-sur-mariage, s'étourdissant de mille feux dans la brillante dissolution des mœurs, fait courir à la société un risque sans précédent. Marivaux entend « corriger les petits-maîtres »; faire céder cet obstacle du non-initial, soit en prenant les vaniteux à leur propre piège dans les comédies de mœurs, soit en inventant la fable utopique d'une subversion catastrophique dans les deux *Ile* et *La Colonie,* dont la résolution complète remettra les choses plus près de leur bon état d'origine.

Le mariage est « guérison »; résolution de la crise, dans l'élément du langage – par quoi je ne veux pas désigner l'abstraction linguistique mais l'échange des paroles, le dialogue des phrases de « langue maternelle », l'entretien par répliques, au théâtre qui surexpose et redouble la situation réelle du colloque humain et ainsi propose une expérience modèle, transparente, observable par tous dans les deux sens du mot. Parfois, comme dans *La Dispute,* la scène s'aménage elle-même comme celle d'une expérimentation *in vivo,* de manière à induire chez le public qui observe les sujets, comme le Prince et Hermiane, la leçon à respecter, la Loi.

Le mariage résout le défi que la volonté au service de l'institution oppose au défi antisocial de l'amour-propre grâce, donc, à cette chose à la fois naturelle et instituée, la parole de la langue, que nous pouvons appeler l'Autre dans la mesure où elle ne dépend ni de moi ni des alter-ego, et qui prévient et enveloppe les adversaires jusqu'à la simultanéité de la déclaration d'amour où un « je » promet d'appartenir à l'aimé pour s'appartenir à lui-même; s'il est vrai que ce sont les autres qui par allées et venues pressantes de l'un à l'autre s'efforcent de réduire le décalage temporel des aveux des amants, chacun n'ayant pu commencer à dire oui qu'au conditionnel et grâce à l'interdiction d'aimer où ils ont commencé par se lier – jusqu'à l'échange final, qui fait alors un commencement original pour l'histoire d'amour à suivre conjugalement.

La partition des différences – récapitulation.

Le théâtre de Marivaux met en jeu quatre types de différences principales : 1) la différence numérique (je est un autre); 2) la différence sexuelle (désir et complémentarité homme-femme); 3) la différence sociale (hiérarchie des maîtres et des serviteurs, elle-même démultipliée, selon les couches sociales, du Prince au Rustique); 4) la différence des générations figurée par celle des enfants aux parents; les « oncles » ne sont pas faits pour les « nièces » en général, comme si l'écart des âges rentrait sous le coup de la prohibition de l'inceste. D'autres différences interviennent, certes, comme celle de l'argent ou de la beauté, mais jouent un rôle mineur ou de catalyseur. L'altérité en général prend figure dans cette grille des différences principales. Or à chacun des plans distingués, où joue une différence, celle-ci se dispose contradictoirement, comme en lutte intestine avec elle-même. Elle va d'un bout à l'autre de la relation, ou alternative, qui est en jeu avec elle, comme du pour ou contre, de la thèse à l'antithèse; elle va de la minimisation ou sous-estimation d'un aspect tenu pour essentiel à la majoration de son autre.

Ainsi la comédie souligne-t-elle en oppositions :

Pour la différence numérique : tantôt l'infériorité de *l'autre* (par rapport au soi-même), tantôt la supériorité de *l'autre* comme tel (« N'est-ce rien que d'être un autre? », dit l'Églé de *La Dispute*).

Pour la différence sexuelle : tantôt l'infériorité de la femme (« faible, vaniteuse... »), tantôt la supériorité de la féminité (« civilisatrice », cf. *La Colonie*).

Pour la différence sociale : tantôt l'infériorité de l'inculte (naïf, natif, « Arlequin »...), tantôt la supériorité que lui donne précisément sa *proximité à la nature* (cf. *La Double Inconstance*).

Pour la différence des générations : tantôt l'infériorité des parents, des Âgés, dans le jeu de l'amour, le commerce érotique (cf. *L'École des mères*), tantôt leur supériorité en sagesse, en expérience, en responsabilité sociale.

Le problème de la comédie s'énoncerait : comment nous arracher à cette bascule harassante, où une même différence se divise contre elle-même d'un bord inférieur à un bord supérieur, pour parvenir au règne de l'égalité de l'amour où les différences se stabilisent par complémentarité harmonieuse.

Ces différences sont naturelles et culturelles, comme l'est la « Loi générale du mariage ». C'est par nature que les êtres sont distincts; que les sexes se désirent; que les individus sont inégaux; que les parents engendrent et sont plus près de la mort que les enfants. C'est par culture : 1) que le sujet rencontre de l'alter-ego en langue maternelle de dialogues, de l'autre même comme un rival pour le tout de l'être, et ainsi comme un autre absolu; 2) que le jeu des fiançailles, de la chasse et de la prise, est réglé comme il l'est, quelle que soit la couche sociale, à savoir selon la règle de l'initiative masculine; 3) que le valet est traité, comme il l'est, par exemple tutoyé; 4) que « l'inceste » dans un sens large est prohibé.

Le mixte de nature-culture en est venu à un état de confusion historique (dont la genèse est perdue, et ne peut être que fabulée) qui se caractérise par la prédominance de mauvais paradoxes, ou « injustices », qu'il faut guérir : exprimables ainsi :

– En 1 : Mon prochain est le plus étranger.

– En 2 : Le plus faible, la femme, est infirmisée si je puis dire dans sa faiblesse défensive en étant chargée de veiller « de surcroît » – elle-même, qui est sans force – sur son honneur, et punie, seule, de la faute dont sa faiblesse devrait l'excuser.

– En 3 : Les plus proches de la nature par la naïveté, qui est une valeur, sont sans cesse rappelés à la bassesse de leur condition.

– En 4 : La culture (la convenance des mœurs) retire du commerce de l'Amour des êtres éprouvés, vieillis, qui sont faits, encore et toujours, pour aimer et être aimés (équivoque ici, sous-jacente, de la question de la Beauté, des « charmes » : la beauté, principe érotique, passe vite : mais l'amour ne devrait pas passer).

La culture en général renforce, solidifie les inégalités naturelles au lieu de les compenser; elle surdétermine, au lieu de les équilibrer par des transferts symboliques, les injustices du fait; elle aliène dans les altérités au lieu de les fluidifier, de les changer et échanger. L'homme de la pensée (le moraliste) et de la représentation (l'artiste, l'auteur de pièces), doit donc être la culture de la culture, le redresseur de la déformation dans la catoptrique réfléchissante du théâtre; en appeler tantôt à une nature plus naturelle comme à l'autre d'une culture qui se reproduit en s'aggravant durement; et tantôt à une culture plus réfléchie, réinventive comme à l'autre de la « deuxième nature », ou habitude culturelle.

Les mauvaises formations et figures du culturel, les « ennemis » à réduire sont donc :

En 1 : *L'amour-propre,* « contre-nature », qui altère trop le sujet en lui-même, lui fait haïr celui qui est son autre d'être le même. L'amour-propre, ce *cogito* indispensable à la tenue de l'individu, est devenu un fléau social, ruineux pour la haute classe.

En 2 : *La coquetterie,* où un mouvement « naturel », celui de la séduction, s'emporte jusqu'à se retourner contre lui-même, « contre-nature », où se dupent les sujets amoureux.

En 3 : *Le ridicule* (cf. *La Commère, L'Héritier de village;* voire *Les Fausses Confidences*) où sombrerait le mariage qui prétendrait ruiner d'un coup « abstraitement » les différences que la culture a fait passer pour naturelles – établies : sociales.

En 4 : *L'indécence de la mésalliance « incestueuse » :* dans l'amour si le père et le fils sont rivaux, le père a perdu. Ce qui est contre-culture se fait passer pour contre-nature; comme ce qui est contre-nature (le fait par exemple que les femmes ne puissent pas prendre l'initiative en amour) se fait passer pour contre-culture.

Être un autre, purement et simplement; être en désir de l'autre, être moins ou plus le même « homme » qu'un autre; être mourant. Soi ou un autre, homme ou femme, inférieur ou supérieur, jeune ou vieux : ce quadruple registre de la différence caractérise le personnage.

Être sujet, *un alter-ego,* le même en étant un autre, irréductiblement; être frappé de spécification sexuelle, désirant et désiré; être manquant de son autre; être assujetti, ne pas être un vrai *autre* pour les autres et avoir à se faire reconnaître; être pour la mort, insoucieux du mourir ou frappé de sénescence. Quadri-partition du partage : et le jeu de ces différences va les faire communiquer entre elles par toutes sortes de métaphores, d'équivalences; et singulièrement le désir les intéresse toutes et les traverse s'il est vrai que l'autre est désirable en tant que tel, et la femme pour l'homme (et inversement), tandis que l'inférieur et la personne vieillie ne sont pas désirables pour le supérieur et l'être jeune (mais pas inversement). Amour-propre, coquetterie, morgue, insensibilité; ou narcissisme, soif sexuelle, haine, mort, cette quadruple fatalité ne se réduit pas à une [1]. Se préférer, s'interdire pour séduire, dominer ou flatter, se retirer de la vie ou se mentir, la *comédie* en module les figures et, selon son statut, dans un esprit d'arrangement, vers une bonne fin – la fin du mariage.

1. C'est pourquoi, toute thèse qui subordonne et réduit telles différences à l'une, comme si elles faisaient diversion et alibi pour masquer le jeu de la seule importante, la sociale (supérieurs, inférieurs), nous paraît irrecevable, par exemple celle de M. Bonhôte.

DISPOSITIF; LOGIQUE; FONCTIONNEMENT

Les deux réseaux.

Donc : un circuit des parents, maîtres (marieurs légaux, tutélaires) qui ont pour eux « les patentes », la scène et son devant, officiel; et l'autre circuit, celui du fil à retordre de l'intrigue ou des marieurs déshonnêtes, des serviteurs entremetteurs; qui est celui de la ruse, du service payé, donc de l'argent, parfois brutal, mais non destructeur, sans la volonté du mal, de l'imposture tartufféenne; plutôt des auxiliaires, dévoués et désavouables de l'aveu; des secrets bons-à-dire, des efficacités discrètes, des « extrémités pardonnables » *(La Mère confidente)*. Or ce dédoublement même est trop tranché, et tout l'art est de ménager des intermédiaires, des êtres de transition pour favoriser, scéniquement, ce *wishful thinking* entraînant qu'est la comédie. Et il faut distinguer entre les confidents dont la proximité est celle d'un dédoublement fonctionnel (dissimulé, comme toujours, par le vraisemblable, à savoir celui de la *condition des maîtres* qui sont en effet toujours doublés de domestiques), comme si Lisette était la part d'elle-même qu'Angélique ne veut pas entendre, mais le devra bien. Il faut distinguer, dis-je, entre ces confidents et cette deuxième couche de *service* qui est celle des Arlequins naïfs, voire de cette troisième qui est celle des rustiques. La démultiplication des êtres, toujours en même temps vraisemblable et fonctionnelle, permet le triomphe de l'Unité dans la diversité et sur le risque de la « mauvaise multiplicité ».

Le premier circuit, des maîtres, peut plaider sa cause, c'est une bonne cause, qui « se défend » et dont Marivaux soutient les vertus (la vertu) et prône les valeurs. Chacun veut le meilleur, les parents comme les serviteurs (LISETTE : « Je n'avais pas dessein de vous rendre un mauvais service. [...] Ce qu'il vous propose est hardi, mais ce n'est pas un crime », (*La Mère confidente*, II, v et VI).

La bonne mère veut être une amie de sa fille, comme Lisette : alors la rivale de Lisette est la Mère; les trois femmes sont en position d'être rivales. Mais c'est de vouloir le même, qui est un bien, qui, après la phase de lutte et de rivalité, permet que les volontés différentes concordent. Ce qui fait la solidarité des deux réseaux, on peut le savoir en remarquant qui sont, ou seraient, leurs ennemis communs. C'est le jeu de l'unité dédoublée qui maintient l'unité; il n'y a pas de diversité par démultiplication menaçante, illimitée, qu'il serait impossible de réunir malgré tout. Il s'agit de *La Réunion des amours*.

« Il faut » donc (loi du genre, de la comédie) que ces deux circuits soient antagonistes et complémentaires : c'est le deuxième réseau, où parfois les Supérieurs s'aventurent par travestissement et fourberie mineurs pour entraver la fourberie majeure *(La Fausse Suivante),* qui assure les meilleurs mariages possibles.

Le bon traître est celui qui se trahit aussitôt, le valet qui se fait acheter par une faction pour se vendre aussitôt à la faction adverse – Arlequins incapables de la noirceur des vrais agents doubles. La convention dans la maison sonore exige la communication rapide, pour l'accélération de laquelle on paye; la rumeur incessante y transporte l'information requise d'un bout à l'autre, permet le passage d'une scène à une autre sans attente.

Tantôt les Inférieurs, neutres comme un milieu de communication, le déparasitent, et symbolisent l'équivalence des partis en présence dont aucun n'est préféré par Marivaux; ils assurent et la transmission du mouvement et « l'impartialité de l'auteur »; tantôt ils sont intéressés à la réussite de l'amour parce que leur propre mise en ménage dépend de celle des maîtres, la répliquant; tantôt leur avance devance les maîtres, leur conversion à l'amour et au bien anticipe la correction des maîtres – comme dans l'*Ile*. Agents du meilleur des mondes, ils inventent de bonnes ruses – égarement de portraits, divulgation de billets, révélation de confidences, pieux mensonges... – et toujours ils surexposent le contrat de tendresse et d'humanité qui lie les partenaires sociaux dans la différence. Ils respectent les valeurs du premier réseau : conformité des conditions sociales, des fortunes, des générations; ils veulent le même (la stabilité des différences reconnues) et par-dessus le marché l'amour, contre l'amour-propre des maîtres. Ils sont la nature de cette culture et son supplément artificieux.

Le double réseau rappelle ces économies où c'est le circuit parallèle, le marché noir qui permet à l'économie officielle du marché de sauver son apparence, en « oubliant » les services rendus par ce qu'il tolère et peut désavouer.

Le secret se partage selon un mécanisme de prévenance réciproque, de décalage de deux vitesses, de deux anticipations, qui se présupposent l'une l'autre, se retardent et s'activent mutuellement, se dépassent alternativement, jusqu'à l'équilibre de la simultanéité : un en-même-temps de deux qui ne sont pas en même temps. Comment cela?

Dans le cas du désir « par rencontre », l'expérience (nous le savons) est celle d'un se-plaire réciproque intéressant deux êtres, deux personnes, les deux de la différence sexuelle, qui en sont avertis avant les autres – ils l'ont *senti* – et avertis par les autres. Cette élection du désir apparié parmi les possibles regarde la subjectivité des intéressés; consiste en leur attirance qui les isole : pas de physique de l'amour sans cette force sélective qui par hypothèse ne naît pas de la délibération des autres – lesquels néanmoins s'en aperçoivent sans doute, dans un « aussitôt » qui n'est pas « immédiat », en un moment nécessairement second par rapport à celui de l'attraction sensuelle et sexuelle, mais qui va passer en premier par un premier décalage qui fait en somme passer l'histoire avant la nature, la fable avant le donné, le logique avant le physique. Il faut bien que le phénomène soit celui de la première surprise, aimantation de deux désirs, quand bien même elle serait arrangée ou produite par l'amour-propre; faute de quelle « nature » il n'y aurait pas d'histoire (pas de genre humain, pas de culture, pas de... théâtre). Mais une convention, un code culturel, jadis subordonné à la Loi et qui s'en est émancipé, fait que les deux que le désir et la loi « destinent » l'un à l'autre, sont en retard sur eux-mêmes, sur leur vérité, et sur les proches, clairvoyants à leur place. Soit qu'un refus initial réciproque, un serment *a priori,* les sépare l'un de l'autre dans le moment de leur coïncidence, soit qu'une anticipation de la loi paternelle ait disposé du mariage avant le consentir des deux jeunes gens. Cette prévenante et réciproque prévention de présupposition mutuelle du désir sur les signes, des prémices immédiats, imperceptibles aux autres par hypothèse dans l'ordre du « se sentir », sur les interventions des autres, et inversement, fait le décalage initial qui rend possible la manifestation du secret à tous, pour tous, jusqu'à l'unisson final, quand il est clair pour tous et bien reconnu des intéressés : « en même temps ».

La clairvoyance est l'attribut de ceux qui ne sont pas pris dans l'attirance réciproque ou qui ont intérêt (ce peut être à cause de leur propre désir de « mariage sans cérémonie », leur attraction à la fois secondaire, servile et plus « naturelle ») à la bonne fin du mariage de ces deux-là, et qui viennent en avertir les deux : « vous vous aimez; arrangez-vous » – ce qui serait invraisemblable, s'il est exact que le courant préverbal qui a séduit les amants passe d'abord par eux. Pour qu'il y ait événement : le « coup de foudre » est... provoqué! par la Société : paradoxe? Quel est le milieu entre le mariage par procuration aristocratique, et le mariage sans cérémonie, bestial et servile? Marivaux, avec d'autres, invente ce milieu : « bourgeois ». Il veut y amener et les grands et les petits.

Cela implique donc plusieurs choses; par exemple :

a) La sorte de violence d'une répression première, d'un

refoulement-effet presque premier, comme on se rejette en arrière dans le mouvement de recul horrifié, ici de désir se barrant dès que s'éprouvant, et se déniant, s'oubliant. Recul attribuable à la culture (code du ne-pas-dire l'amour) ou à la psychologie : de l'amour-propre (lui-même produit de culture par éducation) – contre quoi Marivaux essaiera, proposera, différentes solutions, comme de changer les rôles homme-femme, de renverser la distribution audace-honte ou les rôles maîtres-serviteurs, repassant à la bonne imitation des serviteurs, dont la culture est plus « naturelle ».

b) La convention (fonction-fiction) du dédoublement : les valets sont des doubles, des alter-ego. Leur « flair » – parce que souvent ils s'entr'aiment dès l'abord – est né d'un dédoublement abstrait (mais toujours rendu vraisemblable par la situation sociale) qui permet de déléguer la part-du-désir, désarticulant ainsi l'indivision psychique, à ces sosies étrangement *parents* de leurs maîtres : et pour cause : ce sont eux-mêmes !

L'équilibre.

Une logique, plutôt qu'une psychologie, prédétermine les caractères et leur relation, leur intrigue : la logique du *trop-pour;* qui, par exemple, s'énonce ainsi : « Lucile sera trop fière pour paraître sensible; trop sensible pour n'être pas embarrassée de sa fierté. Damis, qui se croit haï, sera trop tendre pour bien contrefaire l'indifférent, et trop honnête homme pour manquer de parole à Lucile qui n'a contre son amour que sa probité pour ressource » (Préface des *Serments indiscrets* [1]). « Elle » est trop a pour être b, et trop b pour être a; « Il » est trop c pour être d, et trop e pour être f; les qualités se distribuent en oppositions : où a, d et f sont

1. A remarquer la dissymétrie entre Lucile, dont le portrait commence par la mention de l'amour-propre que vient balancer le positif de la sensibilité, et Damis, pourvu de *deux* traits, et d'emblée, valeureux.

des défauts, b, c et e des vertus. Chacun est « en balance » : des êtres équilibrés, bien balancés, limités; en oscillation dans l'amplitude d'un trop-pour contre un trop-pour, tellement que d'aller vers un extrême (la mesure concrète d'une qualité ou d'un défaut) suscite aussitôt le contrepoids du contraire associé qui vient interdire l'emportement, l'illimité dans un seul sens. La menace du débordement est conjurée *a priori*. L'inconstance d'un sujet (de comédie) n'est pas telle qu'elle soit irréductible au *constare sibi* stoïcien; et si elle est double, selon le titre fameux, c'est pour que le change des positions amoureuses, le ballet des figures, vienne réaliser les possibles prescrits, tracer le chiasme des trajets concevables. L'arrangement des figures épuise les ressources convenables de la combinatoire. Pas de fuite vers l'illimité, de prolifération, de « perversité polymorphe ». Le dieu catoptrique de l'Optimum (leibnizien), la loi d'Économie (de Bonté et d'Unité), si l'on préfère, veille sur la bonne fin de la comédie. La lutte est conduite vers la solution équilibrée par une disposition *a priori* des termes en présence dont on vient de lire la configuration psychologique. Arrangement de contraires tel que chacun vient borner de sa positivité l'excès de l'autre : équilibre interne qui prédispose à l'heureux dénouement.

L'échange des valeurs.

Marivaux propose un échange; il arrive que chacun pourra prendre le meilleur de l'autre en modèle : apprentissage du *parvenu;* et les supérieurs peuvent eux aussi parvenir au meilleur par les inférieurs; pour éviter qu'ils échangent le pire.

Échange de « bons procédés », dont une forme, celle du pardon, est proposée dans *L'Ile des esclaves;* reconnaissance générale. La campagne connaît le mariage-épousailles, forme de culture où une « simplicité de nature » se perpétue et en même temps se dégrade : une proximité bonne, comme on s'en assure à lecture des fiançailles d'Arlequin *(La Double*

Inconstance), et une perte, un abrutissement de la sensibilité; de bonnes habitudes, mais des habitudes qui se fossilisent. « Ce n'est que ma femme, dit le Blaise de *L'Héritier de village;* je n'ai que faire de l'aimer. » La campagne abrite la spontanéité « originelle », mais les valeurs d'immédiateté sont aussi bien décevantes, l'usage ici sent l'usure et c'est l'amour qui est toujours à réinventer. Marivaux les prône et les caricature; il y a un ridicule rustique, une rapidité banale qui n'est pas la bonne promptitude des Lisettes, une animalité du s'épouser-sur-le-champ qui est aussi bien dégénérescence. Colin (cf. *L'Héritier de village*), c'est un Jacob *demeuré;* par où Marivaux moque, tendrement, un Age d'or irrécupérable. Arlequin est à polir. Les valeurs « naturelles » sont abstraites et polémiques : elles ne subsistent que comme contre-valeurs, « mic-mac », opposées aux manigances de la Haute; et réciproquement.

Tantôt on dirait un mauvais équilibre quand chaque monde s'oppose à l'autre par son défaut, entêtement spéculaire où le tort de l'un fait la raison de l'autre; tantôt de bon équilibre, de bonne communication : si le positif de l'un, non suffisant « pour soi », ne peut émerger que réveillé par le positif de l'autre, s'il n'y a de « bonne nature paysanne » qu'au contact du monde aristocratique et inversement. Chaque groupe de « valeurs » pour soi, abstrait, verserait dans le ridicule. Le meilleur trouve son occasion quand chaque moitié prend le meilleur de l'autre, pour revenir à soi, réactiver la meilleure potentialité de sa « propre nature ».

Considérons un exemple de l'échange : *le dénouement imprévu :* une épure, d'une grande promptitude, dont la trajectoire s'emportera sans régler tous les problèmes, avec des laissés-pour-compte (Dorante, Lisette...). Un retournement va inverser les valeurs, distribuées au début de telle sorte que Dorante, bourgeois, avocat, parisien ait la valeur « plus » pour Mademoiselle Argante et pour le public; Éraste, gentilhomme rustique, la valeur « moins », avec Argante mauvais père, qui va sacrifier sa fille. Le « plus » va passer du côté d'Éraste et du Père. En deçà du point de rebroussement, le renversement va être préparé par *a)* la nature du sentiment de la fille qui n'aime Dorante qu'en « cousine »; *b)* la leçon de psychologie amoureuse où nous entendons que le mouvement – qui risque de virer à la mauvaise inconstance – est la loi du cœur; *c)* le caractère de Lisette, qui, plutôt que servante, est la confidente marivaldienne; *d)* l'épreuve d'Éraste qui, en se cachant – c'est sa ruse –, fait preuve de délicatesse, pour se révéler beau, triste, respectueux de la liberté, prêt à renoncer à son existence de hobereau... La conclusion sera bonne : l'inconstance de la fille lui aura permis de découvrir la première surprise de l'amour. Dorante n'était que son Arlequin; le père apparaît comme un bon père : sa loi favorisait sans le savoir la loi du cœur. Il y avait maldonne au départ, faux-semblant pour le public : parisien contre rustique, mais le vrai rustre, c'est Dorante, et l'homme de qualité, Éraste. L'ancien régime des anciennes amours – de convenance – allait sévir du côté où on (= le public) pensait que c'était l'inverse. Marivaux et son public sont du côté du nouveau style : Éraste saura « parvenir » à Paris.

Comme dans le *Jeu,* elle et lui se rencontrent masqués; elle en « folle », lui en « un de ses amis ». C'est la comédie des masques qui va permettre à ces acteurs de bonne foi (« La comédie va commencer », sc. VI) de redistribuer à qui de juste les valeurs nouvelles. Marivaux croise, alterne, divise et répartit à nouveaux frais les blocs de valeurs qu'on croirait fixés une fois pour toutes; certaines changent de signe et forment de nouvelles alliances.

Lisette (sc. IV) parle comme une Parisienne spirituelle. La « suivante » n'est pas du tout de la campagne. C'est l'amie, le double de Mademoiselle. Elle est comme le clavecin, l'opéra, les leçons. C'est un être de transition, pour le théâtre, entre des rôles jusqu'ici répertoriés, un hybride – entre la confidente et la suivante. Elle ressemble à ce genre de relations qu'on peut se faire à Paris, de rencontres et de complicité qui font le plus excitant de la vie de « parvenus ».

Dans la rue, le coche, le café, on ne vous demande pas votre généalogie. Ce qui compte, c'est l'irruption et l'air. Lisette marivaude. « Qu'est-ce que c'est qu'un amour qui commence par mais et qui finit par car? » (sc. IV). Leçon d'amour linguistique dans un salon. « Peut-on sans cesse dire je vous aime? »; le symptôme est dans le langage. Analyser c'est faire retour sur ce qui fut dit.

Citer son père (sc. VII), lui faire écho, c'est manquer de respect. Employer la locution « par ma foi » *(ibid.)*, c'est pour une femme parler en homme : usurpation inconvenante de langage; mauvais travestissement? celui auquel on assiste en train de se manigancer, qui ne trompe pas.

Mais beau changement de rôle, à découvert, belle leçon d'égalité.

Deux lois se disputent, la loi de mariage et d'obéissance; et la loi du cœur. La fille à son père : « Vous êtes le maître, *distinguo* : pour les choses raisonnables, oui; pour celles qui ne le sont pas, non. On ne force point les cœurs. Loi établie. Vous voulez forcer le mien : vous transgressez la loi. J'ai de la vertu, je la veux garder. Si j'épousais votre magot, que deviendrait-elle? Je n'en sais rien. » Ainsi Ophélise-t-elle; faisant la « folle », c'est-à-dire la véridique, bouffon de son roi.

Sentir, c'est sentir les mouvements du cœur; cœur et mouvement sont un. Donc inconstance est la loi du cœur. Mademoiselle n'aime ni Éraste (inconnu), ni Dorante (parce qu'elle n'a pas été surprise); Dorante était toujours là. La constance ici est l'inertie, contraire à la loi dynamique du sentir[1]. Distinguer, donc, cette mauvaise constance, qui n'est rien que le non-éveil du cœur, et la bonne, qui sera fidélité promise après l'éveil d'amour. Encore faudra-t-il respecter la loi du cœur, qui est rythme : le je-vous-aime monotone est un contresens. Le rythme doit inclure son temps faible et son interruption. Psychophysique.

1. Ainsi tout terme, en son homonymie, a des signifiés opposés. Une « bonne chose » et son contraire ont le même nom.

Éraste s'avance caché; c'est la bonne précaution, à la fois de délicatesse qui respecte la liberté de l'autre, et de perspicacité, qui entend être aimé pour lui-même, et d'un connaisseur de la loi de la comédie. Homme d'esprit, c'est lui le personnage positif. Maître Pierre lui dira donc la vérité : Mademoiselle ne fait que simuler la folie. Le public comprend qu'Éraste est du bon côté. Il se retire, donc il attire. Romantique avant la lettre : le héros du dehors qui passait, mélancolique, prêt à se retirer, séduit. La scène XI est un oaristys, madrigal, amébée racinien. Le temps du poème amébée n'a rien à voir avec le temps romanesque d'une transformation. Le coup de foudre, métamorphose, parle selon le temps du poème.

Argante était le bon père; sa fille gagne sur tous les tableaux : elle n'ira pas à la campagne. Dorante disparaît. Lisette suivra Mademoiselle, dont elle est la psyché. Maître Pierre est acheté.

Le Dénouement imprévu retourne une situation qui semblait bonne au départ, et entraîne avec lui dans le renversement risqué les sympathies identificatoires du public.

LANGAGE; MARIVAUDAGE

Le langage est le milieu de la sensibilité, il supporte le paradoxe des objets symétriques non superposables – amoureux. L'Esthétique de Marivaux admet le langage comme forme de l'intuition amoureuse. Du même dans l'autre : là-bas, c'est renversé, l'autre, mais c'est le même par le langage, nous échangeons nos places, « je est un autre », dans et par le langage.

Jacqueline à Pierre : « Tu m'as fait l'amour, et franchement ça m'a fait plaisir, mais l'honneur des filles les empêche de parler » (*La Surprise de l'amour,* I, I).

Et voilà, remarquons-le au passage, un échantillon de cet idiome ni aristocratique, ni rustique – mais « inférieur ». Jacqueline ne parle ni en gascon, ni en normand-jardinier; pas davantage comme Araminte ou la Comtesse. Sa langue est correcte, bourgeoise si l'on veut. Mais le tutoiement, la franchise, et le tour parlé distinguent son langage. Ce qui vaut d'être souligné à cause de ce qu'on a cru bon d'appeler (et Marivaux lui-même) la *monotonie* du marivaudage.

L'amour vous prend par le langage : « LÉLIO : [...] si j'étais capable d'en aimer quelqu'une, ce serait elle. ARLEQUIN : Par la morbleu!, j'ai peur que ce tour-là ne vous joue un mauvais tour! » (*La Surprise de l'amour,* II, II). Quel tour? La transitivité du verbe aimer, qui, reconjugué par Lélio, attend un complément d'objet : la Comtesse.

« ARLEQUIN : Non je ne veux point t'aimer; mais je n'ai que faire de prendre la peine de m'empêcher de le vouloir » (*ibid.,* II, III). Cinq verbes à partir du mais! –, +, –, +, (in)équation logicogrammaticale qui met en quasi-équivalence le *je ne veux point* du début au *je veux bien* en quoi se « traduit » pour une psyché rompue aux jeux de la négation de négation la 2e proposition; mais ne se « traduit pas tout à fait » à cause de la vitesse de l'échange qui laisse en hésitation l'interlocuteur sur la signification résultante de ce qui vient d'être dit; marivaudage, ou langage subtilisateur, en avance sur l'issue, anticipation verbale tractrice de l'action. Arlequin se trahit en contrôlant et observant cette trahison dans la pénombre de la complication de la formule.

L'action de mots.

Tout se joue sur un mot. Au cœur de la crise, c'est le mécanisme de la petite différence, de la « courte paille » qui polarise brutalement une situation confuse. Tout est en place pour que la brouille se déchaîne sur une étincelle. Or le feu court en langage ici. Un mot et tout va mal, en attendant le mot qui changera tout, finissant tout et inaugurant un tout autre. De part et d'autre du point de rebroussement où il s'en est fallu d'un rien pour qu'A se change en non-A. De ce fléau à tout instant tremble l'oscillation; on l'a entendue dans *Les Serments indiscrets,* singulièrement vibrante. Un divorce est vite attrapé, une rupture, cette explosion réciproque où chacun prend alors les autres, ses autres, ceux de son bord, à témoin pour isoler le coupable, chacun se considérant comme la victime et l'autre le persécuteur, chacun étant accusé et accusateur, pleinement, selon le point de vue.

La bonne fin – « une chance sur deux »? – serait aussi aléatoire que la mauvaise? Mais l'esprit de la comédie veille, esprit de réparation, d'arrangement; esprit de vie et de synthèse, aussi décisif que l'esprit subversif du carnaval, même s'ils ne doivent pas être confondus.

Il y a hésitation – même si on connaît l'issue; et n'oublions pas que dans la majorité des cas les spectateurs n'ont ni vu ni lu la pièce, et oublient que la partition en prescrit le cours comme on oublie sa mort pour vivre; oublient que les destins et le jeu sont prédestinés, comme le croyant d'un Dieu omniscient n'est pas empêché pour autant d'exister en première personne. La comédie fait vibrer le *presque rien* autour duquel tout va se jouer pour le meilleur; elle s'attarde à ce moment de trouble et de liberté, d'obscur embrouillamini où se suspend son cours. L'égalité de la balance fait vibrer l'ensemble, spectateurs inclus.

Par citations et allusions, nous distinguerons :

– la mention de mots;
– l'explication de texte incise;
– l'écho ou la répétition insultante;
– le blocage stichomythique;
– la remarque sur la remarque;
– les opérateurs phatiques de la communication;
– la rareté du duo d'amour.

1. LA MENTION, OU LE MOT QU'ON SE REPASSE

La Fausse Suivante, II, II.

LA COMTESSE : Non, Monsieur, je ne vous comprends point. Vous liez amitié avec le Chevalier, vous me l'amenez; et vous voulez ensuite que je lui fasse mauvaise mine! Qu'est-ce que c'est que cette idée-là? Vous m'avez dit vous-même que c'était un homme aimable, amusant, et effectivement j'ai jugé que vous aviez raison.

LÉLIO, *reprenant un mot :* Effectivement! Cela est donc bien effectif? eh bien! je ne sais que vous dire; mais voilà un *effectivement* qui ne devrait pas se trouver là, par exemple.

LA COMTESSE : Par malheur, il s'y trouve.

LÉLIO : Vous me raillez, Madame.

LA COMTESSE : Voulez-vous que je respecte votre antipathie pour *effectivement?* Est-ce qu'il n'est pas bon français? L'a-t-on proscrit de la langue?

LÉLIO : Non, Madame; mais il marque que vous êtes un peu trop persuadée du mérite du Chevalier.

LA COMTESSE : Il marque cela? Oh! il a tort, et le procès que vous lui faites est raisonnable, mais vous m'avouerez qu'il n'y a pas de mal à sentir suffisamment le mérite d'un homme, quand le mérite est réel; et c'est comme j'en use avec le Chevalier.

LÉLIO : Tenez, *sentir* est encore une expression qui ne vaut pas mieux; *sentir* est trop, c'est *connaître* qu'il faudrait dire.

LA COMTESSE : Je suis d'avis de ne dire plus mot, et d'attendre que vous m'ayez donné la liste des termes sans reproche que je dois employer, je crois que c'est le plus court; il n'y a que ce moyen-là qui puisse me mettre en état de m'entretenir avec vous.

LÉLIO : Eh! Madame, faites grâce à mon amour.

LA COMTESSE : Supportez donc mon ignorance; je ne savais pas la différence qu'il y avait entre *connaître* et *sentir*.

LÉLIO : *Sentir,* Madame, c'est le style du cœur, et ce n'est pas dans ce style-là que vous devez parler du Chevalier.

LA COMTESSE : Écoutez; le vôtre ne m'amuse point, il est froid, il me glace; et, si vous voulez même, il me rebute.

LÉLIO, *à part :* Bon! je retirerai mon billet.

LA COMTESSE : Quittons-nous, croyez-moi; je parle mal, vous ne me répondez pas mieux; cela ne fait pas une conversation amusante.

LÉLIO : Allez-vous rejoindre le Chevalier?

LA COMTESSE : Lélio, pour prix des leçons que vous venez de me donner, je vous avertis, moi, qu'il y a des moments où vous feriez bien de ne pas vous montrer; entendez-vous?

LÉLIO : Vous me trouvez donc bien insupportable?

LA COMTESSE : Épargnez-vous ma réponse; vous auriez à vous plaindre de la valeur de mes termes, je le sens bien.

LÉLIO : Et moi, je sens que vous vous retenez; vous me diriez de bon cœur que vous me haïssez.

LA COMTESSE : Non; mais je vous le dirai bientôt, si cela continue, et cela continuera sans doute.

LÉLIO : Il semble que vous le souhaitez.

LA COMTESSE : Hum! vous ne feriez pas languir mes souhaits.

LÉLIO, *d'un air fâché et vif :* Vous me désolez, Madame.

LA COMTESSE : Je me retiens, Monsieur; je me retiens.

Elle veut s'en aller.

ou : *Les Serments indiscrets,* III, VIII.

DAMIS, LUCILE

LUCILE : Juste ciel! quelle impertinence! Où a-t-elle pris tout ce qu'elle nous dit là? D'où lui viennent, surtout, de pareilles idées sur votre compte? Au reste, elle ne me ménage pas plus que vous.

DAMIS : Je ne m'en plains point, Madame.

LUCILE : Vous m'excuserez, je me mets à votre place; il n'est point agréable de s'entendre dire de certaines choses en face.

DAMIS : Quoi! Madame, est-ce l'idée qu'elle a que je vous aime, que vous trouvez si désagréable pour moi?

LUCILE : Désagréable! Je ne dis pas que son erreur vous fasse injure; mon humilité ne va pas jusque-là. Mais à propos de quoi cette folle-là vient-elle nous pousser là-dessus?

DAMIS : A propos de la difficulté qu'elle s'imagine qu'il y a à ne vous pas aimer, cela est tout simple; et si j'en voulais à tous ceux qui me soupçonneraient d'amour pour vous, j'aurais querelle avec tout le monde.

LUCILE : Vous n'en auriez pas avec moi.

DAMIS : Oh! vraiment, je le sais bien. Si vous me soupçonniez, vous ne seriez pas là; vous fuiriez, vous déserteriez.

LUCILE : Qu'est-ce que c'est que déserter, Monsieur? Vous avez là des expressions bien gracieuses, et qui font un joli portrait de mon caractère; j'aime assez l'esprit hétéroclite que cela me donne. Non, Monsieur, je ne déserterais point; je ne croirais pas tout perdu; j'aurais assez de tête pour soutenir cet accident-là, ce me semble; alors comme alors : on prend son parti, Monsieur, on prend son parti.

DAMIS : Il est vrai qu'on peut ou haïr ou mépriser les gens de près comme de loin.

LUCILE : Il n'est pas question de ce qu'on peut; j'ignore ce qu'on fait dans une situation où je ne suis pas; et je crois que vous ne me donnerez jamais la peine de vous haïr.

DAMIS : J'aurai pourtant un plaisir; c'est que vous ne saurez point si je suis digne de haine à cet égard-là; je dirai toujours : Peut-être.

LUCILE : Ce mot-là me déplaît, Monsieur, je vous l'ai déjà dit.

DAMIS : Je ne m'en servirai plus, Madame, et si j'avais la liste des mots qui vous choquent, j'aurais grand soin de les éviter.

LUCILE : La liste est encore amusante. Eh bien! je vais vous dire où elle est, moi; vous la trouverez dans la règle des égards qu'on doit aux dames; vous y verrez qu'il n'est pas bien de vous divertir avec un *peut-être,* qui ne fera pas fortune chez moi, qui ne m'intriguera pas; car je sais à quoi m'en tenir : c'est en badinant que vous le dites; mais c'est un badinage qui ne vous sied pas; ce n'est pas là le langage des hommes; on n'a pas mis leur modestie sur ce pied-là. Parlons d'autre chose; je ne suis pas venue ici sans motif; écoutez-moi : vous savez, sans doute, qu'on veut vous donner ma sœur?

2. L'EXPLICATION DE TEXTE INCISE (AMPLIFICATION DU PRÉCÉDENT PROCÉDÉ)

La Surprise de l'amour, III, II.

COLOMBINE : Le ciel m'en préserve!

LA COMTESSE : Que signifie le discours qu'il m'a tenu en me quittant? *Madame, vous ne m'aimez point; j'en suis convaincu, et je vous avouerai que cette conviction m'est absolument nécessaire.* N'est-ce pas tout comme s'il m'avait dit : « Je serais en danger de vous aimer, si je croyais que vous puissiez m'aimer vous-même. » Allez, allez, vous ne savez ce que vous dites; c'est de l'amour que ce sentiment-là.

COLOMBINE : Cela est plaisant! Je donnerais à ces paroles-là, moi, toute une autre interprétation, tant je les trouve équivoques.

LA COMTESSE : Oh! je vous prie, gardez votre belle interprétation, je n'en suis point curieuse; je vois d'ici qu'elle ne vaut rien.

COLOMBINE : Je la crois pourtant aussi naturelle que la vôtre, Madame.

LA COMTESSE : Pour la rareté du fait, voyons donc.

COLOMBINE : Vous savez que Monsieur Lélio fuit les femmes; cela posé, examinons ce qu'il vous dit : *Vous ne m'aimez pas, Madame; j'en suis convaincu, et je vous avouerai que cette conviction m'est absolument nécessaire;* c'est-à-dire : « Pour rester où vous êtes, j'ai besoin d'être certain que vous ne m'aimez pas; sans quoi je décamperais. » C'est une pensée désobligeante, entortillée dans un tour honnête; cela me paraît assez net.

LA COMTESSE : Cette fille-là n'a jamais eu d'esprit que contre moi; mais, Colombine, l'air affectueux et tendre qu'il a joint à cela?...

COLOMBINE : Cet air-là, Madame, peut ne signifier encore qu'un homme honteux de dire une impertinence, qu'il adoucit le plus qu'il peut.

3. L'ÉCHO, OU L'INSULTE PAR RÉPÉTITION FAUSSEMENT NAÏVE DU DIT DE L'AUTRE

Ce qui irrite le plus l'amour-propre – quoi de plus détestable, me jetant dans la détestation de l'autre, que cet écho qu'il fait à mon propos quand il reprend le dernier mot de la phrase pour me la réfléchir, terrible miroir; jeu où les enfants s'encolèrent, qui permet la correction, le redressement de mes propos, si j'accepte de me faire voler mes mots et de les reconnaître, en reconnaissant du même coup qu'ils ne sont pas les miens mais la langue de tous qui parle en moi et me fait parler et dont j'ai peut-être mésusé. Ainsi, le Petit-Maître sera-t-il *corrigé* quand il comprendra qu'il « ne doit pas négliger de dire » qu'il aime, parce que le langage « naturel » sert à dire son amour et le oui à l'amour, qui est son *telos*.

On lira la scène VI du *Dénouement imprévu,* qui est, en passant, l'une des pages les plus superbement féministes de toute l'œuvre :

MADEMOISELLE ARGANTE : Continuez, allez votre train, mon père; continuez, n'écoutez pas mes dégoûts, tenez ferme, point de quartier, courage; dites : je veux; grondez, menacez, punissez, ne m'abandonnez pas dans l'état où je suis : je vous charge de tout ce qui m'arrivera.

MONSIEUR ARGANTE, *attendri :* Va, mon enfant, je suis content de tes dispositions, et tu peux t'en fier à moi; je te donne à un homme avec qui tu seras heureuse; et la campagne, au bout du compte, a ses charmes aussi bien que la ville.

MADEMOISELLE ARGANTE : Par ma foi, vous avez raison.

MONSIEUR ARGANTE : Par ma foi? de quel terme te sers-tu là? je ne te l'ai jamais entendu dire, et je serais fâché que tu t'en servisses devant mon gendre futur.

MADEMOISELLE ARGANTE : Ma foi, je l'ai cru bon, parce que c'est votre mot favori.

MONSIEUR ARGANTE : Il ne sied point dans la bouche d'une fille.

MADEMOISELLE ARGANTE : Je ne le dirai plus; mais revenons; contez-moi un peu ce que c'est que votre gendre : n'est-ce pas cet homme des champs?

MONSIEUR ARGANTE : Encore! Est-il question d'un autre?

MADEMOISELLE ARGANTE : Je m'imagine qu'il accourt à nous comme un satyre.

MONSIEUR ARGANTE : Oh! je n'y saurais tenir. Vous êtes une impertinente; il vous épousera, je le veux, et vous obéirez.

MADEMOISELLE ARGANTE : Doucement, mon père; discutons froidement les choses. Vous aimez la raison, j'en ai, de la plus rare.

MONSIEUR ARGANTE : Je vous montrerai que je suis votre père.

MADEMOISELLE ARGANTE : Je n'en ai jamais douté; je vous dispense de la preuve, tranquillisez-vous. Vous me direz peut-être que je n'ai que vingt ans, et que vous en avez soixante. Soit, vous êtes plus vieux que moi; je ne chicane point là-dessus; j'aurai votre âge un jour; car nous vieillissons tous dans notre famille. Écoutez-moi, je me sers d'une supposition. Je suis Monsieur Argante, et vous êtes ma fille. Vous êtes jeune, étourdie, vive, charmante, comme moi. Et moi, je suis grave, sérieux, triste et sombre comme vous.

MONSIEUR ARGANTE : Où suis-je? et qu'est-ce que c'est que cela?

MADEMOISELLE ARGANTE : Je vous ai donné des maîtres de clavecin, vous avez un gosier de rossignol, vous dansez comme à l'Opéra, vous avez du goût, de la délicatesse; moi du souci et de l'avarice; vous lisez des romans, des historiettes et des contes de fées; moi des édits, des registres et des mémoires. Qu'arrive-t-il? Un vilain faune, un ours mal léché sort de sa tanière, se présente à moi, et vous demande en mariage. Vous croyez que je vais lui crier : va-t'en. Point du tout. Je caresse la créature maussade. Je lui fais des compliments, et je lui accorde ma fille. L'accord fait, je viens vous trouver et nous avons là-dessus une conversation ensemble assez curieuse. La voici. Je vous dis : Ma fille? – Que vous plaît-il, mon père? me répondez-vous (car vous êtes civile et bien élevée). – Je vous marie, ma fille. – A qui donc, mon père? – A un honnête magot, un habitant des forêts. – Un magot, mon père! Je n'en veux point. Me prenez-vous pour une guenuche? Je chante, j'ai des appas, et je n'aurais qu'un magot, qu'un sauvage! Eh! fi donc! – Mais il est gentilhomme. – Eh bien! qu'on lui coupe le cou. – Ma fille, je veux que vous le preniez. – Mon père, je ne suis point de cet avis-là. Oh! oh! friponne! ne suis-je pas le maître?... A cette épithète de friponne, vous prenez votre sérieux, vous vous armez de fermeté, et vous me dites : Vous êtes le maître, *distinguo :* pour les choses raisonnables, oui; pour celles qui ne le sont pas, non. On ne force point les cœurs. Loi établie. Vous voulez forcer le mien : vous transgressez la loi. J'ai de la vertu, je la veux garder. Si j'épousais votre magot, que deviendrait-elle? Je n'en sais rien.

MONSIEUR ARGANTE : Vous mériteriez que je vous misse dans un couvent. Je pénètre vos desseins à présent, fille ingrate; et vous vous imaginez que je serai la dupe de vos artifices? Mais si tantôt j'ai lieu de me plaindre de votre conduite, vous vous en repentirez toute votre vie. Voilà ma réponse; retirez-vous.

MADEMOISELLE ARGANTE, *le saluant :* Donnez-moi le temps de vous faire la révérence, comme vous me l'auriez faite, si vous aviez été à ma place.

MONSIEUR ARGANTE : Marchez, vous dis-je.

4. LE BLOCAGE STICHOMACHIQUE

Ce sont les *acmès* d'entêtement où chaque amant ne sait plus bien pourquoi on en est arrivé là, et ne voit plus aucune raison ni aucun moyen de s'en sortir, de sortir du refus ratiocineur où la logique de son refus libre l'a conduit à fond d'impasse.

« Pourquoi donc ne vous accordez-vous pas? – je l'ignore [...]. » On relira derechef la scène médiane (III, VII) des *Serments indiscrets*.

5. LA REMARQUE SUR LA REMARQUE

Soit un passage subtil du *Prince travesti* (II, v), ou comment une vérité peut en cacher une autre : « LA PRINCESSE : [...] Vous ne me répondez pas? HORTENSE : C'est que je vous vois en train de remarquer, et si je réponds, j'ai peur que vous ne remarquiez encore quelque chose dans ma réponse; cependant je n'y gagne rien, car vous faites une remarque sur mon silence. Je ne sais plus comment me conduire. »

Il s'agit pour Hortense de dissimuler son amour : elle dissimule la vérité (soit le point de sa relation avec Lélio), et elle la dissimule à la faveur d'une vérité portant sur la situation de dialogue, l'interlocution en général; non par un mensonge, donc, mais parce qu'une vérité peut en cacher une d'un autre niveau. Elle dit ce qu'elle éprouve dans l'instant et de l'instance de l'interlocution, et ainsi dissimule son sentiment et sa pensée. Elle esquive la question posée en s'en prenant à l'autre par où l'autre a « formellement » tort, à savoir par son formel avoir-raison, sa supériorité, sa volonté-de-savoir. La remarque sur la remarque (à ce jeu de mains chaudes des interlocuteurs qui s'affrontent dans le défi(lé) du dialogue en surveillants de ses règles de jeu) lui permet, jouant la sincérité véridique (on ne peut jouer efficacement que la vérité), de s'en tirer en disant ce qu'elle ressent dans le présent de l'intersubjectivité pour dissimuler ainsi ce qu'elle pense « par ailleurs ».

6. LES OPÉRATEURS PHATIQUES DE VITESSE

« Abrège! Fais vite! Expédions! » : contre la lenteur des niais, ces rappels à l'ordre sont les mots d'une sorte de fonction « phatique » théâtrale, redondante chez Marivaux. Tels commandements à l'emporte-pièce, c'est le cas de le dire, surabondent. Du « feu de la conversation naturelle », Marianne insiste à dire que le livre, la chose écrite ne peuvent l'égaler, comme si la reproduction comportait un retard fatal sur le « naturel ». Mais le théâtre, je veux dire le cours d'une représentation effectivement jouée, peut le rendre – « rendre » ne disant pas tant ici la copie que la présentation de l'original, comme au cirque ou à la tauromachie dont le spectacle pour être organisé, mis en scène, n'en donne pas moins lieu à un événement unique, singulier. Marivaux recommande à ses comédiens de jouer comme emportés, dépassés par leurs expressions.

Sans doute la vitesse, isolée pour elle-même, apporte son danger propre, son exagération : dans *La Réunion des amours* le procéder de l'Éros rapide rapteur qui ira jusqu'à feindre de trousser la Pudeur, devra être justement équilibré par « le vieux style » (mot de Beckett), celui du Cupidon des Anciens. *La Provinciale* en est une de ne pouvoir se mettre au rythme de cette vitesse « parisienne ». Mais la vitesse, afflux de soi dans sa parole vive et véridique, est un critère interne d'authenticité; en elle se résume, s'exprime, un sujet; elle rassemble le sujet en le faisant se ressembler. La conversation doit être faite par tous – comme la poésie. L'assemblée de bonne société, s'entretenant elle-même, est un lieu où la dissimulation n'est pas possible à la longue; il y a un régime juste, un unisson, un accord du s'entr'exprimer. Le balourd, le muet, le provincial ou le charlatan s'en exclurait; le bateleur trop rapide aussi, et nous avons lu qu'il y eut cette inquiétude de ses contemporains à l'égard de Marivaux lui-même, offusqués par où son « feu » brillait trop.

La vitesse elle-même fait le sujet d'une pièce : *La Réunion des amours*. Deux âges, deux discours, deux galanteries, deux sociétés... querelle des anciens et des modernes. Vers la rupture? Non, vers la réunion.

Bien entendu chacun (Cupidon; l'Amour) n'apparaît à l'autre que sous l'aspect de son « tort », soit, du vice, en quoi sa vertu se change sous les yeux de l'autre qui accuse. Amour est fade tendresse pour Cupidon, et celui-ci débauche pour Amour.

Mais les juges (la Vérité, les dieux... et le public) sauront faire le partage et rendre à chacun sa positivité, tout en reconnaissant son excès propre. Cupidon, c'est la vitesse, la chasse amoureuse glissant au désordre des mœurs, la procréation non déliée du plaisir, le fol, l'heureux... Amour, la gravité, la sagesse, le raisonnable. Métaphores filées, lutte de deux langages, de deux équipements. Et par endroits le retour de Plutus, sur son char de triomphe rapide. Or les muses/ Apollon, la littérature, veulent les coudées plus franches : lutte olympique; Cupidon « le nouveau dieu », comme nous dirions, contre l'Amour plus démodé. Rapidité (« droit au but »... mais quel but?), contre tendresse; dieu des bourgeois, contre celui des héros; dieu aussi des amours sans cérémonie, contre « le vieux style ». La pièce a valeur de pièce critique, comme un *impromptu* de Molière; le dieu de la vivacité est contre les romans en douze tomes. « Abrège! Fais vite! », ces impératifs, plus fréquents chez Marivaux que chez tout autre, sont les recommandations que l'auteur se rappelle par la bouche des maîtres. La réunion est un compromis – synthèse de l'ancien et du moderne, un peu plate ici.

7. LA RARETÉ DE L'OARISTYS

C'est la fin de la stichomachie; le bon écho qui ne répète pas comme un mur renvoyant à l'autre la réduction à son image, ne redouble pas, mais par un changement de signe comme en mathématique, voici que se répondent en s'enchaînant les répliques, non plus affrontées l'une à l'autre $\pm \mp$, mais positivement alliées à l'œuvre commune de se dire leur amour. Rares scènes de l'amour apaisé, amébéen, après le défi, quand le duo de rivalité, la montée des enchères se dénouent, comme l'imprévu, et que les deux passent du même côté de l'amour; ici, Éraste et Mademoiselle Argante, en roucoulement alterné (*Le Dénouement imprévu,* sc. XI).

– Vous le haïssez trop.
– Mais pourquoi en êtes-vous si fâché?
– C'est que je prends part à ce qui le regarde.
– Est-il vrai qu'il vous ressemble?
– Il n'est que trop vrai.
– Consolez-vous donc.
– Eh! d'où vient me consolerais-je, Madame? Daignez m'expliquer ce discours.
– Comment vous l'expliquer?... Dites à Éraste que je l'attends, si vous n'avez pas besoin de sortir pour cela.
– Il n'est pas bien loin.
– Je le crois de même.
– Que d'amour il aura pour vous, Madame, s'il ose se flatter d'être bien reçu!
– Ne tardez pas plus longtemps à voir ce qu'il en sera.
– Puis-je espérer que vous me ferez grâce?
– J'en ai peut-être trop dit : mais vous serez mon époux. Que ne vous ai-je connu plus tôt?
– Avec quel chagrin ne m'en retournais-je pas!
– Est-il possible que je vous aie haï? A quoi songiez-vous de ne pas vous montrer?
– Au milieu de mon bonheur il me reste une inquiétude [...].

Quelque chose de plus fort que les refus de la suffisance, un milieu dont les lois, de réflexion et de réfraction, vont retourner les sujets malgré eux, renverser leur position en consentement à l'amour. Les effets du langage dans l'interlocution (la confidence, la médisance, l'indiscrétion, l'aveu, le serment), la logique de l'échange, dès le moment où deux qui sont aimables en principe l'un pour l'autre, entrent en relation, se parlant plutôt que de s'éviter (la seule issue pour une volonté d'isolement demeurerait qu'en effet ils ne se voient pas), les conduisent fatalement à s'aimer. L'expression des raisons du refus emporte le renversement du refus en déclaration d'amour. Comme si parler, c'était traiter de, et avec, l'amour; comme si le secret du dire cherchant à se dire, littéralement et dans tous les sens, était ce sens plus propre que le propre, et que le sens figuré, dit second, vient plutôt révéler que celer, comme un transparent – l'érotique –, comme si le langage de la langue était fait par et pour le désir qui le hante et que ses jeux et équivoques rapprochassent plutôt que de dissimuler, l'aveu; pas autrement que des yeux muets faits pour voir, on dit qu'ils disent ou expriment en même temps l'amour. Aveu que la circonstance sociale forcera bientôt à se déclarer, issue fatale, délicieuse, mais aussi bien douloureuse, excessive, parce qu'il y a quelque chose dans l'amour qui préfère le secret où il retarde son éclosion, parce que le désir aime la crypte où il polysémise.

De quoi est faite l'objectivité de ce milieu amoureux qui de gré et de force (forçant leur gré) va marier les amours-propres?

Le secret du parler d'amour conduit les parlants par la force propre du langage jusqu'aux serments indiscrets. « Avant moi » parle la langue qui parle d'amour, c'est dans le langage qui fait l'amour avant et à travers tous ses sujets que cela se fait et risque de se défaire; la langue : bon conducteur du dépassement de deux amours-propres interloqués et ventriloqués. Les personnages vivent sous la puissance de l'anticipation, de la prévenance du langage. « Faire l'amour », c'est induire l'autre à aimer à partir du discours, comme si le sentiment pouvait être provoqué, entrer en résonance dans la sphère d'ondes de la déclaration « je vous aime ».

Il y a une objectivité du langage comme écriture – attestée par le billet, les lettres; témoins qui restent, dont l'effet transcende la repartie, la scène. Or Marivaux traite le propos échangé comme écrit : reprise, fixée sous l'attention qui y revient pour l'analyser, la réentendre, cette phrase, que je ne peux pas ne pas avoir dite, l'amoureux la repasse sous les yeux de l'ouïe, la lit, à la lettre.

Le milieu de l'interlocution est social : les deux parviennent à s'aimer grâce aux auxiliaires et témoins, savants et parents, qui les aident à se dédire de leur dénégation initiale, à entendre le serment antérieur que recouvre leur parjure inaugural.

La position paradoxale de sujets de l'amour, au double sens de la grammaire et de la subordination, de sujets qui résistent à l'amour, n'aura été qu'une *doxa,* position convenue et intenable, qui se fait retourner par l'intermédiaire des paradoxes, dans la logique complexe du dialogue et des situations réverbérés et ainsi aporétiques, au profit d'une *doxa* supérieure et fondamentale : celle de la loi commune. C'est l'ordre de l'Institution, c'est-à-dire principalement ici de la règle matrimoniale et de la constitution du sujet en sujet de sa langue et de sa parole, qui reconduit des êtres bloqués à la vérité de leur nature, qui est de sensibilité psychologique et d'obéissance à la loi de l'espèce, par-dessus les trois obstacles principaux : celui de l'apathie, que l'amour va abolir et polir; ou celui du refus initial dans le cas d'êtres soit éprouvés par la vie soit brûlants de vanité; ou celui de l'arrangement, aliénant, des dispositions prises par les volontés tutélaires (de telle sorte, nous l'avons maintes fois observé, que la naissance de l'amour réciproque sera contemporaine de leur désobéissance à ce qui avait été fixé pour eux sans eux pour qu'ils s'aiment).

Reste l'ensemble signifiant mais non langagier : des codes expressifs, culturels et vécus comme naturels, qui se comprennent eux-mêmes par comparaison avec le langage : regards, portraits, attitudes, et toutes les situations et rencontres, données comme une réalité tirée au sort par le vraisemblable (« aléas de la vie ») plutôt qu'organisées par le démiurge dramaturge – tout ce qu'on pourrait dessiner muettement comme le ballet des personnages. Car dans et contre le langage, le marivaudage maintient la différence entre être et dire, entre penser et parler; le drame est action, de mots, sans doute; mais le langage n'est pas la seule réalité. L'amour, cette chose représentée aveugle dans les icônes, et la langue qui ne demande qu'à errer seule, mensongère, ont nécessité l'un de l'autre.

Le marivaudage est stratégie et ton, au moins autant, voire plus encore, que grammaire et lexique. Sans doute est-il langage, et ce langage de l'amour qui aime le langage pour aimer. L'amour en se faisant et pour réussir confie sa complexion et sa fortune au langage et à des codes expressifs qui le prouvent. Le langage, infatigable, est cette seule preuve qui ne fatigue pas la vérité – de l'amour. *Amor index sui* – en langage. Parmi toutes les choses à dire, et qui s'accomplissent en étant dites, que le langage est le mieux fait pour dire, celle-ci, l'amour, habite le système des signes langagiers comme chez lui, parce qu'il s'achève en paroles. Il est ce que peut signifier le langage, il y a en lui, dans sa croissance jusqu'à son excellence, et pour son bonheur, quelque chose d'homologue au langage, qui requiert celui-ci pour exister. Parce que l'amour a du bonheur à s'exprimer, le bonheur d'expression lui est consubstantiel. Le langage comme dialogue, en échanges; et comme tournure pour le tropisme de l'amour; le langage comme figure de figures, comme on dit « sonnet de sonnets » (soit un ensemble sur le modèle des éléments de cet ensemble), offrant ses tournures à l'amour pour qu'il s'y tourne, et retourne, et adresse son adresse; offrant au jeu de l'amour, au ballet de la parade et jusqu'au seuil de la chambre noire et du lit silencieux pour que l'amour s'y fasse, un choix de figures préférables et propices à ce jeu, figures qui disent en ne disant pas, ou qui ne disent pas pour dire mieux, parce que ce qui est à dire est indicible, deux fois indicible, comme force du sentiment excédant le dire et désir des gestes du plaisir difficiles à dire; et ainsi est en se mesurant au dire. Figures que sont l'ellipse, l'allusion, l'aposiopèse; transactions de l'euphémisme et de l'emphase, du dire plus et du taire, oxymores, hyperboles, etc. – le « etc. » ici pour indiquer que de proche en proche c'est toute la capacité de la langue à faire figure qui y passe...

Or, le marivaudage peut prendre son élan, son envol et son tour sans dépendre de l'érudition, de la maîtrise linguistique; il n'est pas prouesse de distinction! Il n'est pas moins le fait d'Arlequins encore inéduqués ou de Blaises jardiniers que de Dorantes avocats ou de comtes qui ne savent que parler. Nous avons à tenir ces deux choses en vue pour le décrire : sa proximité infinie au langage, son homogénéité à certains aspects du langage, et sa différence, sa relative indifférence à la langue.

Il est l'amour se faisant à se dire, comme si la chose à

réussir dont l'heureux dénouement dépendait de sa propre performance, l'amour donc, ou, vue depuis notre récapitulation, l'idée de l'amour, était de nature telle que le langage en sa cérémonie en remplît l'office et lui rendît le meilleur, et peut-être le seul, service. Qu'il consiste en cette cérémonie nous le savions entre autres, *a contrario* par tels passages où le « mariage sans cérémonie » est invoqué comme ce qui couperait court à ce qu'il s'agit de faire long, comme si la durée de la liaison postmatrimoniale, je veux dire conjugale, dépendait des exercices où l'amour s'entretient pour se faire nuptial. Le corps passe en mimes de mines, et les expressions physionomiques en celles de l'expressif par excellence : le langage. Le ballet des paroles subsume et résume le ballet des attitudes. Le marivaudage comme intersubjectivité discursive tient aux timbres et aux accentuations, aux allures, au débit, aux rythmes, de l'être parlant, dans sa parole autant, je l'ai dit, qu'aux mots et aux corrections de leurs consécutions. Il serait très proche dans le langage de ce qui n'est pas que la langue – et dont, par conséquent, la linguistique moderne a commencé par ne pas s'occuper pour se constituer, mais dont l'attention à la prononciation, par exemple, à l'interlocution effective avec ses présuppositions, et le souci qu'on dit pragmatique en général, peuvent connaître.

Sans doute se fait-il le mieux entendre dans une syntaxe subtile et en lexique châtié, entre pairs de bonne société : étant système et paradigme, comme une éducation, il a ses types : il est ce qui s'imite et Trivelin peut en apprendre et donc en contrefaire tous les registres « à la perfection ». Ton, style, mode, l'*imago* dominante du corps social capture tous les orphelins, tous les Figaros adoptables, héritiers présomptifs de ses caractères à acquérir : signe ascendant, courant ascensionnel.

Le marivaudage creuset de formation bourgeoise par les manières anime, traverse, manœuvre trois classes, trois idiosyncrèses, l'aristocratique, la servile et la rustique; et Colin et Colette, en cour basse ou en « normand », marivaudent et ne se font pas moins l'amour qu'Arlequin et Lisette, la Marquise et Lélio, quand bien même l'astéisme en serait moins... « naturel »! Ce qui importe, c'est une certaine correspondance entre les phrases et les phases de l'amour, son schème, son scénario psychologique et son phrasé, ses tours et ses tropes; disons : son emphase, au sens étymologique c'est-à-dire sa déclaration, qui peut se conserver homothétiquement dans le changement de plan social : pudeur, réticence, audaces, ruses, et allusion, litote, équivoques, prosopopée.

C'est en langage que l'art d'aimer se prépare à rompre le charme du langage, à enfreindre les mesures qu'il s'est opposées pour prendre sa mesure. Que le marivaudage puisse se tourner en patois ou en argot, et en hétérodoxies syntaxique ou lexicale, en néologie gasconne ou parisienne, n'étant pas une affaire que les « gros mots » ou le simplisme grammatical puissent anéantir, nous en avons une sorte de confirmation en ceci, que nous remarquions au début à propos des films : aujourd'hui les « libertés de parole » sont plus grandes, les énoncés peuvent se charger de grossièretés, d'obscénités, cela ne change pas fatalement le « marivaudage », circonlocution où l'amour tourne autour de lui-même, jeu de l'inquiétude du sentiment sur sa substance et ses chances, jeu du dépit et de l'aveu, du dédit et du serment, et des mesures qu'il doit prendre contre les entraves langagières qu'il se donne.

Cependant le risque le plus insidieux qu'il court et fait courir à l'amour est bien celui d'écraser la différence, dont il vit en contribuant à leur distinction, entre le langage et cette chose d'amour qui a le langage pour condition comme si la substance et son expression s'identifiaient; de réduire cyniquement l'amour à une certaine quantité de paroles, le sentiment à la verbosité, l'art d'aimer à la rhétorique.

Désir et interlocution.

L'interlocution barre l'accès au désir qu'elle fraye : complique la vie des désirs qu'elle fait communiquer en les soumettant à ses lois. Il y a là une difficulté homologue à celle de la relation classique entre intuition et déduction, pour méditer laquelle la philosophie avait distingué les différents genres de la connaissance. L'amour comme l'intuition s'achève par où il commence, dans les valeurs de l'éclair, du seul regard *(uno intuitu)* de la vérité à plein, assurée par le propre afflux de lumière en quoi elle consiste, mais doit se prouver, s'administrer par les lenteurs démonstratives de la discursivité où il risque de se perdre. La convention de dialogue vient troubler l'échange des désirs qu'elle veut régler, interdire l'immédiateté qu'elle veut médiatiser. L'amour par mariage comme résultat de tout le procès veut réunir, comme ils ne l'eussent pas été naturellement, deux êtres parlants qui, de parler, s'interdisent la meilleure preuve d'un échange muet dans la transparence réciproque; et qui, s'ils parviennent à l'aveu « malgré tout » (à travers l'épreuve), s'appartiendront d'un désir qui à la fois aura déchu, fatigué, de la pureté de son élan originel et, prouvé, assermenté, sera confit des valeurs de solidité, de résistance. Le langage n'est pas saisi abstraitement comme propriété en général, ni grâce à des différences elles-mêmes abstraites comme celle de « la langue et de la parole », qu'on va trouver à la fondation de la linguistique, mais concrètement et fabuleusement, dans la situation de l'interlocution, et amoureuse. Se parlent deux êtres qui s'aiment, qui se parlent de l'impossibilité de s'aimer et qui s'aiment de ne pouvoir se le dire. Dans la situation de désir marivaldienne deux êtres portés l'un vers l'autre sont portés à se parler — pour ne pas se le dire. Le langage, dialogue, naît et renaît de ce dédit, s'enrichit de cette hypothèque. Les règles de l'échange mettent l'interdit en premier : catastrophe culturelle? S'entredire en s'interdisant. Le ne-pas-dire-le-désir, qui est ce que l'éducation apprend en apprenant à parler [1], est venu, toujours déjà, frapper d'interdit l'inclination, anesthésier le désir, pour en augmenter la sensibilité, en hausser le seuil d'excitabilité, le refouler pour l'accumuler. C'est donc un retardement qui est initial; un obstacle – pas infranchissable, comme toute la comédie va le prouver, et qui joue donc comme machine à différer une échéance pour la rendre fatale; à tremper d'abord l'amour (c'est l'épreuve) au bain de ses poisons, de ses contradictions, pour que l'échec ou l'impossible aient eu lieu par avance. Entraver l'initiative pour la changer en initiation; accumuler son énergie par un barrage en différant la coïncidence amoureuse pour faire de la fin le vrai et bon commencement d'une histoire d'amour conforme à l'origine idéale.

Ainsi lancée, l'intersubjectivité dialogante, l'interlocution contre et dans la conformité au code des convenances, interdite de l'aveu du désir par une censure à tourner, c'est autrement que celui-ci devra se frayer sa voie, en lapsus et en ruses dans l'action de mots, par l'auscultation et la reprise mentionnante des paroles de l'autre, la surveillance constante des propos et du langage amoureux de la langue. Je peux vous parler puisque ce n'est pas pour vous dire que je vous aime, et c'est aux autres à m'entendre, qui me contraindront à ce que je désire.

Jouer avec les mots.

Prendre – aux mots; reprendre, méprendre, surprendre, comprendre, déprendre, apprendre. Et il y a ceux que personne n'a pu comprendre dans l'instant et qui cheminent

1. Même dans les farces *(L'Héritier de village)* apparaît le motif de l'éducation qui empêche la véridicité. Ailleurs – dans *La Dispute* – un compromis à cet égard est cherché : Dites-vous votre désir mais *ne vous le dites pas trop,* recommande Carise à ses jeunes enfants-loups échappés, car il y va de l'amour.

comme un oracle. L'autre est ce qu'il a dit, va dire, aurait dit (selon d'autres), aura à dire. Le mot, je tâche de ne pas m'y faire prendre, ni reprendre; je m'y glisse et m'y dérobe; m'y risque, m'y donne, m'y soustrais; fuis; en voici d'autres, je vole, j'y suis volé, je n'ai pas voulu dire cela, ce n'était pas encore moi... maintenant c'est ma parole; puis-je être à ce que je dis?

Interlocution en figures; danse; figures du corps dans l'espace, voltes, menuet, autour d'un mot de passe. Par un vocable pareil à une phalange ou un ruban dans l'air, ils se contournent, détournent, retournent. Imaginons la mise en scène... quand la reprise, l'écho, la mention font le pivot de leur torsion, de leur atour, de leurs pas apotropaïques.

Le langage est jeu? Mais quel langage? Ce qui du langage est pris en vue et en compte ici n'est pas ce que la linguistique abstrait, réduit, construit et traite, à savoir l'essence du signe, la différence signifiant-signifié-référent. Car cela est une autre affaire. Mais que le langage soit jeu de société, et la socialité jeu dans le langage. La représentation est elle-même réductrice : elle ne reproduit pas, de manière que nous dirions réaliste, ce qui se passe quand des gens parlent dans la réalité entendue ici comme la conversation ordinaire en dehors du spectacle théâtral qui la représente. Sont à l'œuvre des règles implicites, pas même discutées, qui abstraient, constitutives de la représentation, une situation théâtrale sur le fond d'une situation ordinaire. Par exemple, cette règle : c'est successivement que les personnages vont parler, ne s'interrompant pas (sauf effet rare et particulier, sporadiquement marqué par des points de suspension), et le plus souvent à peu d'interlocuteurs, deux de préférence. Or c'est la situation réelle la plus rare; car dans la réalité, les interlocuteurs ne cessent de s'interrompre, de ne pas prêter attention à l'autre, de ne pas répondre vraiment à l'autre, et sont, en société, beaucoup plus nombreux que deux. La cacophonie en général du s'entretenir humain, voilà ce qui d'emblée est réduit. On dira que la situation sociale réelle d'une conversation urbaine au XVIIIe siècle ne ressemblait pas du tout à la grossièreté désordonnée de nos rencontres sociales actuelles. Sans doute. Ce qui veut dire que l'entretien mondain repose lui-même sur des conventions d'échange théâtrales; lui-même exposition non réaliste de l'interlocution soustraite à son bruit ordinaire; et que la représentation au théâtre réduit encore, simplifie, la diversité et la complexité du salon ou de la salle à manger civilisée, où de toute façon plusieurs sous-ensembles de colloquants communiquent, de sorte qu'un spectateur légèrement extérieur à la scène (un valet en retrait par exemple, porte-flambeaux ou flacons) ne peut tout saisir.

Les règles implicites de la représentation de la scène de socialité réduite à l'essentiel sont celles qui permettent à un public, à des spectateurs-auditeurs, de ne rien perdre, comme un petit dieu, ce qui est en cours dans l'échange en langue maternelle.

Soit le monologue à deux. Le procédé du dédoublement – de Silvia en Lisette, de Damis en Frontin – permet de partager la confidence où le sujet se refuse à s'avouer en commençant à (se) dire l'amour.

L'interlocuteur est ici l'artifice pour s'expliquer avec soi-même, comme si le sujet se tutoyait. La voix haute favorise la vérité comme l'envers non dit de ce dont on essaie de se persuader, et que l'effort de l'autopersuasion fait naître comme l'obsession de ce qu'on ne désire pas entendre... qui « prendra » soudain, et prendra la place. Le mensonge appelle la vérité. La connaissance de soi procède dans l'aveuglement : le dire fait naître, même silencieux, le contredire de la vérité encore muette, qu'elle ne veut pas entendre – et que Lisette lui fait entendre, en avance sur ce que le sujet finira par se dire quand le dédoublement aura cessé pour une protagoniste qui alors quittera cette existence jumelle, cette amitié asexuée dans son « appartement de jeune fille », pour passer dans le séjour conjugal... N'y a-t-il pas quelque chose dans l'air comme la tristesse d'un adieu, qui est en même temps un adieu à soi-même, dans une action qui séparera pour toujours deux compagnes adolescentes : la « maîtresse » perdra pour toujours ce rapport qu'elle avait avec son autre soi-même, sa suivante, du temps du célibat dans la maison des femmes...

Dans le dialogue des antagonistes, défi, mortel à la limite, des amants doubles, autres et mêmes, la langue, comme un drap et un graal, dimension et enjeu à s'arracher mais qui les tient ensemble, est retournée pour être ravie à l'autre : mécanisme de la mention, du guillemeter, de l'écho, qui interdit à l'un d'avoir le dernier mot, scène de l'altercation indéfinie en droit; y compris entre le père et la fille comme d'Argante à Mademoiselle au *Dénouement imprévu*.

Le polylogue favorise la guérison des deux stichomachistes [1]; lieu du s'entendre dans la langue, quand le mot n'est plus l'objet de la dispute [2] à arracher ou à assener à l'autre, mais que le langage est l'Autre dont l'hospitalité privilégiée abrite la rencontre, permet l'échange et cette reconnaissance qui n'attend pas la fin, ce qui arrive principalement aux scènes où il y a plus-de-deux, plus d'autres que les deux alter-égaux en altercation. Chacun dans cette multiple interlocution représente pour les autres la médiation prévenante de l'Autre, qui empêche la lutte pour l'avantage en paroles dans le service commun de la véridicité, jusqu'à délivrer le duo amoureux.

Le corps parlant.

Mais le corps? est-il présent sous toute autre forme que celle du corps parlant? étrange retrait, bien sûr, et singulière-

1. Et la convention du nombre mesuré des personnages de cette scène française est pareille à celle du bon nombre que le savoir-vivre, selon Kant, avait fixé à l'eutrapélie du dîner; pas moins que les Grâces et pas plus que les Muses.

2. Dans la langue : rappelons-nous, par exemple, cette phase de *La Dispute* quand les deux hommes se rencontrent pour la première fois, sans miroir interposé, dans la langue commune, par rapport à laquelle, du même côté, à l'abri, ils peuvent être ensemble l'un à l'autre. Si nous les imaginons parlant deux langues, ou deux langages, différents, comme à mille situations réelles où des allophones se rencontrent, c'est la peur qui l'emporterait, la haine.

ment au théâtre – que la mise en scène contemporaine, souvent, avec son lit ouvert, pour ceux qui ont besoin de gros sous-titres, ne sait pas bien représenter. Aux romans parfois, fugitivement, son image s'esquisse : pourquoi Valville se détache de Marianne, n'ayant « joui » que de sa « main »? Cela est dit dans le texte : il n'est « frappé » que par la chute d'une autre femme : quand son corps retrouve son poids. Dans le théâtre, c'est à l'acteur, corps bien présent, à frôler le texte... Pudeur aussi insensée, irréelle, peut-être que l'impudeur sadienne.

Le désir doit se payer de mots, c'est sa prouesse; résoudre l'énigme de paroles, comme Œdipe, pour accéder à son objet, le corps, strictement métonymisé par les mains et le visage, le code des jeux de mains et d'œillades. La disparition des corps dans le grand jeu de colin-maillard [1] où les yeux sont bandés de coquetteries, de masques, parfois de phrases, fait du tournoi une joute de déclarations; si on appelle déplacés les propos qui rappellent le corps, à l'inverse ici les corps sont déplacés par rapport aux échanges verbaux.

Le lexique somatologique est strictement contingenté; les références au corporel étroitement surveillées; la fonction métonymique très active et chargée; le sein est nommé une ou deux fois dans *Marianne*. Et quelques gorges s'arrondissent sous les yeux de Jacob. La séparation des lexiques très violente : une taxinomie du corps à la recherche d'une anatomie et d'une physiologie prélevées sur les œuvres théâtrales devrait se contenter de quelques termes abstraits (« physionomie, figure »), et de quelques synecdoques concentrées (mains, yeux, regard). Il s'agit bien de désir; les corps sont en jeu dès leur apparition; les valets comme les maîtres se disent promptement leur attirance mutuelle, parfois plus promptement chez ceux-là, mais la généralité, l'abstraction du langage érotique est égale chez les deux, et les valets ne se permettent

1. J. Rousset (*op. cit.*, p. 51) cite ce passage du *Pharsamon*, œuvre de prime jeunesse, où Marivaux défend comme un sujet possible « le simple récit de deux enfants qui jouent, les yeux bandés, à s'attraper l'un l'autre ». Prémices de la structure des comédies.

rien. Comment faire tenir une grande intensité dans la grande retenue d'une langue à syntagmes érotiques allusifs et clichés ? C'est le rythme des échanges, la vivacité qui font signe. Le « marivaudage » est aussi un symptôme. Impatience des artères, systoles accélérées, tonitruantes et inaudibles, piétinement du pouls, grondement du sang insonore, cillements qui hachent le regard, vasodilatation traîtresse, radioactivité du plexus, tendons bandés, portes claquées, fin des scènes ! Recommencement des scènes...

Passion et langage.

L'épreuve et la crise en général de la reconnaissance n'ont pas d'autre élément que le langage, en Occident, depuis des siècles. Nulle scarification, tatouage, gesticulation, prouesse athlétique, mutilation-gage... le corps désirant est laissé seul à lui-même : pas de ritualisation, pas d'autre socialisation du nuptial, dans la mise en scène de l'épreuve initiatique qui conduit les êtres célibataires au matrimoniat, sinon en logomachie, en stichomachie. Le corps est laissé à lui-même comme corps parlant, voix et intonations, paroles et timbres. La souffrance, la passion, se parle : auto-affection qui est discours. Un corps-parlant qui doit « résumer », en accents, en articulations, en tropes, la violence qu'il subit et inflige, contenir le flux endocrinien en mots – sublimer ? Nul combat physique de rivaux; nulle épreuve à la course ou à l'arc pour gagner l'épouse. Les passes d'armes sont devenues langagières, mots de passe; la conquête, fiançailles, promesses, c'est au labyrinthe de la langue-parole qu'ils se jouent.

Et Phèdre au labyrinthe avec vous descendue
Se serait avec vous retrouvée ou perdue

Se serait... En place de labyrinthe : l'entretien où les corps frémissants se projettent en paroles. Souffrir passion et mort en répliques, c'est l'élément : où la fable de la mort même, alléguée, est le mot du chantage dans la transaction du « plutôt mourir que de ». Tout doit passer au labyrinthe des phrases, c'est la loi de culture occidentale. La folie est incompréhensible, ou aphasique, ou cryptée. Ici, au théâtre de la passion, qui représente cette mutation anthropologique où la société laisse au savoir-dire des individus la charge de risquer, s'affronter, se perdre ou se gagner, l'instance d'expressivité consiste dans la correspondance codée de deux systèmes de signes, en référence réciproque, se traduisant ou se contredisant l'un l'autre du langage et des mines[1] : deux plans de signifiants qui se vérifient pour faire du signifié.

Le drame, puisque drame il y a, c'est qu'il suffise de dire l'amour pour le faire naître; que l'amour, *index sui* en langage, est transitif; que le parler d'amour, la déclaration d'amour, qui est dire oui ou dire non à l'amour, unique sujet, suscite l'amour dans le destinataire, lui-même quelconque, à la rigueur, dans la rencontre-surprise. Si dire je-vous-aime, mais aussi bien je-ne-vous-aimerai-pas (ce qui fait jouer le ressort de la vanité piquée mise en alerte de séduction), c'est commencer à être aimable, faut-il seulement parler, faut-il se montrer[2] même, dans une culture où tout parle d'amour; où l'apparition physionomique est structurée comme un langage; où l'aspect est éloquent, où les yeux expriment, où les traits sont attraits, où le visage, et toute la figure sont agencés en code, font une sémiotique de l'amour; et où le silence appartient encore à l'expressivité, à la prosopognosie; de sorte qu'il faudrait se retirer (tels les moines) pour échapper à l'amour humain, se soustraire à la

1. Dans *La Méprise* : « [...] elle mit des regards à la place des mots pour aller plus vite; et se tournant de mon côté, avec une douceur infinie : oui, mon fils, me dit-elle sans ouvrir la bouche, je m'y rendrai, je te le promets [...] voilà ce qu'elle me dit; et que je vous rends mot pour mot, comme je l'ai traduit d'après mes yeux. »

2. « Le roman, vu d'une façon schématique, vérifie en quelque sorte cette décision de Rousseau qui déclarait coupable la femme dès l'instant qu'elle se montrait. Dans le roman, la femme est montrée, par là même aussitôt punie pour cette faute originaire et fatale. Mais où est la femme qui coïnciderait exactement avec sa vocation et qui échapperait au malheur? » (Paul Hoffmann, *op. cit.*, p. 560.)

Loi définitivement et achever en silence l'histoire des hommes, comme ne cessent de dire qu'ils vont faire, et parfois de faire, les protagonistes amants dès la première surprise; que la prudence comme l'imprudence sont discours amoureux, parce que la différence entre le dire d'un cœur qui ne sent « encore rien » et la parole amoureuse est une différence qui tombe dans le dire; que le sentiment n'est pas substantiellement différent de l'expression du sentiment, et que celle-ci pour refuser l'amour parle l'amour, et que dire c'est faire...

Arlequin même, l'acrobate, va périr; ses sauts et son bâton, ses galipettes et son masque doivent se muer en finesse langagière, se polir à l'amour, parler, passer par le défilé de la vivacité phrastique, de la querelle d'amour. La métamorphose d'Arlequin a lieu sous nos yeux : il est remplacé peu à peu par sa mue : Trivelin, vers Figaro, mais le plus souvent Arlequin garde son nom tout en changeant de corps[1]. Pas d'amour sans phrases.

Les phrases c'est à la fois : ce dont on ne sort pas – dire faux; s'entêter; se faire souffrir l'un l'autre par la reprise en écho du mot de l'autre qui ainsi cesse « d'avoir le dernier mot » pour s'entendre retourner son dit dans son reflet sonore, dépossédé par la voix de l'autre, neutralisé, méconnaissable quoique identique...; ne pas comprendre; mésinterpréter; entendre l'oracle sans le reconnaître et ainsi le réaliser fatalement grâce au sens toujours double, au moins des mots; avoir raison par où on a tort, et inversement, en mots, c'est, à perte de vue, constitutif de l'indéfinité de la dispute... – et le moyen d'en sortir, de s'en sortir; le langage de langue maternelle, de conversation « naturelle », on y est prévenu; on s'y entend – dans tous les sens. Car qu'est-ce qui vient limiter le risque de la tricherie indéfinie? Qu'est-ce qui vient empêcher le succès du dire-faux, « punir la fourberie »? Sinon le témoignage de la contradiction de la dupli-

1. Treize fois Arlequin revient sur la scène depuis *Arlequin poli par l'amour* jusqu'aux *Fausses Confidences*, de 1720 à 1737.

cité rapporté par les autres. Si un même sujet se voit attribuer des prédicats contradictoires par la relation de témoins différents qui rapportent de lui et vers lui au même moment des paroles incompatibles, il est convaincu de fausseté. La fausseté ne peut triompher dans un monde où tenir sa parole, le *constare sibi* au singulier d'une promesse, fait le critère de la valeur – un critère retors que la sincérité des *Sincères* qui ont mal lu Alceste, et de « Messieurs les Véridiques » interpellés par l'auteur des *Journaux,* ne suffit nullement à garantir. On ne peut mentir à plusieurs à la fois. Les sincérités successives, celles des scènes qui s'enchaînent avec différents personnages, ne peuvent être ramassées en un même temps; le « bon » est celui qui n'est pas confondu à la scène finale, au jugement dernier où le sujet est confronté à ses paroles qui se succédaient dans le temps de l'action.

La langue n'est pas mon fait, mon invention : je peux y dire n'importe quoi, mais pas toujours. J'y suis pris à témoin. La parole vaut pour « moi »; c'est le signifiant le plus riche : « Donner sa parole. »

C'est le jeu de l'égalité : les signes autres que ceux du langage y ont moins d'importance que ceux-ci pendant le moment de l'échange : chacun y est égal de l'autre à l'instant de cette instance. C'est le jeu de la fraternité : il faut que tous ces hommes repassent par le moment de la tendresse où les partenaires se donnent le pardon réciproque, se reconfirment mutuellement leur humanité comme pour la refondation de l'inégalité sociale (sans recours à un sacrifice, à du sacré, à aucun sacerdote, mais sous l'œil vigilant d'un Maître du Jeu – en l'occurrence, de Trivelin, tout sage et tout-puissant qui empêche que dégénère l'épreuve : « IPHICRATE : [...] je croyais que tu m'aimais et cela m'attachait à toi. ARLEQUIN, *pleurant :* Eh! qui est-ce qui te dit que je ne t'aime plus? » (*L'Ile des esclaves,* sc. IX). C'est le jeu de la liberté : dans et par la représentation, comédie de la vie donnée dans et à la vie sociale, la dangereuse déviation du désir par l'amour-propre prompt à changer tout objet désirable en miroir de soi et par là à changer d'objet pour multiplier les miroirs, peut, si nous en rions ensemble, être conjurée; que les « effets étonnamment sympathiques » des paroles séductrices peuvent être, si nous nous les donnons en spectacle, changés en paroles d'amour qu'échangent non pas deux images-leurres, deux épidermes montés sur deux fantaisies, mais deux sujets, ce qui veut dire sujets du langage dans leurs dires, sujets de la société dans le rapport à sa loi et à ses codes, et ainsi sujets libres.

Le jeu de l'amour se soumet principalement aux règles du dialogue, aux situations de discours, aux jeux où se hasardent les interlocuteurs. L'amour s'expose sur cette scène où l'on parle en « réduisant » les corps au registre de l'expressivité qui vient gager les signes langagiers. Le désir se prouve, s'exalte, se gagne en phrases et en mots.

La noblesse devient de sentiment et de culture, c'est-à-dire d'expressivité dont le registre maître est langagier. Les armes de la conquête passent « à la portée de tous », par l'éducation. Le premier soin de Jacob parvenant à Paris pour y parvenir est, conjointement, de perdre son teint hâlé de campagnard et son parler rustique. Les divers codes, sémiotiques, blasons de l'appartenance sociale, signes extérieurs de l'excellence des prétendants sont soumis à l'épreuve de l'expressivité qui doit détromper les masques, à l'ordalie du rapport des paroles, du cœur et de la physionomie. L'amour s'embourgeoise, si on veut; se fait littérairement parlant, non sans refouler l'obscène, l'imaginaire et l'idiome de la bassesse, qui feront retour.

Une chose demeure, donc, assez étonnante : la « réception » des contemporains. Ici d'Alembert, entre autres et parlant pour beaucoup : « Le style peu naturel et affecté de ses comédies a essuyé plus de critiques encore que le fond des pièces même, et avec d'autant plus de justice que ce singulier jargon, tout à la fois précieux et familier, recherché et monotone, est, sans exception, celui de tous ses personnages, de quelque état qu'ils puissent être, depuis les marquis jusqu'aux paysans, et depuis les maîtres jusqu'aux valets. [...] il croyait être naturel dans ses comédies, parce que le style qu'il prête à ses acteurs est celui qu'il avait lui-même, sans effort comme sans relâche, dans la conversation. S'il ne pouvait se résoudre à dire simplement les choses même les plus communes, du moins la facilité avec laquelle il parlait de la sorte semblait demander grâce pour ses écrits, parce qu'on pouvait croire à sa brillante et abondante volubilité, qu'il parlait, en quelque sorte, sa langue maternelle, et qu'il lui aurait été impossible de s'exprimer autrement quand il l'aurait voulu. On croit entendre dans ses pièces des étrangers de beaucoup d'esprit, qui, obligés de converser dans une langue qu'ils ne savent qu'imparfaitement, se sont fait de cette langue et de la leur un idiome particulier, semblable à un métal imparfait, mais faussement éclatant, qui aurait été formé par hasard de la réunion de plusieurs autres » *(Éloge de Marivaux)*.

Nous qui pensons entendre le pur idiome XVIIIe siècle, et qui ne percevons pas de différences linguistiques essentielles entre ses contemporains et Marivaux (à part les quelques néologismes disputés, et le patois de ses paysans), qui autoriseraient à traiter le marivaudien en langue étrangère, nous avons de quoi être surpris...

Les contemporains disent qu'ils ne peuvent entendre Marivaux à cause de sa manière – et son hôte à l'Académie, l'archevêque de Sens, qui serait oublié s'il n'avait reçu Marivaux, alla jusqu'à lui lancer qu'il ne devait pas l'Académie à ses œuvres mais à son « bon caractère »; mais peut-être les contemporains résistaient-ils à recevoir en langue maternelle le dit du marivaudage, et transposaient-ils cette résistance en étonnement à l'égard de l'idiome marivaldien...

Ce que ne comprend pas le critique contemporain de Marivaux, c'est précisément le mécanisme marivaldien, toute l'horlogerie des obstacles et des retards, les ressorts de la vanité piquée piquante dans l'élément du langage, qui est milieu de l'aveu et de la (dis)simulation, du dire et du dédire. Ainsi Desfontaines en 1736 à propos du *Legs*[1] : « Pourquoi

1. Cf. *Théâtre*, Deloffre, t. II, p. 293, Garnier.

toutes ces feintes, toutes ces minauderies de la Comtesse si elle aime réellement *(sic)* le Marquis? Et ce Marquis si fin et si rusé par rapport à Hortense, pourquoi est-il si stupide par rapport à la Comtesse qu'il adore, et dont l'amour lui est si nettement signifié par la Comtesse même? Pour la construction de cette pièce, il a fallu supposer l'impossible, et forger des caractères métaphysiquement comiques. »

Eh oui! Pourquoi Marivaux est-il Marivaux? « Supposer l'impossible »; traduisons : faire rentrer l'invraisemblable (qui ne l'est pas d'être « insensé », mais de ressortir à un autre ordre que celui du vraisemblable, à l'ordre logique d'une métaphysique de l'amour-propre) dans le vraisemblable, par exemple dans la progression chronopsychologique admise des vingt-quatre heures du jour.

« Ce n'est pas moi que j'ai voulu copier, protestait Marivaux dans la préface des *Serments indiscrets,* c'est la *nature,* c'est le ton de la conversation en général que j'ai tâché de prendre : ce ton-là a plu extrêmement et plaît encore dans les autres pièces, comme singulier, je crois; mais mon dessein était qu'il plût comme naturel, et c'est peut-être parce qu'il l'est effectivement qu'on le croit singulier, et que, regardé comme tel, on me reproche d'en user toujours. »

Un déplacement du rapport culture-nature, si Marivaux en fut l'auteur, repose la question de l'arbitraire du signe – en l'occurrence : le système signifiant d'une « pièce de théâtre » paraît arbitraire parce que quelque chose est modifié dans ce rapport de la culture à la nature. Le *naturel,* rapproché dans les façons de dire, trop langagier, devient-il menaçant?

Une nouvelle recherche du « naturel » se confronte avec une image que la critique, surprise et oubliant d'analyser le dispositif artificieux, conjure en la déclarant plus artificielle. Quelle menace? L'amour serait affaire de dire, de discours, de précipitation parolière, voilà qui est dangereux. L'expressivité ne peut-elle être feinte? Les codes appris et simulés; la confidence fausse confidence; la fourberie récompensée au lieu d'être punie; le milieu de communication troublé par la fonction « phatique » même de la sincérité qui veut en garantir la transparence; et par la médisance, et le commérage..? Si le bon démiurge dramaturge n'est plus là pour faire glisser les masques vers l'heureux dénouement, contraindre les joueurs à prendre conscience qu'ils jouent la comédie, et veiller à leur bonne foi, peut-être Clarice au lieu d'Hortense finira-t-elle dans les bras du chevalier abusé : *cosi fan tutte.* Si les mouvements du cœur sont homologues aux tropes, qu'est-ce qui empêchera de séduire (avant de l'abandonner) un cœur par la rhétorique? *La Dispute* pourra-t-elle toujours être tranchée par l'écoute des « expressions naturelles » du cœur humain?

Le Haut et le Bas.

L'utilité – la nécessité – de l'épreuve provient de ce que l'amour et le dire, le sentiment et sa preuve, sont et ne sont pas une seule chose.

Le sentiment d'aimer, et, dans la surprise des amants, le désir, dépendent de l'apparition. « L'amour peut naître d'un regard »... partagé. Ce que regarde le regard d'amour c'est l'aimable beauté de l'autre, et son regard aimant. Rapport complexe; il s'agit pour chacun de s'être montré aimable et aimant et aimé; l'amour est à faire, au sens du XVIIIe siècle : à dire; dire à soi et à l'autre; *se le dire en même temps à condition que l'autre ait commencé :* aporie surmontable seulement grâce aux autres.

Le marivaudage est une prouesse où l'antique se remet à jour sur le fond de l'érotique grecque de l'apparition ravissante de la Beauté, le soulèvement du désir à l'égard de l'apparition. Réécoutons, par exemple, le *Charmide* (154) : « Le jeune homme me parut d'une taille et d'une beauté admirables, et tous les autres me semblèrent épris de lui tant ils furent saisis et troublés quand il entra (...) Je regardais les enfants : ils n'avaient tous d'yeux que pour lui; même les plus petits et ils le contemplaient *comme une statue* [...] Chacun de nous qui étions assis poussa précipitamment son voisin pour faire une place, dans l'espoir que le jeune homme viendrait s'asseoir à ses côtés [...]. » Et l'expressivité est mise en place par Socrate comme correspondance d'un dehors et d'un dedans : « Comment résister à un pareil homme, s'il possède encore une seule petite chose? – Laquelle? – S'il est bien doué du côté de l'âme (...). » Depuis toujours, dans l'affrontement saphique ou pindarique, olympique, dans la joute (du latin « juxtare » : être attenant) et dans le jeu, l'excellence se découpe, se désigne elle-même, par exemple pour une femme qui en sera la récompense [1].

La doctrine du *Je ne sais quoi* qui vient complémenter dans l'Esthétique de Marivaux celle de la Beauté raffine le schème de l'expressivité : c'est la mobilité en tant que telle qui vient témoigner du sentir à la surface du visage et dans l'attitude.

Maintenant plusieurs conditions ont changé.

Écouter, dans la scène de l'entretien, c'est regarder. Regardant, je me dédouble : j'entends des paroles et je considère un visage. D'entrée d'écoute, je suis pris dans l'inquiétude tenace d'un rapport et donc d'un discord, entre ce que je vois et ce qui est dit, entre ce visible et cet audible, qui travaille l'unité présomptive de ma perception; pris dans le problème

1. De l'érotique courtoise proviennent les traits de la domination féminine. Maîtresse, la souveraineté de la femme attend les mouvements de l'amour masculin. Il dépend d'elle de « désespérer », ou non, l'amant. C'est ainsi que souvent le drame se clôt sur l'espérance qu'elle donne. Le code de la courtoisie aristocratique devenue politesse est le volant qui règle le tempo d'une machine qui marche à l'amour et au hasard dont le jeu violent soumettrait le mouvement à des à-coups dangereux dans ces petites principautés que sont les gentilhommières ou les appartements bourgeois.

La contradiction semble très forte entre une féminité qui s'interdit en s'interdisant « sous peine de mort » de dire son amour en premier et cette féminité de dominance qui, de Flaminia à Phocion, de telle veuve indépendante à telle divorcée maîtresse d'elle-même, de la fée qui enlève Arlequin à cette Madame Amelin qui régente tout le jeu des *Acteurs de bonne foi,* traverse tout l'œuvre théâtral.

Est-ce le contraste des jeunes filles soumises aux « Bonnes Mères »? Mais plutôt le double aspect de la maîtrise et possession de soi-même qui fait vibrer d'amour-propre. Les jeunes femmes se refusent à parler leur désir pour mieux s'arracher peut-être à la tutelle séculaire, et, mûres, princières ou surnaturelles, elles prennent en main elles-mêmes quelques-uns des fils de leur destin.

en acte de l'expression : de la différence paraître/être, de la simulation dissimulante, du porte-à-faux porte-à-vrai, du *jeu* de *deux :* plumage et ramage, ou, à un autre plan, amour et hasard. Comme si entre les discours et la *face* humaine, ce visage embouché d'où sortent toujours les paroles, il y avait, deux en un, un en deux, béance et réciprocité, vieux collage, vieille habitude d'allélisme signalant. Il n'arrive pas à des personnages de théâtre qu'on ne les écoute pas parce qu'on ne peut les regarder. Ils sont tous *présentables* – pour être représentables.

La joute a lieu avec la femme et contre elle, qui est devenue partenaire et adversaire, même si on vient la demander publiquement, à sa parenté par exemple, et si l'exception de l'enjeu exige des prestations munificentes, dont celle de l'argent. Et briller, briller à ses yeux, sera briller d'esprit, en mots; dans le combat où leur égalité doit les vaincre tous les deux en même temps. Singulier combat. Or, comment se fier à ce qui s'avance en prouesses verbales et demande à être cru sur paroles, quand le feu où se montre l'amour est celui des propos d'amour, quand la preuve d'amour risque de n'être pas falsifiable?

Tout ce qui paraît dans un registre (celui, par exemple, des regards, des mines, des postures) vient exprimer ce qui paraît dans l'autre (ton, phrasé, subtilité). Et l'amour a besoin d'une épreuve qui produise des signes extérieurs à la sphère de sa prestation langagière. En acceptant l'humiliation d'un abaissement, Dorante, par exemple, se faisant passer pour son valet, satisfait à une épreuve pareille à celle du Jacob de la Bible chez Laban. Dans ses nouvelles conditions d'apparition, régies toujours par le principe de l'expressivité, son être transparaîtra, transpercera sa nouvelle apparence : sa figure et son langage en discord avec son rôle et son vêtement provoqueront la curiosité de son identité, demandant à être reconnue, et le rétablissement harmonieux des registres d'expression où les différences font sens par leur signification réciproque.

C'est l'*apparition elle-même* qui se travestit – comme Yahvé dérobant sa splendeur à Moïse; Zeus à Sémélé ou Alcmène; le Christ à ses « cousins ». L'apparence pour payer de mine doit se masquer d'abord, se dissimuler pour se re-simuler. Le paraître doit disparaître pour être. Il faut qu'il descende à la région silencieuse du désir naissant, là où la surprise coupe la parole; et fasse parler le désir, échange le désir en mots, en amour. C'est à chaque épiphanie de l'autre (à chaque *scène,* car les protagonistes amoureux ne se voient pas en dehors des scènes, mais sous nos yeux, dans cette scène où ils « joutent » à nouveau l'un vers l'autre devant notre prétoire silencieux) que le cœur entre dans la surprise de son mouvement, s'assure non seulement que l'autre ne lui est pas indifférent, une simple apparition parmi l'apparition des autres, mais que sa figure l'émeut, qu'il ne s'est pas trompé, et que le cœur se *le dise* et qu'ils se le disent en s'accordant — malgré cette envie de séduire sans être séduit, cette prétention de méduser l'autre avec sa seule parousie, exempte de dépenses.

Or l'abaissement n'est possible qu'aux positions élevées. Les Trivelins attendent bien que le langage les « tire de là »; ils ne comprennent pas quel défaut de *fortune* les empêche de *prétendre,* de parvenir, quand autour d'eux les maîtres qu'ils servent y sont bien arrivés, et y parviennent encore. Est-il objectif ce *défaut,* comme celui de l'armure; est-ce l'occasion qui leur a manqué; ou quelle *disgrâce* en eux? La réussite du travestissement est à sens unique. Loi de Phocion, du Prince, de Dorante, de Lucidor et du Dorante des *Confidences,* etc. Mais Arlequin ne peut se faire passer pour Dorante *(Le Jeu de l'amour et du hasard)* ni Frontin pour Lucidor *(L'Épreuve)!* Si le haut s'abaisse, disparaît pour paraître, il gagne; si le bas s'élève, il perd. Le moins ne peut pas le plus. Pourquoi? *Loi des Iles* aussi.

Il y a dans la « bassesse », la bassesse de la condition selon la loi du (vieux) monde, une force désespérée pour se manifester « au grand jour », opérer, voir ses mérites rétribués, reconnus; l'emporter sur sa bassesse... se voir admise dans sa rivalité avec le haut. La part *bonne* de la bassesse, au sens du

« bon-pour », de sa vertu *(arétê),* réclame sa gloire, demande « l'égalité ». Elle l'obtient fugitivement et en termes d'affectivité sur le *théâtre* de Marivaux, où elle apparaît pour rentrer dans l'obscurité. Chacun son tour? Mais d'abord Dorante... Si elle ne s'en contente pas, qu'arrivera-t-il? Mais le monde qu'elle veut est un monde où il y aura toujours une différence haut/bas; elle veut le même. C'est sa contradiction. Elle n'en conçoit pas de non hiérarchique, d'anarchique.

Qu'est-ce qui se travestit, en définitive, pour s'imposer? Est-ce la ruse de l'Ancien pour maintenir son règne et se faire reconnaître du Nouveau, du Moderne, comme une génération de dieux menacés ruserait pour garder le pouvoir, se faire reconfirmer au nom de l'Amour; comme Léonide-Phocion pour empêcher la « révolution », la menace d'Agis et des Philosophes, prévient la sédition de leur droit et maintient sa propre usurpation en se faisant passer pour l'Amour, princesse régnante de « Sparte » qui se dissimule en aventurière pour séduire ce qui menace son règne et l'attacher à son destin en faisant « triompher l'Amour », s'épargnant ainsi un tumulte au prix de reconnaître Agis pour son Seigneur? – plus habile ou fortunée que la princesse de Babylone qui ne réussit pas à épouser l'« Illustre Aventurier ».

Phocion, l'illustre aventurière, perd beaucoup pour gagner au change : sa ruse pour étouffer la conspiration dans l'œuf de l'amour lui aura coûté de s'abaisser à une tromperie générale, et il n'est pas sûr que l'amour aura tout excusé pour toujours; de sorte que l'exemple qu'elle aura montré sera plutôt celui du cynisme des moyens, principe plus nouveau, plus subversif encore que celui même que son Principat allait combattre en s'emparant du jeune Prince Prétendant et de son principe nouveau. Mais cette figure, plus royale encore qu'aristocratique, n'est pas la principale du théâtre de Marivaux. Il s'en faut.

Ce qui intéresse Marivaux, c'est plutôt la réussite amoureuse d'aventuriers moins illustres, voire incognito de naissance, dont la seule affaire est plus d'amour que de pouvoir et qui vont peut-être parfois avoir à conquérir des dames de condition égale ou supérieure *(Les Fausses Confidences)* sans avoir à user de *malin génie,* de ruse hyperbolique, pour réduire une distance qui n'est pas infinie; mais des écarts, si forts soient-ils, qui ne requièrent pas des procédés moins scabreux, scandaleux, et dont l'amour excusera l'adresse (arlequinière, finalement) sans casuistique insensée parce que l'amour dans ce cas est plus fort, reconnu comme tel, vaut plus, infiniment plus, que les obstacles qu'il rencontre qui sont de convenance, et que son triomphe n'a pas de mal à se rallier, s'attacher, se subordonner jusqu'aux mères snobs qui se rendront un jour.

Les changements sociaux ne ruinent pas les valeurs anciennes, mais accouchent de nouvelles figures du bien, de nouvelles synthèses du naturel et du culturel, fortes et pitoyables, à la fois innocentes et rusées. A cet égard la figure de Marianne doit être appelée ici : ce que peut dire le roman, parce qu'il couvre des années, une vie, le théâtre ne le peut pas, parce qu'il a les limites de son invraisemblance (sauf dans la caricature mais qui précisément fera échouer ce que le roman fait réussir : *La Commère* ou *L'Héritier de village* ne permettent pas les alliances fulgurantes de conditions trop disparates et qui auraient besoin d'une vie – celle du paysan Jacob – pour entrer en équation); mais le roman nous montre le rêve de l'auteur. Marianne ne se trompe jamais, mixte d'innocence et de lucidité, preuve vivante de la compatibilité des contraires, oxymore viable (sur le papier), trajet optimal de la vertu et de son efficace dont le sillage répartit les bons et les mauvais, venant d'en arrière, du fonds de nature – que symbolisent leur naissance ignoble et catastrophique, la table rase de leur origine, la bonté de leurs nourriciers, l'innocence de leurs premières années : de telles créatures traversent à une stupéfiante vitesse ascensionnelle la société de leur temps, assumant et résumant, ou subsumant en leur formation la culture des meilleurs, jusqu'à être reconnues à leur tour. Démunies de tout, rien ne leur échappe. Leur pauvreté-pureté se renverse en arme absolue. La ruse de leur nature se dissimule, et à ses propres yeux, dans l'infaillibilité de ces naïvetés nécessaires dont les erreurs impeccables ponctuent l'irrésistible ascension.

Par l'amour, les nouveaux venus se font admettre; par l'amour, la nature se réinsère, principe du renouveau et renouvellement du principe. Serait-ce pas l'idée même de la nouveauté, alors, qui se fait admettre, sous la figure du héros de roman, ou du personnage sympathique de comédie, prosopopée de l'amour-Cupidon comme du toujours nouveau venu qui se fait adopter par son ancien type même, son père *Amour* détrônable, et adouber par la société des anciens dieux : *La Réunion des amours*. L'amour est la nouveauté, et le renouveau de l'amour est comme le renouvellement même de la nature, *bonne,* qui se glisse, se joue aux régions basses, se dissimule – jusqu'à ne pas se reconnaître comme une idée. Croyance dans les chances intactes et répétées d'une nature humaine qui peut faire retour dans le social, sous les dehors de l'insignifiance sociale; neutralité, grisaille des Dorantes sans qualités, sans autre qualité que celle de leur amour exceptionnel, pour conquérir et ainsi renouveler le social contre la perversion même de l'amour stérilisé en amour-propre, en quoi consiste la plus actuelle menace pour le genre humain, ici-maintenant, c'est-à-dire dans cette société. Le progrès comme tel est assuré par la revitalisation du principe d'amour contre le déclin de l'amour même – et cela se passe en mille lieux, mille maisons, mille changements en scènes, et décors... par tout.

III

POÉTIQUE DE LA DISPUTE

*Un monde où les gens ne se reconnaissent pas entre eux. Leur principale besogne consisterait à se convaincre mutuellement qu'*ils sont bien eux-mêmes.

Elias Canetti.

Dédicaces

A Silvia et Lisette, à Angélique et Marton, à Clarice, à Hortense, à Carise et Adine, à Églé, à Dina, aux Demoiselles Argante, à la Mère, à la Marquise, à la Comtesse, aux Dames Alain, Sorbin, et Amelin, aux sœurs, Phénice et Dorimène, aux Princesses, de Sparte et de Barcelone, à leurs pseudonymes, Léonide et Phocion, aux suivantes homonymes, à Lucile, à Araminte, à Colombine, et Jacqueline et Agathe et Constance, à Euphrosine et Arthenice, Cléanthis, à Colette et Cathos et Spinette, à Corine, à Flaminia, à Hermiane, à Léontine, à la Dame inconnue, à une Dame, à Félicie, à Minerve, à la fée, à Silvia, Angélique et Lucile.

Devises
ou
La donne des énigmes

La supercherie surabonde; déborde de présences la présence.

Pour qu'il n'y ait pas que subterfuge, il faut sauver les apparences – la différence entre la vie et le songe qu'elle est, le tout et la partie qui dit le tout.

Qui est le spectateur? *Magiquement jaloux du miroir magique, ce tiers rival où la jeune fille s'idolâtre.*

L'amour est l'obsession de ce que je ne désire plus – dirait Flaminia.

L'innocence, que je ne peux que feindre, je ne pardonne pas à l'autre de ne pouvoir que la feindre.

Il y a péril en la demeure – à conjurer par celui de l'épreuve.

Le secret est qu'il n'y a pas de secret. Car il y a un secret – qu'il n'y a pas de secret.

Le paradoxe trivial est celui où le sujet s'excepte pour pouvoir dire une loi qui inclut son insu.

L'enfreinte remâche et goûte ses freins.

Le privilège soude l'exception à la loi.

La désinvolture renoue avec l'exploit.

Le réassortiment des mêmes n'infirme pas le sort.

Les non-dupes font encore un marché.

Le visage masque le masque.

C'est l'inéluctable qui est l'éludé, comme l'incroyable ce qui est cru.

La seconde surprise de la mort défait l'amour-propre.

Le mariage contracte un commencement.

La comédie attire la reconstitution vers un non-lieu.

La trêve durera autant que la simultanéité saura éteindre la succession.

Vivre le brio qui déjoue l'imbroglio mortifère de la lutte des doubles!

Le théâtre invente des comparants, artefacts réels de l'imaginaire pour que se figure l'anthropomorphose.

De la conversation française.

> [...] *Ce n'est pas moi que j'ai voulu copier, c'est la nature, c'est le ton de la conversation en général que j'ai tâché de prendre : ce ton-là a plu extrêmement et plaît encore dans les autres pièces, comme singulier, je crois; mais mon dessein était qu'il plût comme naturel, et c'est peut-être parce qu'il l'est effectivement qu'on le croit singulier, et que, regardé comme tel, on me reproche d'en user toujours.*
>
> *Préface des* Serments indiscrets.

Le marivaudage n'est pas caractéristique d'une petite société plus ou moins excentrique et élitaire se donnant en spectacle les règles de son jeu raffiné, hétérogène à une « France réelle »; mais c'est le caractère français qui est exposé et façonné. Le prologue de *L'Ile de la raison* réfléchit expressément la conscience qu'en avait Marivaux; sa première scène fait dialoguer un Marquis et un Chevalier (« Ah! nous voilà d'accord! ») dans la perspective de la différence que les Français sentent entre leur style national et le caractère des autres. « Notre amour-propre n'en veut qu'à notre nation; celui de tous les étrangers n'en veut qu'à nous, et le nôtre ne favorise qu'eux. » Le ton de bonne société est modèle qui attire et conforme les autres, les sphères inférieures – serviles, rustiques, et provinciales – qui ne cessent de céder à son attirance.

Le héros marivaldien, s'il en est un, qui serait constitué des éléments de certaines Lisettes et Angéliques, de certains Dorantes et Merlins, héros du cœur qui parle (« ce sont des mouvements de cœur [...] et cela donne un air d'uniformité qui fait qu'on s'y trompe », *Les Serments indiscrets, ibid.*), de la sensibilité qui aura su intégrer aussi les valeurs, équivoques ou négatives, de préjugé, de soupçon, d'afféterie, toutes grossies et caricaturées qu'elles sont dans certaines comédies, héros qu'il nous faudrait composer *de toutes pièces* avec des éléments empruntés à tel Baron philosophe, mère amendée, Rosimond vaincu, Dorante marié, Lucidor loyal, prince expérimentateur, serviteur efficace et joyeux, ce héros offrirait-il un type culturel comme l'avaient été le Chevalier, le Gentilhomme, puis l'Honnête-Homme, et comme le seront, peut-être, plus tard le Citoyen, l'Intellectuel? Dans la population qu'il met en scène, il n'est pas de personnage qui écrase le reste et se distingue absolument des autres; la société est représentée dans le microcosme symbolique de la crise nuptiale, occasion de la mue du meilleur, et la prouesse, s'il en est une au milieu du XVIIIe et dans cette œuvre, est celle d'un prud'homme du mariage d'amour éprouvé, mais il vaudrait mieux dire d'une société familiale, de gens capables de la machination domestique – autrement dit de cet humour, de cette distance, de cette libre réflexion de leur monde et de leurs lois – qui transforme en engrenages les obstacles, en chaleur les inerties ou les freins, en ingrédients les tares, en ressort les levains de la ruine sociale; et il n'est pas jusqu'aux Petits-Maîtres, cousins des gitons et des libertins, ou aux gascons et hâbleurs, qui ne puissent être métamorphosés dans la machine à faire des amants, des parents, des amis, la mise en couples réglés des servants au grand cœur et des philosophes mêmes...

L'identification à un Maître du Jeu n'est pas favorisée, et l'interprétation « romantique[1] » ne peut se mettre sous la dent un modèle leurrant. Mais l'excellence est partagée; ce n'est pas sans travail, blessures et réformations, que toute une

1. René Girard, *Mensonge romantique et vérité romanesque, op. cit.*

société s'arrache à elle-même des valeurs exemplaires pour sa reproduction.

Le *parler français* est bon conducteur : néologisme et vivacité, circonlocution et circonvolution, élision et périphrase, loin de s'alambiquer ou de se charger pour se figer en préciosité démodable d'un style (« marivaudage » au mauvais sens) où s'illustrerait éphémèrement un subtilisateur de quintessences incompréhensibles et inutiles à la génération suivante, contribuaient à raffiner un état de la parole et de la langue où malgré l'ébahissement ou le mépris des pairs, s'éduquèrent des contemporains et des successeurs. Le public, ce fameux juge invoqué par Molière, ne s'y est pas trompé, quelque puissantes qu'aient été les cabales. Il s'y est entendu, et, comme toujours, a su faire du Moderne un Ancien.

Et qu'a-t-il entendu? La confiance aux échanges, à l'entretien naturel, à l'improvisation de son rôle amoureux pour une conscience véridique, qui, loin de placer la sincérité au sommet comme la vertu des vertus, la redoute plutôt comme le dogmatisme de l'idiosyncrasie; la fidélité éperdue à la parole échangée (après tout, à quoi d'autre est donc fidèle *La Femme fidèle?*), l'art de respecter les règles de l'indiscrétion et d'en jouer à la limite pour que le jeu ne verse pas dans la médisance dévastatrice indiquée par *La Commère,* s'en remettent à un milieu d'audience qui, quels que soient les *indices de réfraction* à travers les conditions et mentalités sociales, est plus isotrope que ses inégalités, plus translucide que ses opacités, et assure dans l'élément de la langue commune, la communication de l'amour – où la sincérité même, mirage de la transparence et de l'immédiateté, n'égare pas, ne dissipe, ni ne perd, ni ne trouble trop, une énergie qui se confond avec et se confie à un dire. Aucun mouvement de cœur d'aucun *être* qui n'ait assez d'objectivité pour être perçu, ou, comme on dit, percé, par les autres, compris d'emblée ou reconnu. Pas d'opacité définitive dans ce théâtre d'intersubjectivité et le secret est peu à peu partagé, parce qu'il est *a priori* le secret de tous, l'amour, confié à une langue qui est faite pour le langage amoureux.

Jusqu'à l'amour-propre, donc, en son discours entêté, qui ne soit aussi bien la marque du « caractère français »; de ce « quant-à-soi », d'étrange appellation, où se reconnaissent en s'y affrontant les sujets d'une société et d'une nation; la suffisance et l'humour qui se moque de sa vanité passent l'une dans l'autre comme le recto se retourne en son verso : « Je t'accuse d'être vain, tu en conviens; tu badines de ta propre vanité : il n'y a peut-être que le Français au monde capable de cela » (et la suite; cf. prologue de *L'Ile de la raison*).

L'esprit de réunion – dont l'Allégorie, il est vrai assez tiède, s'intitule *La Réunion des amours* – détermine ainsi la position de Marivaux dans cette *querelle des Anciens et des Modernes* qui, de la Pléiade à notre temps surréaliste et post-surréaliste, se reproduit à chaque génération, à chaque « école », pour reproduire le compromis, voire la synthèse dans la perspective de la dévolution de l'acquis culturel, où la lutte pour les enjeux symboliques, qui se symbolisent à leur tour dans le « graal » de la langue, fait rage. De quoi la fabulation chère à Marivaux et valant comme allégorie de l'ensemble se formule : réunion de la tendresse des Anciens et de la vitesse des Modernes.

Reprise.

Il voit le désordre, le risque de catastrophe sociale, la nouvelle complexion intraitable de l'humain, qu'il appelle amour-propre, et les injustices qui feraient du bonheur une exception. Et en même temps il voit le progrès moderne, la richesse des échanges en tout genre, le grand creuset social, le mouvement d'ascension qui attire le bon fonds de nature à la ville et le fait « parvenir »; le déclin où ce qui fut civilisateur comme la femme risque de s'abîmer, et le levain des novations, la splendeur du marché; le triomphe de l'argent mais le triomphe de l'amour; la multiplication agile de l'imposture, le dévergondage du langage, servile, trivelinesque ou médisant, de la sincérité même où la meilleure intention de véridicité se confond avec la vanité et où la vérité se neutralise dans son propre élément; mais la spiritualité de l'entretien français, la purification au feu de la conversation, la capacité de la langue, de la diversité sociale des langages et des dialogues où se transposent les affrontements, à l'emporter finalement sur les menées privées, les contradictions personnelles, pour établir la vérité des sentiments dans l'objectivité de la reconnaissance publique. Il trouve dans l'ancien et le traditionnel la ressource pour que le moderne ne soit pas une perte; il va chercher la nature dans l'utopie pour que la culture en reproduise à nouveaux frais le meilleur. Il prend le risque de faire régner le jeu des apparences où la simulation dissimulante brouille la différence de l'être au paraître, pour rétablir le régime de la bonne expressivité où les différents registres d'expression conspirent à la manifestation du vrai.

Au lieu de conceptions, de traités philosophiques comme le siècle en fourmillera, il invente des êtres fictifs, des personnages soit romanesques à longue vie, soit de théâtre pour un moment de crise reconstituable en une soirée. Vont-ils être heureux? Qu'y a-t-il de bon, qu'y a-t-il de mauvais en conflit, et ces natures plus affrontées les unes aux autres qu'ensemble à des conditions autres que psychologiques, car l'objectivité de l'obstacle en général, c'est précisément la subjectivité, comment vont-elles s'en sortir, s'harmoniser : c'est une expérience pour lui aussi, l'auteur : on va voir.

La catastrophe menace : la méprise de l'amour, le rets des injustices, la demi-servitude des affranchis qui peut tourner au malheur, et les ruses intéressées de caractères vils, malléables, qui, sans foncière méchanceté, voudraient une vie de métamorphoses à succès sans destination morale, c'est-à-dire sans amour.

Les *choses* qui sont représentées, allégorisées souvent, figurants en demi-teinte sur la scène et dans les phrases sont comme des dieux qui passent encore en interjections : la cérémonie est à peu de composantes au salon. Nulle thèse religieuse, métaphysique ou politique, pas de programme d'éducation ou de contrat social ou de linguistique. La fable de la réforme est celle de l'amour. Les mœurs sont amendables. Le pire peut être évité. Ce qui menace la « nature humaine » au cœur s'appelle l'amour-propre. *Il y a péril en la demeure* – à conjurer par le péril c'est-à-dire l'épreuve[1]; en mimant et minimisant la catastrophe, par une acrobatique culbute contrôlée où Arlequin nous entraîne; on roule et tout se redresse, dans la comédie, l'échappée belle. Ce qui est en cause est à la mesure du se-parler, du s'entredire. L'interlocution est salvatrice, le secret sera conduit à la déclaration, les paroles vraies seront échangées, l'amour conduit à bon port. Et la différence des langages où se figure la hiérarchie sociale retrempera la tendresse.

Parfois, c'est *La Dispute,* « nous n'avons pas sujet de nous réjouir », parce que la catastrophe fut initiale; mais c'était un divertissement, une sorte de bal, et la sagesse des Princes et des éducateurs met fin à une expérimentation qui, après tout, veut aussi dire qu'on ne peut pas réassister à l'origine. Cependant la sensualité est bonne, éveilleuse d'esprit, et l'amitié est contemporaine de la genèse.

Il essaie plusieurs questions et solutions. Du genre : « Et si ça avait été comme cela? ». Ou du genre *utopique :* reconstitution de l'avenir! Entraînant au passage un mythe : « Ça a dû se passer comme ça autrefois », quand les femmes, par exemple, étaient civilisatrices. Ça pourrait se redonner de cette impossible manière, et nous guéririons tous! Mais, bien entendu, nous ne guéririons pas tous : la différence entre les *utopies* et les autres pièces, c'est que dans celles-là le salut est collectif, dans celles-ci personnel, par l'amour.

Il veut tout comprendre, curieux, mais sans théorie. Il croit qu'en « spectateur » ou *indigent* philosophe, on peut *observer* le mouvement; dans la rue, par exemple. Ce qui suppose un point de vue, archimédique, en retrait, que la langue offre; mais que celui-ci soit constamment transporté,

1. *Periculum :* essai, épreuve.

en mouvement sur un axe parallèle : composition de deux mouvements qui permet de voir les hommes; les entendre parler, c'est les connaître; on peut percevoir les vestiges de l'archaïque, la nature ou première culture, qui perce comme un printemps sous la neige; qui va se montrer encore, sans livres, à la « naïveté ». Comme les hommes de son temps il croit en effet que l'origine n'est pas trop éloignée; que la mesure à prendre est courte, l'écart *chronologique* pas démesuré; il n'y a pas si longtemps que toute l'histoire a commencé; on peut simuler un scénario d'origine, si l'origine fut de l'ordre de la représentation; le théâtre ne la dénature pas. On va voir ce qui s'est passé; se repasse, se passera : Pygmalion de ses automates, Églé ou Mesrin, on va voir où nous emmènent ces créations, pour notre surprise. Parfois il faut arrêter la représentation; parfois il faut la provoquer, de bonne foi, pour clore la dispute.

L'amour fera même oublier ses mauvais procédés, amnistier ses ruses. *Le Triomphe de l'amour* n'est pas si différent des *Fausses Confidences :* la passion excuse tout. Le théâtre fait partie de la vie comme celle qui montre le tout et qui se rejoue comme le tout pour le tout.

Le régime général de l'expressivité est ce qui permet de faire l'économie des *verba expressa.* La niaiserie des Blaises, qui, pareils à des étrangers, ne comprennent pas ce qu'on veut leur signifier sans le dire, et se font répéter, freinant l'entente à demi-mots et la vitesse de la connivence, pareils à des agnosiques du discours qui seraient privés de *rhétorique,* de la réticence, de l'aposiopèse, de la litote, de la syncope, et en général des sous-entendus par polysémie, et de tout l'art du dire en moins, ou en trop, pour dire sans dire, cette niaiserie est aussi la réplique caricaturale du refus de jouer le jeu d'amants qui dénient d'entendre ce qu'on ne leur dit pas pour qu'ils l'aient entendu, ou à qui l'un voudrait faire dire ce qu'il désire entendre pour avoir l'air de seulement répondre à ce qui aurait été sous-entendu par l'autre qu'est chacun. Il y a, par l'échange des discours, possibilité pour faire semblant de ne pas avoir entendu ce qui n'a pas été dit. « J'oublierais le français, moi », s'il fallait tout dire... Plutôt : je ne l'aurais jamais su.

Éduquer Arlequin, Églé, Lucidor! Les éduquer à ce jeu de l'implicite partagé, de l'entente par prétérition qui permet à chacun de se (sup)porter en position d'objet du désir qui répond plutôt qu'en sujet de désir, initiateur impudent, et en tout cas d'éviter l'échec d'être refusé; à ne pas dire pour dire, dans l'entente où chacun peut feindre de s'en tenir à l'énoncé strict et à la lettre des propos – ce qui fait deux restrictions, puisque l'énoncé recouvre une infinité de formulations plus hardies, et que la littéralité euphémise – assuré que tout le sous-entendu, le non-dit, est compris des sujets de même langue, interlocuteurs *français*, pour traiter l'affaire par le présupposé, traducteurs rapides du proprement dit en son implicite, laissés libres de feindre de ne pas comprendre, ce qui permet aux autres, domestiques et public du théâtre, de les manœuvrer « malgré eux » pour marier leurs désirs malgré leurs volontés. Que le lecteur soit *auditeur* favorise le commerce entre un écrivain et ses destinataires.

Éduquer Arlequin, Lucidor, Églé; même leçon de rhétorique. De la vérité, *cela va sans dire,* repose sur les règles d'entente interlocutionnaire qui permettent de la taire pour la faire advenir; ce qu'ignore la véridicité grossière des niais et des « véridiques ». « Ce n'est pas moi qui l'ai dit » – c'est vous, c'est eux, et ainsi nous y serons soumis, comme à un oracle, évitant un monde où la vérité ne serait que celle de chacun.

Mais ce jeu trop raffiné du tacite, cette cache où s'abrite la pudeur du vrai que les professions ou confessions offusquent, risque de trop dissimuler la vérité et de profiter à l'espèce des fourbes inverses de Tartuffe, ces souples Protées du consentement, ceux qui sont toujours d'accord. Et il s'agit bien d'éduquer les simples à la rhétorique de leur langue, c'est-à-dire à l'allusion, à la réserve, au retrait, à l'absence, à la négativité et à l'altérité en général – ce qu'enseigne Carise à sa façon en disant à Églé qu'il convient de ne plus se voir pour se revoir; il faut, pour qu'il n'y ait pas que du *subterfuge* et pour que le négatif puisse jouer à plein son rôle de manque, il faut maintenir la différence entre le jeu et le sérieux, entre le complexe et le simple, le mensonge et la vérité, de même que pour dire que « la vie est un (men) songe », il faut sauver la différence entre la vie et le songe, le tout et la partie qui dit le tout; et pour dire que tout est fausseté, il faut sauver la vérité. Tout est masque et apparence? Alors c'est qu'il y a de l'être qui transparaît, un point de patence, de déclaration, une preuve, un aveu, du manifeste, il faut saturer l'être et le paraître dans le rassemblement d'un *oui,* et qu'à un moment votre parole soit oui-oui, ou non-non.

Il est besoin d'une différence, celle de l'apparence à l'être, pour la quête d'identité. Or cette abstraction mentionnée ainsi ne commande aucun régime simple et clair de la relation des deux. C'est dans le paraître que viennent se mêler et se distinguer l'apparence et l'être : les signes de l'apparition de l'être, de la vraisemblance de la réalité, et ceux de l'apparence équivoque et de la faux-semblance, passent les uns dans les autres, luttent et s'échangent, et les situations concrètes, historiquement déterminées, intéressent des domaines ontiques si divers et si indivis qu'il est difficile de ramener à des règles claires, pour une époque donnée de culture, le jeu de l'apparition.

Si, par exemple, comme Bertrand d'Astorg nous le rappelle dans son récent essai[1] en nous reconduisant à des œuvres fameuses presque retirées de notre culture, « les armures chez Le Tasse et Arioste sont parlantes », tandis que ce qui se dissimule à la faveur de ce masque c'est « l'identité de l'autre en tant que la chose du monde la moins bien partagée dont le regard n'est rencontré qu'à travers une visière baissée, indéchiffrable comme celui qui filtre à travers une " jalousie " » (p. 205), voici que dans ce théâtre du XVIIIe siècle, c'est le visage qui est devenu cette armure dans le combat

1. *Les Noces orientales* (Le Seuil, 1980).

d'amour, lieu d'affleurement de l'être sans doute, mais trop vivant, mouvementé, pour offrir des signes univoques aussi fermement lisibles que les motifs de la tunique, de l'écu, du cimier, et donc aussi bien lieu où l'être a du mal à ne pas disparaître, étiage dont il peut se retirer, parfois malgré lui, et qui doit concourir, lutter, avec ce déguisement contrariant qu'offre par exemple dans le cas du Dorante du *Jeu,* une livrée qui livre le faux, en s'aidant de paroles qui, congrues aux traits du visage, à la physionomie et à ses expressions – car il y a un destin anatomique du visage et une mobilité de ses mines, qui peuvent s'additionner ou se soustraire –, doivent alerter l'autre sur l'être véridique qui se dissimule tout en cherchant à transparaître, qui se cache pour paraître, cependant que les paroles mêmes se sont donné comme loi de ne pas dire la vérité de leur sujet, mais de retarder l'échéance de celle-ci ! Peut-être pouvons-nous nous demander si un régime de correspondance traditionnelle entre être et paraître ne s'est pas inversé dans la mesure où à un mode de leur ajointement (caractérisé par le fait que l'être est imaginé « en arrière » : fond en retrait, sous-jacence substantielle; et l'apparence en « avant » : superficialité obvie, manifeste de l'expression) succède dans la lice de l'amour mondain où il faut et séduire promptement et ne pas se tromper dans la joute qui se risque à faire triompher le vrai et le juste sur le terrain même qui est celui, bien connu, de la fausseté, de la ruse, de l'errance, succède, donc, une relation, un ajustement, j'allais dire une feuillure des deux, telle qu'il s'agit maintenant pour un amant, ou pour un être qui veut paraître et séduire en paraissant, de *ressembler à son visage.* Circonstance que nous comprenons bien, tant elle nous est devenue familière, exagérée par le régime moderne de l'apparition sociale et des modes de sa mode, où une typologie publicitaire, inlassable et impérieuse, des visages et du corps prescrit aux êtres jeunes, déboulant sur le marché de l'amour sous les grands modèles planétaires des *stars* et de tous les figurants du système, les manières psychologiques, sociales, vestimentaires..., le *style,* comme nous disons, qui les feront reconnaître comme étant quelqu'un. Chez Le Tasse les masques ne tombent que dans la mort; B. d'Astorg écrit, commentant le combat de Tancrède et de Clorinde : « Ainsi s'achève dans le sublime, le mystère du travestissement par l'armure qui égare les coups et les regards pour mieux protéger le secret de l'être; mais il figure aussi l'ignorance cruelle que nous avons de l'autre, l'incertitude profonde où nous sommes dans nos relations apparentes » (p. 219). Chez Marivaux ils tombent dans l'amour.

La discrépance du visage et de l'habit – mais qui peut repasser à l'intérieur du visage comme discord entre une anatomie et un sentiment, que le fard, masque subtil, doit arranger, et, j'allais dire, ainsi de suite à l'infini du détail – ou de l'allure et des signes d'une condition sociale qui peut être empruntée ou modifiée, ou du langage et de telle zone du paraître, dissonance qui peut repasser à l'intérieur du langage – par exemple entre son feu et sa maladresse, sa sincérité et son débit, puisque la scissiparité de l'être et de ses apparences se reproduit à « l'infini », se rejouant à tout phénomène, et fait subir à *l'air* en général par exemple, mais on pourrait prendre n'importe quel autre mot, le sort équivoque d'être tantôt ce qui révèle tantôt ce qui recouvre, font la condition de *l'épreuve* en général. La situation est pareille à celle d'un prisonnier sur parole, ou qui serait à la fois prisonnier d'un lieu et de sa parole et qui voudrait communiquer à travers les murs, les barreaux (les vêtements, les yeux, toute l'apparence de l'apparition) par messages chiffrés qui fassent deviner à l'autre, désiré – avec qui il s'agit d'entrer en communication et en sympathie jusqu'à *l'être,* le code même qui lui permette d'entendre le cryptage, n'ayant pas le droit de parler en clair à la fois parce qu'il se l'interdit et parce que la convention le prohibe : tu ne te tromperas pas au piège de mon demi-travestissement, où l'être se désengonce à moitié du paraître parce qu'il y a toujours autant de transparence que d'occultation, réparties selon les registres de la phénoménalité d'un individu, et peut l'envahir, le reconquérir à son profit tout entier, pour peu que tu m'y aides, et rétablisses les apparences vraies qui te conduiront jusqu'à lui. Puzzle à deux, d'abord dans les partitions diverses de l'apparition réciproque, si je puis dire, où chacun tâtonne l'autre, les registres du « se plaire » aux mots, aux timbres, aux regards, de l'autre : condition symbolique de l'amour – pourvu que chacun, bien sûr, veuille s'avouer, à un moment de vérité, que c'est bien cela qu'il cherche, et qu'il ne se soit pas retiré de la Quête elle-même, et pourvu qu'il ne s'agisse pas de mourir ensemble grâce à l'unisson *in extremis* des âmes ayant dépouillé les armures et les corps qui se doublent, mais de vivre ensemble – et jusqu'à la scène d'amour à l'horizon du désir, mais qu'il faut taire, où les corps se dévêtent, et où comme le sein dégagé de l'armure blessée révèle chez Le Tasse l'identité sexuée de l'autre, les nudités apparaîtront et devront tenir la promesse des pommettes ou des poignets, des sourires et des chevilles, et les sexes se conjoindre effectivement, « consommation » dans le secret qui est celui de tous, et qui est aussi bien le celé et le signifié, le tu et l'arrière-pensée, l'interdit et le décisif.

Expressivité, suite et fin.

Et cette reconnaissance de l'amour en scène, plus immédiate encore que rapide, donne le ton de la promptitude générale, de l'expédition des scènes, des répliques, si remarquable dans le style du siècle et au théâtre, de Marivaux en particulier, en système contrasté avec l'hésitation centrale, l'oscillation à la fois frémissante et entravée, l'indécision « d'amants » qui pour la première fois, peut-être, de leur vie habituée au tranchant – tranchant des regards, des jugements, qui ressortissent et à leur condition de maître et à la métaphysique de l'intuition –, la première fois donc peut-être que, surpris par la surprise, ils s'arrêtent, ne savent pas, tournent en rond, et, dans la fièvre de la vitesse empêchée, piétinent – allées et venues, ondes stationnaires entrechoquées, portes qui battent, retours aussi hâtifs que les départs, scènes qui se succèdent à ce rythme qui est la résultante de la vitesse acquise par l'éducation et de l'inertie d'un obstacle imprévu. Où est ce qui m'empêche? hors de moi? en moi? où suis-je? qui suis-je devenu? On sent mais on ne voit pas, cette force, cette entrave; ni distance, ni maladie, ni argent; ni quoi, mais elle paraît « en mots », semble tenir à la liberté diserte de l'autre, insister dans ces remous de paroles, dans l'interruption réciproque. Rythme de la pièce marivaldienne – où la coupure des scènes compte plus que celle des actes : 20 pièces « en 1 acte » sur les 34 considérées; et au reste, « en 1 acte » dit moins que « en 18 scènes »; et les en 3 actes sont plutôt des en 41 scènes (c'est le compte de *L'Heureux Stratagème,* par exemple), et la seule « pièce en 5 actes » est une séquence de 47 scènes; et la mise en scène moderne fait durer l'acte en 20 scènes de *La Dispute* autant qu'une tragédie en 5 actes – cette fugue, cette bourrasque, cet agrandissement d'une zone de vents contraires inconnue avant, avant que l'existence expéditive ne reprenne son cours dans la maison remise à son amure quand l'affaire de mariage qui en changea le rythme, par face à face des visages, des miroirs, des images, aura pris fin; et déjà la dernière scène, impatiente, invraisemblablement rapide, est comme de gens qui remonteraient dans le train (le carrosse) tout en parlant, parce que c'est l'heure, adieu, finissons-en... La première surprise hésite, débouche dans un laps inconnu, ils en sont étonnés, de ne plus procéder par ordres obéis, désirs exécutés, mouvements escortés et prévenus, ententes à mots rapides, relais des consentements à demi-mots... Voici que quelque chose résiste; quelle « confusion d'idées » dit Lucile; qui suis-je?

Donc la physiognomonie de la reconnaissance instantanée, assurée sur des signes, qui ne sont pas tant pris pour des signes que pour la chose même, beauté-esprit-véridicité; cette prosopognosie, voici qu'un événement vient en inquiéter la simplicité : produit par l'amour, mais qui reflue contre l'amour, et vient le diviser contre lui-même, scinder l'assurance intuitive; on ne s'engage pas vers un époux comme on engage un intendant; l'être-paraître, l'être en régime d'apparition, se brouille, se trouble. Il faudra le temps que l'épreuve ressoude, réunisse ceux qui se méfiaient de s'être distingués, jusqu'à la reconnaissance finale, vérification faite, déduction et intuition réconciliées, refondues dans la certitude du cœur : fin de la méditation [1]. Les choses reprennent leur cours côte à côte, on parlera d'autre chose que de l'amour, ou de l'amour en général... Mais qu'est-ce que cette reconnaissance; qu'est-ce qui est reconnu? Ce qu'on appela récemment la *Gestalt* [2], est-ce le même, le même que l'*eidos* [3] des Grecs, le même que la beauté?

Ce qui saute-aux-yeux, et aux oreilles et à « tous les sens », puisqu'ils n'existent pas séparément : la semblance ressemblante (ressemblant à la semblance; reconnaissable), cherchons à en reparler, par la négative; à la circonscrire. Patiemment, en nous demandant quel serait son autre : non pas de laideur donc, mais de manque de figure. Le « monstrueux »? Comment se fait-il qu'au millimètre près tout regard saisisse l'anormal, la dé-figuration minime des traits, soit d'un visage connu, soit d'un inconnu, par rapport à quelle norme de l'Aspect? Le monstrueux, c'est quand il n'y a pas de figure, pas de face à face; et je ne parle pas maintenant de la difficulté d'identifier une beauté, de reconnaître un aspect, modifié ou dé-modé parce que les canons viennent de changer, ou qu'ils ne sont pas les mêmes ici ou là, comme dans le cas de la non-figurativité de tel art contemporain, mais du monstrueux : qu'est-ce qui *paraît* dans l'avoir-de-la-physionomie, la belle-figure-bonne-mine? Il s'agit du rassemblant, du faire-apparition de ce-qui-tient-ensemble la semblance et la fait se ressembler – dans l'*inspect* de l'aspect et qui fait que la laideur peut être « belle » – dont se distingue le « mons-

1. Fréquentatif de *mederi* : « donner ses soins à ».

2. Goethe : « me ravit ta belle forme » « mir reißt deine schöne Gestalt » – mais je fais allusion à la *Gestalttheorie*.

3. *Eidos* : aspect, forme, chez Homère; et en composition verbale : apparaître, sembler se donner l'apparence de, ressembler.

trueux ». Comme si l'unité, mais non abstraite, qui fait affluer la semblance dans sa ressemblance était perceptible en face, « visage », à « l'œuvre » dans l'œuvre de l'unification d'un divers, des mille aspects de l'aspect; « mobilité » des traits où elle se recueille à tout instant; levain unifiant de la modification, autre que toute partie isolable, et qu'en effet détaille le regard qui la parcourt, *idée* non *séparée :* l'esthétique de Marivaux agrémentée de son « je-ne-sais-quoi » se rattache à la tradition platonicienne de l'apparition. Le *je-ne-sais-quoi* ou charme, indéterminable (pas abstrayable), est une réponse à l'inquiète question de l'unité du divers, dans la tradition « métaphysique ». La question de l'expressivité s'y enracine : question de ce qui tient ensemble, homologiquement, les différents registres, originairement disjoints du même, de ce qui apparaît multiplement, par exemple dans la différence des « yeux », de la mine, des gestes, des paroles, de la conduite, etc. Dans le tout harmonieux, il y a des éléments isolables et analysables les uns après les autres, décomposables à l'infini mais sans que se décompose la composition. L'analyse peut se poursuivre parce que l'être-un de l'analysable, sa finition, repasse dans ses composants, pouvant arrêter l'inspection, retenir l'*inspect*[1]. Il y a partout jointure, et spécialement aux jointures, d'un tout et de son unidiversification, univers; symphyse, ajointement, articulation délicate, attache fine, déliée, mince, menuisée. Le fin du fin (mot) du fini est la fin.

La promesse que doit tenir le *sensible,* c'est que l'ajustement de sa diversité soit expressif en ceci qu'il figure la différence du sensible au non-sensible dans toutes ses différenciations à lui, le sensible.

Ainsi, l'illimitation, la non-finition, la grossièreté de la jointure, paraît en contradiction avec ce que par ailleurs on pense savoir de quelqu'un; il devrait être bon, avec cette beauté! Ou : il devrait être beau avec cette bonté. La déception en place de la séduction est horrible.

1. *Inspect* fut proposé par P. Leyris pour traduire l'*insight* de G. M. Hopkins.

A l'égard du fini, il y a reconnaissance – dans les deux sens de l'identification et de la gratitude; ainsi pour le mot lui-même – ici reconnaissance – y a-t-il unité de sens en ce que celle-ci, non séparable – car il y faudrait un mot! – se soustrait dans l'unification des divers sens du mot qui le diversifient, le démultiplient, voire en sens contradictoires – dans le dédoublement en « propre et figuré », qui reproduit pour le mot entendu lui-même quelque chose comme la dualité sensible-intelligible.

Questions : Qu'en est-il pour l'oreille, de cette semblance reconnaissable? qu'est-ce que l'euphonie; la *Gestalt* de, et dans, la langue : la beauté des paroles. Cela ne peut pas intéresser que l'oreille, qui n'existe pas à part; mais il y a reconnaissance de la langue dans mon corps, dans mon corps maternel. Pourquoi en effet nous arrive-t-il souvent de dire oui, sans réflexion, à telle formule, tel titre, qu'on nous donne à admirer? Qu'est-ce que j'ai reconnu là, immédiatement – avant de m'apercevoir que le contenu, la deuxième signification, à deuxième entente, pouvait ne pas convenir : car il y a le premier signifié qui est la grâce prévenante du signifiant, la chair d'une signifiance où la mémoire reconnaît d'abord ce qu'elle aime entendre – quitte à y revenir.

Ce qui saute aux oreilles, *eidos* de la langue (est-ce cette euphonie que Baudelaire caractérise comme « l'élastique ondulation du beau poème lyrique ennemi de la saccade »?), demande à être perçu comme un visible; c'est à quoi s'attend un lecteur, le désir d'imaginer d'un lecteur.

Qu'est-ce en général que l'expressivité sinon (la croyance en) une transparence de la nature dans les signes de l'apparence culturelle, qui peuvent fonctionner à vide et tromper par simulation, ou, confirmés par leurs multiples recoupements, dégorger de vraisemblance?

L'être et le paraître peuvent ou se séparer si abyssalement, ou se substituer équivoquement, ou se confondre en un point de tangence si dangereusement qu'il faut une épreuve pour les reséparer *expressément* de manière à reménager leur correspondance *expressive*... L'Épreuve est l'épreuve de la correspondance du paraître à l'être plus forte même que sa simulation réussie, que son « imitation ». Le marivaudage serait l'expérience de cette expressivité en général qui doit déjouer sa contrefaçon, surfaire et vaincre son propre code; stratégie qui répond aux divers modes du secret. Il fait communiquer par de retors vases communicants, qui ont eux-mêmes le statut de réfringence ou de translucidité de la *confidence,* les côtés qui cherchent la séparation. Il fait entendre ce qui doit être entendu dans ce qui ne peut pas l'être. Quels côtés? Au plan social, il s'oppose au divorce du privé (du plaisir) et de l'ordre institué (retombant à sa séparation, l'un s'appellerait le mal, l'autre les apparences); et au plan psychologique il s'oppose à la grossièreté de la *sincérité* comme aux interdits de *l'amour-propre.* Le double jeu, la double entente du discours marivaldien contrarie la séparation entre les convenances du convenable et la subversion dissimulée. Sa sphère est la domestique et cette mondanité qui refuse la doublure im-monde où s'est jurée la perte de la vertu sous le maintien insoupçonnable du paraître vertueux. Car le secret fragile du complot amoureux est fait pour être incessamment découvert, et les valets marivaldiens sont faits pour *ne pas* garder le secret. Le double jeu des demi-mots fraye le *passage secret* au bon secret (dicible, exposable) de la correspondance de l'être et du paraître qui a nom « amour ».

Physiognomonie, prosopognosie... Le phénomène érotique, dans l'élément duquel en général le tout de l'œuvre marivaldienne se meut, est de l'ordre de la rencontre; de l'immédiat donné de ce qui saute-aux-yeux; de la forme; de la « participation » de l'idée tenant le paraissant rassemblé : la beauté peut n'être pas belle; l'essentiel est cette tenue et maintenance; qu'il n'y ait pas séparation, chaos. Et la *vérité* même est ce qu'on espère *rencontrer;* la première pièce de Marivaux est une rencontre de la vérité. Dialogue de « l'amour et de la vérité ».

Qu'est-ce qui fait donc défaut dans le « monstrueux »? Ça ne prend pas; l'un, qui n'est pas une partie donnée à part, ne se montre pas comme tenue de la diversité. Ça part dans tous les sens. Comme s'il n'y avait pas de point juste où se tenir pour la vue d'où une vue se montre; et voici qu'alors le dessaisissement, cette déprise qui serait en quelque sorte le contraire de la surprise, intéresse tout le corps : on le voit trembler, mimer la catastrophe de la défection du visage qui s'est défait, de tout le corps « tremblant de tous ses membres », embarqué dans cette décomposition, reproduisant ce défaut, et « perdant connaissance »...

Imaginer, c'est se représenter quelque chose qui serait *comme* ce que les mots présenteraient s'ils pouvaient rendre présent. Mais ce n'est pas leur pouvoir – qui est plutôt de laisser imaginer quelque chose de tel. N'est-ce pas là la première insertion du *comme* dans notre corps? Si je rencontrais ce dont ces mots me parlent, je reconnaîtrais ce qu'ils me disent – ce serait beau; et ainsi je les comprends par rapport à la beauté que j'imagine « sur leur modèle » (Pascal). Les mots me parlent de ces choses-là – et aussi de ce qui ne peut pas se rencontrer mais qui est comme ce qui pourrait ressembler : deuxième puissance du comme.

Ainsi la bonne-forme vocable, dans le dire, la bonne conformation du dire lui-même dans le dit, cette euphonie du poème répond à la demande d'un lecteur – demande de reconnaissance : la conformité de l'imaginable avec ce qui est dit, elle-même garantie par la conformation ou reconnaissabilité de sa langue maternelle pour un sujet.

Peut-on décevoir cette double demande de dicibilité et de visibilité? C'est une autre affaire (qui intéresse l'art contemporain, nous n'en parlons pas). Mais comment dire le changement par rapport à la culture d'un siècle, le « dix-huitième », dont nous parlons encore la langue et les langages, manipulons les signes dans tous les sens, avons hérité des représentations, et transformons sans cesse les images en images d'images et reproductions pour notre décor, éloignant et conservant cette culture? Qu'est-il advenu de la grande opposition du XVIIIe siècle, « être/paraître », qui mise en scène à la mesure et à l'échelle de l'existence psychique individuelle, s'inquiétait du « paraître son être » et de l'« être son paraître » dans le moment d'apparition de l'être, fragile et menacée, mauvaise séparation si l'apparence peut profiter de la confiance des hommes en la nécessité pour l'être d'apparaître « ce qu'il est ». Dirons-nous qu'être et paraître se disjoignent abyssalement – au point qu'un étrange chassé-croisé inverse leur relation aujourd'hui? Si l'être est inapparaissant, peut-être inapparaissable (et l'insouciance à l'égard de l'être peut en passer pour un signe), les valeurs attachées à l'être refluent sur l'apparence, à la fois idolâtrée et précaire, excessivement; l'intérêt et le travail humains, dans l'affairement idéologique et économique, s'emploient à sauvegarder l'apparaître dans ses formes anciennes, de plus en plus précieuses, tandis que l'être, au sens de la réalité du réel, se coupe indéfiniment de la représentation, de la figuration, sans être pour autant pris en charge par la pensée. Disons d'une manière imagée : l'Être disparaît du côté des coulisses irreprésentables de la représentation, où les pilotis et le pilotage de la Boîte Noire qui nous gouverne (« cybernétique ») échappant à l'analogie, appartiennent à la Technique nullement entendue comme « une époque de l'Être [1] »; tandis que la technologie produit l'apparence : l'apparition (figure, beauté, traditions, ressemblance du monde avec son ancienne semblance) est devenue la valeur absolue, le sans-prix, comme l'atteste le caractère hors de prix des loisirs en général – et donc a pris la place de l'Être.

Quand la différence être-paraître n'excédait pas la mesure de pensée du langage, leur ajustement relevait de manifestation telle que la vérité en paroles, sur le fond d'une croyance dans la possibilité de faire (res)sembler le paraître et l'être à l'expressivité en général; – opération difficile mais telle

1. On sait que pour Heidegger le terme de *technique* ne désigne pas le champ d'application de la Science, en corrélation avec l'industrie, mais nomme « l'étantité » *(Seiendheit)* où nous en sommes parce qu'elle dispose de notre être, comme le mode d'être de l'étant dans sa figure essentielle faisant époque. Si ce-qui-est-à-penser *(das Zudenkende)* est appelé l'être *(was heißt denken)*, alors le « nous ne pensons pas encore » nous rappelle que « le règne de la technique » caractérise un temps comme celui du « trop tôt pour l'être ».

que, par exemple, la « conversion » personnelle en pouvait passer pour un analogon. Pour nous : l'être est reparti dans le « sans-fond »; la réalité du réel s'abîme et avec elle la pensée de la différence entre cette détermination métaphysique et la différence ontologique; et à la place s'installe la maîtrise scientifique de l'irreprésentable, tandis que les valeurs attachées à l'être refluent sur l'apparaître-apparence, comme si l'homme n'était plus la mesure de la (dis)proportion entre être et paraître.

Changement difficile à saisir! Du marxisme, on a pu dire qu'il aura été une ultime version de la métaphysique : le travail humain produisant le réel, la force-de-travail ou subjectivité était origine et cause pour le « spectacle du monde », et rien d'humain ne pouvait, ne devait, être en fin de compte étranger à l'homme. Ce n'étaient pas encore les gènes et les microbidules hétérogènes, les ultimes « boîtes noires » irreprésentables qui produisaient les choses « telles qu'elles sont »; ce qui avait statut d'encore inconnu du côté de la matière demandait à être reconnu : comme au théâtre.

Nous étions au théâtre...

Moment de crise, d'étourdissement, où des choses se défont et quelque chose se fait en échange... Un nouvel équilibre?

Il y aurait eu sur la scène, sur cette scène de théâtre, à la fois en dehors et en dedans du réel social, symboliquement extraterritoriale comme une ambassade et extratemporelle comme une fête, il y aurait eu en raccourci (loi des unités) et en tautégorie (transposition du même dans la fable vraisemblable), représentation d'une crise anthropologique, d'une phase d'anthropomorphose occidentale. Rêve éveillé, construit avec les lois du rêve (déplacement, condensation) et tel qu'il y faut des générations interprétantes. Je veux dire, la succession des lectures et des mises en scène plus ou moins continûment selon le relais de ce qu'on appelle la culture, pour savoir « qu'est-ce-qui-a-bien-pu-se-passer », et qu'est-ce qui continue à se passer, puisque ces grandes images de vraisemblance nous aident à interpréter nos vérités. Quelle rééquilibration entre des choses qui se desserrent et une qui s'aggrave. D'un côté, un relâchement des rapports de subordination des enfants aux parents, des serviteurs aux maîtres; un élargissement, une sorte d'affranchissement, une égalisation : compensés par la tendre allusion au pacte d'humanité. Et puis une désacralisation, je l'ai noté; nulle autre référence à la mémoire de la divinité que par interjections, échos d'anciens jugements, superstitions affaiblies, et dans l'espace alors dégagé par les dieux et la religion tatillonne, quelle dynastie? Le règne de l'amour, la loi d'aimer, son culte et ses codes, l'obligation de sacrifier l'amour-propre, cette tare de l'émancipation, à l'amour et de subjuguer l'errance du désir à la fatalité de l'amour libre.

Et encore? Un voile supplémentaire sur le secret de la mort? Si la valeur d'usage de la mort consiste en la valeur d'échange des paroles de mort (menaces, chantages, prières...) l'inflation de celles-ci force un cours rhétorique, d'allusions et d'hyperboles, qui les dévalue; mais qu'il y aille « de ma vie » dans cette audace d'arracher l'autre en lui promettant le bonheur, si toute affaire d'amour est enlèvement, cela vient gager la véridicité, garantir la transparence de l'échange, pour autant qu'il y va des intentions, la non-duperie du marché, la sincérité des volontés, la gravité du jeu de hasard auquel joue l'amour qui parie sans tricher et croit à l'infini du gain possible.

Émancipation, mais fraternisation. Désacralisation mais « triomphe du destin » d'amour profane que vient annoncer une nouvelle génération de princes; démortification mais aggravation de la responsabilité des promesses du désir; c'est le mariage, surdéterminé, qui polarise et recentre des valeurs en déshérence, qui accroît sa symbolisation.

Qu'arrive-t-il en cette soirée de la comédie de l'amour, clairière traversée d'éclaircies?

Alternance et phase des menus discords et de la montée du désir, tourbillon d'excitation et de désagréments, dont une mise en scène montrerait la torsade en faisant tournoyer plus ou moins vite les personnages en satellites dangereux les uns des autres, de ce mouvement dont la caméra de Jancsó entoure, enveloppe, ses acteurs.

Je songeais qu'étrangement, pour peu que nous nous mettions à la place psychique des personnages, comme s'ils existaient, nous devions comprendre – nous rappeler – que c'est dans le déplaisir qu'ils vivent plutôt cette histoire de retards et d'anticipations cherchant la résonance, cette histoire que des comédiens maintenant représentent parce que leur être « paradoxal » s'accorde au jeu de l'amour et du hasard qui fait de son sujet un être désassuré de soi, en représentation.

Les « mouvements du cœur », au gré des humeurs contrariées par leur effort pour se connaître, ont pour résultante à chaque scène l'irritation des psychés qui s'abordent et se blessent. Le contretemps est leur temps commun tâtonnant vers l'harmonie. Dans leur contemporanéité, la simultanéité reste à faire, prouesse amoureuse.

Il faut se rendre à l'évidence : combien sont *peu malheureux* (ni heureux, ni malheureux) les désirants, les promis, de cette soirée changeante qui pour s'unir se déprennent, se font un peu de bien, un peu de mal, à mi-voyance. L'incertitude, l'altercation, le jeu de la divination réciproque, démentie, confirmée, la douceur et la tempête du trouble où leur épuisement à s'en faire état à contre-humeurs se hâte à frayer une solution, quel tumulte, où brèves ruptures réparables et fragiles vibrations communes – sur le modèle peu assuré, inavouable, de la jouissance conjointe, espérée, différée – se succèdent très vite; quelle impatience dans la composition de l'effrénement et du frein, qui a à cœur, c'est la loi du faire-l'amour, de « s'exprimer », par toutes les figures de la substitution, de la confidence en général où le secret du cœur cherche à s'entendre dire, qui représentent et remplacent, c'est le style du cœur : synecdoques et symboles, euphémismes et allusions, litotes et équivoques, qui font du langage, du discours amoureux, une surface miroitante, un jeu du portrait et des gages, parmi les miroirs et les médaillons.

Il y a un lien du désir à la figure, à la métamorphose, et un lien à l'amour et à sa soif de constance. Reconsidérons cette contradiction.

« N'est-ce rien que d'être un autre? », demande Églé. Le désir ouvre (sur) le non-présent, le non-étant. Il faut considérer l'intervalle, la flèche zénonienne du *trans*. Le désir distinct, distant de son objet, est donc en même temps désir de l'entre, de l'intervalle et du transit – « pur désir ». La loi du « plus c'est distant, plus le sujet désire » indique que le désir comporte un désir de la distance, de l'élan, un goût de l'espace indominable. D'où l'expression classique de « transport » qui est aussi une traduction de *métaphore*. Les transports en commun du désir métaphorisent le désirable. Ce n'est pas que le désir soit sans objet, sans « chose », mais celle-ci étant à distance, « extatique impuissance à disparaître » comme la danseuse de Mallarmé, ayant été donnée et soustraite, une fois *ou jamais,* est redonnée à distance, à travers et par la distance, en une de ses figures équivalentes, même et autre : amour toujours d'une *autre* femme?

L'altérité n'est pas ici celle, numérique, de l'encore une; mais que celle-ci même soit une autre femme que celle qu'elle est, et autre qu'une femme. Ce n'est pas parce que le corrélat du désir est non propre, non univoque, non immédiat, qu'il n'est pas : mais d'emblée en tant que figure, figure du désir lui-même et représentant du désirable, qui n'est pas représentable « en propre »; remplaçable, en métamorphose. La dérive du désir a toujours déjà commencé, quête du désirable.

L'autre vérité du désir, redisons-la : c'est une marche « cartésienne »; celle du sujet à l'amour, essayant de ne tenir qu'à soi dans l'immédiateté de l'amour-propre (même si c'en est une culturelle, acquise) et traversant l'épreuve du doute, désassuré de soi (qui suis-je; suis-je aimable, aimé; est-ce « moi » qui aime et suis aimé? etc.), pour gagner la certitude du sujet de l'amour.

Ainsi le tour de force de la comédie est bien celui de l'aménagement d'une contradiction, pour composer dans le temps du bonheur reconnu ces deux vérités *momentanément* conciliables : l'être hors de soi du désir polytrope et la marche vers la certitude par l'épreuve du doute.

La comédie de l'amour.

Les axiomes étaient nombreux :

– Il y a de l'affinité entre sujets du désir; la réciprocité de l'élection (Arlequin-Silvia) éveille à l'esprit par l'amour; sensibilité, sensualité, sentiment et spiritualité croissent ensemble vers le concret complexe de l'amour singularisant la relation, partagé, où s'accordent la loi de nature et celle de culture, quelle qu'en soit la spécification sociale codée.

– Il y a aussi de la jalousie originelle, du désir médié, voué à l'échec, auquel *l'amour pourrait remédier!* Le désir est ainsi, primordialement, désir d'aimer et d'être aimé, désir de désir, indifférent à l'objet, polygame et narcissique, qui tourne sur soi et à soi en passant par un objet aimable quelconque, renouvelable. Le désir curieux et inquiet, ébauche de subjectivité, se fait indiquer son objet d'élection et par soi-même grâce à l'effet second de la *méprise* qui renvoie de la fausse à la vraie reconnaissance, qui force à la reconnaissance, qui invente la reconnaissance, *et* par les autres, médiateurs divers, jaloux ou alliés, rivaux et auxiliaires domestiques, qui veulent le règne de la loi d'amour par mise en couples sans reste et ne pratiquent la politique du pire, risquant de tout faire échouer, que pour une épreuve homéopathique, ne « brouillent » les cartes à jeu truqué que pour assurer les paires de gagnants, le bonheur social.

– Les catastrophes sont et originelles (cf. *La Dispute*) et tardives (dues à la complexion de l'Amour-Propre *moderne*); impasses du désir « sauvage », ou du désir bloqué, dé-naturé : périls à courir, obstacles à surmonter par et pour cette meilleure *fin* que souhaitent les parents, les sages, les institutions : la *Comédie* veille; elle finalise, conduit par l'épreuve à la preuve; au bonheur final, à la socialité du bonheur domestique.

La Dispute? On va lever le voile de l'origine, voir comment s'est produite la merveille. Et nous de cette fin de siècle 20 qui, aujourd'hui plus encore qu'il y a dix ans, sommes pris dans le désir de parler de l'origine, et de connaître l'origine (du langage, de la religion, etc.), malgré l'interdit épistémologique barrant le retour à l'origine, pouvons comprendre la *simulation* marivaldienne.

Alors on s'aperçoit qu'on ne peut que *projeter* sur elle ce qui nous sépare de l'origine; et quoi d'autre que le « mal »? Mal d'amour (-propre); et que nous refaisons de la catastrophe en arrière. Alors pourquoi ne pas, par un coup de force, rétrojeter aussi sur l'origine l'image d'un bon couple, et conjurer ainsi le sort fatal par cette « inconstance »-là – entendons cette résolution de ne pas être fidèle à la chute de l'origine dans le commencement de l'histoire?

Quelle autre mesure que de remédier par l'amour regreffé sur la souche primitive... « Plus tard », dans l'aujourd'hui de la Régence, le remède sera de prendre l'amour-propre à son piège pour en faire de l'amour, le conduisant à se fourvoyer dans ces impasses dont le fond est miroitant d'images virtuelles, de manière à provoquer *in extremis* ce mouvement de recul qui s'arrache à la fausse reconnaissance et libère pour la vraie.

Merlin, dramaturge des *Acteurs de bonne foi,* veut montrer que la coquetterie en amour est levain de comédie, et que celle-ci peut tourner mal. Pour le « canevas » de la comédie, il n'a qu'à exposer ce qui est en germe dans l'actualité la plus proche, comme nous dirions, à relever et souligner le schème dramatique où se compliquerait sa propre existence. Mais montrer aussi que l'amour (de Colette, par exemple) résiste au jeu vertigineux de la séduction; et qu'après tout le maître du jeu, qui tient aussi dans la vie le rôle d'amant de Colette auquel il tient, sait qu'il reviendra à elle, et comment, et que leur couple resurgira à la fin comme celui de Meslis et Dina à la fin de *La Dispute*. Le scénario d'inconstance que le dramaturge extrait (et abstrait) des relations et circonstances domestiques est ambigu : la comédie que joue l'amour, naturellement et socialement (ses ruses de vanité, de dédit), et Thalie se servent l'une l'autre. Thalie prend au mot et au piège le jeu du défi, de la séduction et du dépit : épreuve risquée pour la force du sentiment éprouvé et preuve exhibée de cette part de mise en scène et de simulation que comporte la représentation des sentiments de plus en plus parasités de « culture » sociale mimétique – ou faut-il dire du désir dégénérant de l'innocence *(La Dispute)* par la coquetterie originelle de la passion de séduire pour être soi (si le désir, « humain » dès l'origine et compliqué en amour aux formes culturelles, ne vit que des échanges complexes entre l'impossible et l'interdit), comme à l'autre bout des temps (1730) de l'amour-propre, cette plaie ultime de l'amour évidé par le nihilisme – si je puis me permettre cet anachronisme – de la socialité dégénérant par son haut. Plus l'amour est « impossible », plus la *Comédie,* qui révèle, est utile, indispensable, à sa résolution, au *bonheur;* elle est cathartique puisqu'en démontant les artifices du destin rationnel et culturel elle peut remettre en jeu la force et la part d'une liberté avertie, en relation avec d'autres libertés. A moins qu'en séduisant par le spectacle de la séduction Marivaux n'aggrave le mal au lieu de le guérir, en enseignant le langage retors de la coquetterie et les figures intéressantes, complexes, fébriles, des sujets de l'amour... c'est la vieille question de l'influence du spectacle. L'être et le paraître se confondent en un point de tangence si dangereusement qu'il faut une épreuve pour les reséparer expressément et reménager leur correspondance *expressive.* Il n'est pas sûr – je l'ai dit – que la comédie, faisant triompher l'amour comme Phocion, n'ait pas fait triompher l'esprit malin de la tromperie et des moyens plus forts que la fin. Renversement scabreux : le plaisir de jouer au paradoxe du comédien dont la fête du mariage devait être le prétexte, ferait passer l'affaire matrimoniale elle-même au deuxième plan, derrière ce jeu risqué dont elle fut l'occasion. Le moment de l'insécurité, où le jeu de comédie renverse les rapports premiers pour les éprouver, se préfère, sous le prétexte que ce n'est qu'un (bon) moment à passer, et la « littérature » devient la plus réelle réalité. La comédie que se jouent les amoureux (si l'amour naissant déstabilise le sujet et l'installe, comédien, paradoxal, de son sentiment) et le jeu de l'amour que joue la Comédie civilisatrice, se reflétant, passent l'un dans l'autre. La veuve Amelin et l'enchanteur-écrivain-intendant (Merlin) ont *fait rire,* jaune, traversant le danger, montrant comment on pourrait, donnant la représentation de la comédie, brouiller la première donne du désir avant de faire triompher l'amour. Leçon ambiguë.

Le *marivaudage* est la concession réciproque que se négocient la sphère du désir, qui exige inconstance, méprise, stratagème, et la sphère de l'ordre social, de la conservation de l'institué, de la loi. Le marivaudage, avec ses dénégations, ses équivoques, ses aveux indiscrets, reconnaît qu'il doit y avoir transaction entre les deux, traduction, pour aboutir au moment public de la gaieté partagée, du oui qu'ils se consentent, dans la surface de fête, de rire, de comédie.

La sphère de la loi et celle de la licence ont chacune en elle le principe de leurs emportements aux *extrémités impardonnables.* La loi – c'est-à-dire les suppôts qui, se prenant pour la loi, en jouissent – aiguise la contradiction entre son despotisme prescriptif et le caractère inapplicable de son règlement. Le libertinage organise sa violente clandestinité, son double fond imprenable, la cachette où perpétrer son triomphe secret du secret. La suffisance de chacune de ces sphères se nourrit de la caricature de l'autre et tend à se conformer à cette image impossible que l'autre fait d'elle, comme s'accusent deux êtres qui se détestent, se méconnaissent; l'une marchant au refoulement véhément, au raffinement des interdictions, à la terreur (du couvent de jeunes filles à l'excès révolutionnaire); l'autre à la transgression qui veut défaire les interdits en même temps que reculer les impossibilités, à la fureur didactique, à la complication secrète et forcenée de la débauche et peut-être au triomphe de la mort[1].

Le monde de Marivaux n'englobe pas ces extrémités, l'affrontement de cette déraison de la loi et de cette passion du libertinage. Mais il prend en vue d'une part un mode spécifique de dégradation de la loi et, de l'autre côté, un risque de dépravation des mœurs.

D'un côté l'ordre de l'institué comporte son germe de corruption – imposture des conventions, abstraction des procurations en général couvrant de formalisme pharisien les intérêts indicibles, tyrannies des familles, veulerie des lâchetés protégées par les mots d'ordre, alibis de l'argent; tout ce que la loi sans doute « ne veut pas » mais qu'elle ne peut empêcher qui la parasite et l'étouffe. De l'autre : hémorragie de l'inconstance, dérive du multiple, décomposition du sujet, narcissisme, coquetterie, vanité asservissante qui sacrifie l'autre être. Les deux méconnaissent également l'éducabilité du désir, la bonté de la nature socialisable.

Les deux forces qui s'opposent, chez Marivaux, en restriction sur les figures noires d'une méchanceté de la loi et d'une perversité illimitée de la nature, ont plutôt l'aspect, aucun des

1. Or : vous êtes moins étrangères l'une à l'autre que vous ne croyez; vous avez à faire ménage, à vous arranger – tel est l'esprit de rapprochement marivaldien.

Pour le faire entendre, faisons une forte transposition – quelles que soient les différences terme à terme, en effet très fortes : ouvrons Groddeck; il n'est question que de sodomie, de fellation, de coprophagie, allègre ballet de postures obscènes, de corps morcelé, d'images dévergondées, de sang dessous dessus. Quelle différence avec ce qui se passe quand nous entrons dans un livre pornographique, dans les mille et une journées de boudoirs sadiens? Entre ce dire ouvert et l'obscénité? D'une certaine manière il n'y en a pas, et telle phrase, isolée, désertie de son contexte épistolaire thérapeutique, pourrait être attribuée à la fiction libertine... Mais par *Le Livre du Ça,* et la psychanalyse, l'obscénité conquiert l'espace public, la lecture patente, la discussion – arrachée au secret et au complot imaginaire des grands protagonistes débauchés et à la pseudosociété des lecteurs sous le manteau. Par le symbolique, et les inouïes métamorphoses du ça, l'obscène devient le lieu et le bien de tous; nous sommes tous comme ça.

deux abominable, de « défauts » inhérents aux sphères de la loi et de l'ego-isme : l'esprit d'arrangement sclérosé d'une part et de l'autre le double désordre de la sensualité vagabonde et de l'amour-propre stérilisant.

Ce que nous risquons du premier côté, c'est l'abus de pouvoir parental (père marieur, mère confidente, plutôt devenus indifférents aux inclinations naturelles que paranoïaques), l'application mécanique (traditionnelle, conventionnelle) de la loi attachée à ses privilèges. La loi est inapplicable, par grossièreté, simplisme stupide, faute de « jugement déterminant » (comme dira Kant) : il faut donc la guider, non la subvertir; lui permettre de s'appliquer, en empruntant à ce qu'elle « ne veut pas savoir »... Ce que nous risquons de l'autre, c'est, non pas l'horreur de l'asservissement, la tyrannie meurtrière des grands débauchés, le morcellement du corps, mais « le mariage sans cérémonie », l'ingratitude, la délation des manœuvres, l'indifférence des vainqueurs pour ceux qu'ils abandonnent...

On sait que dans *Les Acteurs de bonne foi* le canevas est surexposé, élevé au carré de la représentation dans la représentation. Si le chiasme est la simulation par deux amants de se fuir pour deux autres (et ainsi leur première manière d'être ensemble en se tournant le dos, dans la simultanéité de l'inconstance qui prépare la simultanéité de l'aveu réciproque final), un jeu de la mauvaise foi, ici la feinte de cette feinte, la provocation de ce penchant, organisée par Merlin, est curative. Avec le risque que signale Blaise : « ils font semblant de faire semblant » : profitant du motif du jouer-à pour faire passer du vrai en contrebande, en l'occurrence de la séduction. Trafic de désirs autorisé par la gentille licence du jeu déclaré; petit carnaval : dans l'ambiguïté alors insurmontable de la réitération, de l'élévation à la puissance 2 paradoxale, dont les naïfs ne sont pas capables et flairent le danger. Mais la mise en scène en cadrant le jeu en contrôle la propagation : le bon couple surgit à la fin comme à la fin de *La Dispute*.

Éraste pour remercier sa tante Amelin qui le dote lui fera

donner la comédie par Merlin (l'enchanteur, l'auteur...). Madame Amelin veut surprendre Madame Argante. Tous savent le secret, sauf celle-ci. Merlin-Marivaux a son canevas : il croise les amours réparties, pour éprouver, pour faire donner la jalousie avant. La fiction et la réalité communiquent; c'est clair par la fiction de la pièce dans la pièce qui déclenche le trouble et dresse les simples (Madame Argante est du côté de Blaise, « elle ne veut pas de ça ») et les duplices. Les travestissements et les échanges dans les autres pièces, quand les pères, par exemple, se faisaient donner la comédie des amours de leurs enfants, c'était la même chose. L'auteur initial de la plaisanterie est l'homme de théâtre. Mais Madame Argante ne veut pas de la comédie, de ce jeu dangereux de la vérité qui brouille les identités en faisant jouer aux personnes leurs propres personnages (« Une petite coquette de village et Colette, c'est la même chose »; « vous ne sortez point de votre caractère, vous autres »), dit Merlin (sc. II) et ainsi les dédouble, leur fait jouer à être ce qu'ils sont, accoucher de cet autre soi-même qu'ils portent. Madame Argante sera contrainte de jouer son rôle malgré elle, rôle assigné par cette Madame Amelin pareille à Flaminia qui commande le divertissement du mariage.

En répliquant sur scène la différence de la scène et du reste, en encadrant le cadre, on remet dans le jeu la différence entre le jeu et ce qui n'est pas le jeu; on fait déborder le jeu et en même temps on limite, par la réflexion, le risque du débordement. L'esquisse du passage à l'infini par la simulation vient fixer une limite. En représentant les conditions de la représentation, on multiplie la feuillure, ce qui fait oublier, favorise le ne-pas-s'en-apercevoir, l'illusion de la non-illusion dont a besoin l'illusion. Le théâtre et son double dans le théâtre désemboîte, à la fois il surexcite la vigilance de la fiction et l'endort, parce qu'il raffine la ressemblance avec la vie : mise en abyme.

La Dispute encore? La principauté se penche sur la sauvageté du désir scissipare, le désordre aléatoire au gré des clinamens de rencontres, l'hystérie des reflets, et assiste au ballet des ingrats. Mais prononce la fin, élit un bon couple pour faire sa fortune tirant leçon de l'expérience des liaisons dangereuses.

Au reste, le désir chiasmant les couples et défaisant sans grande violence les arrangements des maîtres fait ressortir autant leur arbitraire que sa souplesse : le démiurge princier eût pu faire se rencontrer Églé avec Mesrin, Adine avec Azor, et la permutation était d'avant le commencement de l'histoire dans l'arbitraire des princes. Quand la principauté (celle de Phocion en l'occurrence) a pour ennemi la conjuration des ascétiques alors c'est elle qui fait jouer le désir et use des tromperies de la séduction pour faire triompher sa volonté d'amour.

La *nature* n'a jamais été séparée de la *culture*. Quelle que soit celle qui occupe le premier plan, au début de l'intrigue, derrière l'une il y a l'autre, alternativement. Le *oui* « naturel » réassujettira les veuves, ou ceux qui par dépit, amour-propre, convention, ou « philosophie », ont culturellement nié l'amour. Mais la « culture » rattrapera les adolescents sauvages de *La Dispute* et fixera le oui-non-oui-non de leur désir vaguant sur l'accord final où se résout l'opéra : le oui de Meslis à Dina. Ailleurs *(La Double Inconstance)* le village et la cour, après retrempe mutuelle, s'épouseront. Sans doute la sphère culturelle supérieure du Prince défait-elle le mixte villageois de nature et de code, mais c'est au profit de la loi de la Principauté et de la nature : celle de son amour. Arlequin y a laissé Silvia mais aussi une bonne leçon de naturel villageois dont les courtisans ont fait les frais – et profit. La bergère et le Prince scellent une nouvelle alliance.

L'éthique du je-ne-sais-quoi.

C'est une fonction de l'œuvre réussie que de *faire passer* – ce qui ne passerait pas sans sa beauté. Comment filtrer le libertinage, socialiser, « récupérer » ce qui se plaint ou se moque de l'institution, se rebelle contre elle? Comment un langage et un discours qui craignent de vieillir de routine, de dépérir en répétitions de formules officielles, se ravitaillent de ce qu'ils prohibent en l'important sous licence, en le faisant passer en contrebande comme on réintroduit un masque dans la maison par l'office? L'invincible socialisation – par naturalisation et acculturation, des effrois ou troubles naturels aussi bien que des innovations de « contre-culture » – adapte sa stratégie, renouvelle ses forces et ses moyens par ses excursions risquées sur les terres, les îles, de ce que la fameuse Esthétique du *Je-ne-sais-quoi,* dans son allégorie topographique, appelle le côté de l'*irrégularité* et du *désordre* – du désir, du sexe, de la violence, de la mort; pour en rapporter à l'initiation retorse de la comédie ce que le négatif tient en réserve – impudeur, insolence, séduction... Ce qui ne se fait pas permet que l'affaire se fasse. C'était pour rire? On a failli... Quelle bonne plaisanterie... *(Les Acteurs de bonne foi; La Commère; La Provinciale.)*

Le marivaudage joue avec le feu d'un certain libertinage (celui du « sans-cérémonie », de la transaction de plaisir, du goût de la perte dont la cruauté trouble peut aller, comme avec le Lucidor de *L'Épreuve,* jusqu'à une prostitution de l'autre pour le domestiquer). La banalité du discours amoureux est telle que les sujets y sont interchangeables; comment y croire, se croire, s'y croire? Or ils s'aiment, « elle et lui », dans cette forme générale d'une langue et d'un discours communs qui doit favoriser pourtant l'exception de leur amour, dans les formules insuffisantes de la séduction et de la déclaration usitées.

Le drame, qui passe par le drame, et de l'impossible sait tirer le possible, se développe et se dénoue sans prêtre, sans monarque, sans fatum de grandes forces extérieures, sans événements historiques précis intéressant une sphère publique, politique, sans mythes, sans catastrophe qu'on dit matérielle, mais dans cet espace entre soi des personnes qu'on peut appeler *bourgeois,* nom moderne pour la vie privée des princes mêmes, tramé par leur langue maternelle avec leurs désirs, leurs mœurs, leurs tenseurs éthiques, et la croyance que la possibilité du bonheur privée n'est pas ruinée par le dispositif général d'interdictions toujours mis en place pour résister à l'amour, s'opposer à quelque chose d'aussi exclusivement privé et éphémère. La comédie est par essence indiscrète puisqu'elle porte au public la sphère privée. Elle répare ce tort, si c'en était un, en montrant que grâce à elle – ainsi l'atteste plus remarquablement encore cette comédie de la comédie du mariage qu'est *Les Acteurs de bonne foi* – les multiples formes de l'empêchement qui font toujours obstacle à ce que serait une union de deux désirs libres, obstacle par les différences « insurmontables » de générations, de classes sociales, d'idiosyncrasies, de projets, d'opinions sur le meilleur, etc., seront résolues.

L'indiscrétion comique permet que le *non* « objectif » se renverse en le *oui* final « subjectif » dans l'objectivité de l'espace domestique. La divulgation du privé, le secret pris dans la levée du secret non abyssal de l'amour « simplifient le problème » à deux inconnues comme on dit en algèbre, qui sans telle opération resterait insoluble.

Si le bonheur est ce qui doit être « sacrifié » à un ordre supérieur aux personnes, la comédie est une machine qui ne marche pas à ce sacrifice et croit prouver plutôt qu'à de rares exceptions près l'arrangement équilibré des personnes par l'amour réciproque est opérable. La « division du travail » en amour est réalisable, harmonisable; la passion est rationalisable et ainsi le tissu social est vivant et ferme.

Elle isole, et rend manifeste, à une certaine échelle des relations qui laisse hors champ l'existence publique, les autres aspects du social et le politique, cette merveille de la culture : que la langue et le langage de l'entretien, la tradition de symboles partagés et de signes hérités, le fonds d'une histoire commune qu'on dira bientôt nationale, permettent à l'un d'être à l'autre sans que le moment de la rencontre débouche sur plus que l'éblouissement de la rencontre, la promesse fiancée de l'être à deux, un rapprochement complexe tendu par une immense curiosité où l'amour-propre est à la fois gage de substance et germe de mort, dont le corps est le moyen et l'être qu'il « exprime » la fin.

Entre les deux extrêmes, inviables et à la limite irreprésentables, à contre-monde, d'un ordre – mais qui précisément ne ferait pas un ordre – du secret insociable (de la méchanceté, de la noirceur « ennemie du genre humain ») et celui d'une légalité transcendante aux personnes (aux sensibilités libres), et même si chacune de ces deux abstractions a ses sophistes fanatiques, dont la prosopopée serait pour l'une le parfait masque du visage du grand libertin et pour l'autre l'insensibilité d'une face « inhumaine », le milieu où vivre est celui où de la vérité peut advenir par composition, compromis, marchandage, transaction et traduction réciproque des deux codes de la séduction et de la rigueur, secrètement mais pas inavouablement alliés l'un de l'autre, puisque des opérateurs indiscrets les branchent l'un sur l'autre.

La volonté objectivante de séparation tranchée entre le bien et le mal qui sépare le sujet de lui-même en l'assujettissant à un ordre déchaîne deux vertiges ennemis, celui de la vertu « éclatante » et celui du crime ténébreux. Ou c'est la prescription détaillée, « lévitique », tenant table ouverte, déclarant et ménageant l'ouverture, faisant le temps commun social, où tout le monde est vu agissant, et cru, pensant... Ou c'est le secret, la clandestinité permanente, la trahison, le labyrinthe minant et miné, les « liaisons dangereuses », qui se prive de monde, tout en feignant d'y appartenir, et organise le secret, la sape im-monde, jusqu'à se saper, jusqu'à la chute finale dans le trou infernal ainsi creusé (Don Juan).

« Se permettre », « se passer », transgresser, dans la méticuleuse hypocrisie, le convenu, de manière qu'à tout instant l'aspect visible, la conduite, soit conforme, et le licencieux invisible, c'est se priver de « vie intérieure » et installer à sa place le projet tatillon, infiniment préoccupant, de la fourbe, le plan indicible, l'inavouable : ainsi les lettres de Valmont enseignent à Volanges le détail du vol de la clé, ou à son valet de chambre comment *ne rien laisser au hasard.* Et l'activité démesurée du libertin qui contrecarre l'ordre, disloque ou complique l'espace ouvert où les individus sont admis à se rencontrer, s'emploie à ruser, pour l'engourdir, avec cet ordre qui est incommensurablement plus fort que la menée libertine, ne peut pas ne pas œuvrer à sa propre perte : de succès en succès, la galerie souterraine s'étend jusqu'à la catastrophe de la révélation. Merteuil s'emploie de plus en plus à colmater un secret absolu, mais les enchères montent et le stratagème doit se faire de plus en plus violent pour à la fois « avoir » et faire taire Prévan presque dans le même moment; son propre monde n'est bientôt plus peuplé que de témoins de sa vraie vie forcés au mutisme, mais il suffirait d'un seul échange véridique entre eux que la Marquise ne contrôlerait pas pour que d'un seul coup « tout » se sache. Et à la fin Laclos invente (ou retrouve) le « portrait de Dorian Gray » : en un instant la « petite vérole » vient faire triompher la loi d'expressivité[1] dont Merteuil s'était

1. « Cette utile curiosité, en servant à m'instruire, m'apprit encore à dissimuler; forcée souvent de cacher les objets de mon attention aux yeux de ceux qui m'entouraient, j'essayai de guider les miens à mon gré; j'obtins dès lors de prendre à volonté ce regard distrait que vous avez loué si souvent. Encouragée par ce premier succès, je tâchai de régler de même les divers mouvements de ma figure. Ressentais-je quelque chagrin, je m'étudiais à prendre l'air de la sérénité, même celui de la joie; j'ai porté le zèle jusqu'à me causer des douleurs volontaires, pour chercher pendant ce temps l'expression du plaisir. Je me suis travaillée avec le même soin et plus de peine, pour réprimer les symptômes d'une joie inattendue. C'est ainsi que j'ai su prendre sur ma physionomie cette puissance dont je vous ai vu quelquefois si étonné.

J'étais bien jeune encore, et presque sans intérêt : mais je n'avais à moi que ma pensée, et je m'indignais qu'on pût me la ravir ou me la surprendre contre ma volonté. Munie de ces premières armes, j'en essayai l'usage : non contente de ne plus me laisser pénétrer, je m'amusais à me montrer sous des formes différentes : sûre de mes gestes, j'observais mes discours; je réglais les uns et les autres, suivant les circonstances, ou même seulement suivant mes fantaisies : dès ce moment, ma façon de penser fut pour moi seule, et je ne montrai plus que celle qu'il m'était utile de laisser voir.

Ce travail sur moi-même avait fixé mon attention sur l'expression des figures et le caractère des physionomies; et j'y gagnai ce coup d'œil pénétrant, auquel l'expérience m'a pourtant appris à ne pas me fier entièrement; mais qui, en tout, m'a rarement trompée.

Je n'avais pas quinze ans, je possédais déjà les talents auxquels la plus grande partie de nos Politiques doivent leur réputation, et je ne me trouvais encore qu'aux premiers éléments de la science que je voulais acquérir. »

La Marquise (lettre 81) a étudié, comme le Trivelin de *La Fausse Suivante,* les jeux de l'expression; elle connaît le code des mimiques, croit à la physiognomonie. Elle

jouée si longtemps : son visage et son âme coïncident. Valmont et Merteuil se sont exclus lentement et sûrement.

De ceux qui n'ont pas découvert l'étendue du mal et du malheur, il ne faut rien attendre d'autre que des naïvetés, parfois attendrissantes, parfois arrogantes, voire meurtrières. Mais connaître, dans le mal, son infériorité; le traverser pour en sortir, en sachant que cette expérience est incommunicable (« Le meilleur des conseils ne vaut pas la moindre imprudence ») et n'épargnera à personne d'agir mal. Non sans s'étonner que les méchants (Valmont...) ne puissent découvrir l'étendue de leur turpitude, l'inviabilité de leur contradiction, l'horreur de la destruction qu'ils fomentent.

Le grain et l'ivraie de l'amour croissent ensemble. Il y a quelque chose dans le plaisir qui lie l'amour au mal, c'est-à-dire à la trahison, au risque de destruction, au trouble des différences établies, au combat et à la haine. Savoir cela, ruser avec ces conditions, pour « triompher » de cela...

Les figures de Marivaux, ses grands personnages, ne sont ni des mauvais ni des innocents. Une nouvelle histoire d'amour commence avec eux, et quand bien même ils ont été mariés ou liés, ou ont connu l'amour, ils n'ont pas à trahir *maintenant,* au présent de l'action, à commettre le mal pour leur bonheur. Ils surgissent, comme les jeunes gens de *La Dispute,* sur le fond d'un étrange Éden qui n'est ni de connaissance ni de simplicité radicale, ni d'indignité consciente ni de virginité. Ils savent, et ont oublié. Comme si l'amnésie ou l'amnistie, une sorte d'innocence étrange, ou, ce qui revient au même, une espèce de faute originelle mais non horrible les caractérisait – comme si d'une pièce à l'autre quelque chose comme de l'oubli était tombé, comme si le veuvage avait refait une virginité pour une *Seconde Surprise de l'amour* qui ne soit pas plus perverse que la première. Leur

s'en est rendue maîtresse, pour en jouer; maîtresse de fausseté; elle maîtrise le vouloir-dire de ces signifiants sociaux de la vie subjective, de la profondeur individuelle, pour sceller son propre secret et déceler celui des autres. Elle tourne à son profit la supposée et convenue correspondance de l'être au paraître et pour crypter son être et pour décrypter celui des autres.

condition n'est pas celle de l'adultère résolue qui devrait passer par un crime ou une faute redoublant la tare originelle d'une condition pécheresse. Quasi-innocence, non innocente; l'éden de la rencontre d'amour recommence comme si le « re » était à la fois constitutif et inessentiel. Ainsi ce non qu'ils opposent à l'amour et comme des êtres qui savent bien que ce premier mot ne pourra pas être le dernier; qu'il faut peut-être qu'il soit le premier pour ne pas être le dernier mot de la situation – est-il d'une malignité non perverse, d'une négativité sans méchanceté, d'une sorte de faute originelle mais remédiable. Cette puissance de refus non luciférienne, à qui la psychologie procure toute espèce de vraisemblance pour dissimuler son caractère métaphysique et fonctionnel, fait la condition théologiquement équivoque de la comédie : la promesse du bonheur n'est pas interdite. L'impossibilité est bien caractéristique de l'état initial, qu'il s'agisse du Je-vous-aime (celui du Dorante des *Fausses Confidences,* par exemple) ou du Je-ne-veux-pas-(vous)-aimer. Il s'agit de faire du possible à partir de telle impossibilité, de retourner l'impossible sur lui-même. Extorquer au dédire son dit secret, bien gardé, par négation de négation. Dire le contraire par le contraire. Puisque le refus est obsédé par la hantise de ce qu'il dit ne pas désirer, comme, symétriquement, les paroles amoureuses transparentes sont hantées par l'obsession du contre-désir, du « il n'en est rien », cette cache où s'abrite le vœu le plus fort, il faut le retourner sur lui-même comme une peau pour nouer un dénouement qui tienne.

Reconsidérons la garde du secret. Le double jeu, la double entente du marivaudage est le contraire de la séparation hypocrite entre le patent contrôlé, impeccable, et le sens inverse, subverti, le contresens, du dissimulé. Mais il fait entendre ce qui doit être entendu dans ce qui ne peut pas l'être. La doublure, la coulisse, domestique, n'est pas l'antimonde qui a juré la perte de la vertu sous le maintien insoup-

çonnable du paraître vertueux. Mais le secret fragile du complot d'amour est fait pour être incessamment découvert. Ainsi les valets sont-ils ceux qui ne savent *pas* tenir le secret.

Le marivaudage ne veut pas que la vie soit vouée au plaisir, et au sexe, et, conséquemment, mise au secret aussi violent et intenable que la pleine clarté; mais par le double jeu du demi-mot où se fraye le passage secret de la sensualité déboucher sur un amour qui n'en finisse pas de s'avouer, qui se suspende à la différance de sa confidence, qui se maintienne dans le « progrès assez lent » de sa révélation, l'imminence de sa banalisation, quelque chose comme une (d)éclosion qui durerait tout le temps.

La vie enregistrée, reproduite en écho, redoublée, répliquée, serait moquée; imaginons par exemple que nous réentendions, et en public, une séquence de ces propos clichés de scène amoureuse, ou de médisance de tiers, que nous ne pouvons vivre, dans la confidence et l'aveu, que parce que leur disparition, leur effacement (« néantisation », dirait le vocabulaire sartrien) instantanés, en l'absence d'aucun reflet, nous garantissaient qu'aucune réduction comique à leur n'être-que-cela nous était épargnée, la honte nous noierait!

Revoir ou réentendre ce que nous fûmes, redonné simplement, quel Watergate audiovisuel! Qui supporterait la méchanceté du tel-quel, du *re?* Que l'art s'y aventure, toujours fasciné de « réalisme » (jusqu'à l'*hyper* contemporain), nous ne le supportons que parce que les modèles sont *autres* – c'est nous et ce n'est pas nous qui sommes représentés. Ce qui est donné pour réalité « vraisemblable », cette scène des amoureux, n'eut jamais lieu ainsi avant, ne fut jamais tel-quel.

Le théâtre catoptrique et dioptrique de Marivaux nous l'enseigne – par *personnes interposées :* ce que nous avons risqué, c'est l'enfer du reflet, la folie du miroir, l'emprisonnement des répliques, des doubles. Il y a dans *La Dispute* une sorte de généralisation de la scène de la *jeune fille au miroir :* chacun est tour à tour cette jeune fille fascinée et ce spectateur horrifié qui assiste à la préférence absolue de l'autre pour soi-même; qui a frôlé la *duperie* et qui se duperait à croire qu'il n'est plus dupe comme si la duperie pouvait être définitivement conjurée par la révélation accusatrice de l'autre. Je suis capturé par où je croyais prendre – mon propre reflet de dilection, et que l'autre a saisi comme mon leurre. De savoir que tout sujet a la naïveté de croire qu'il peut tromper l'autre, et parce que chacun fait l'expérience double et successive du dupeur dupé, finissant par reconnaître que chaque sujet peut occuper la place de la jeune fille, feinté en feignant, et que cette duperie est constitutive du champ de l'intersubjectivité, c'est seulement ainsi que nous pouvons « nous en sortir » – et tous ensemble.

Au palais de glaces de la maison, au jeu des miroirs multipliant et des portraits miroitants, nous sommes pris et avons failli être pris ! Épreuve stricte et décisive de la méprise. Or c'est seulement la représentation (scénique) de toute cette optique de la représentation qui peut par la réflexion (pensée) sur la réflexion (catoptrique) « en sortir » – sans que puissent changer, bien sûr, les conditions ni les lois de l'apparaître, du « s'entrevoir » social; comme c'est la réplique (parole) qui peut faire échapper à la réplique (duplication). Comme la passion a failli être réduite aux jeux de langage et aux légalités linguistique et pragmatique des échanges : elle n'est pas que cela. Ou : le désir, force, est plus fort que le système scopique de l'apparence – images et beautés – où se joue son destin hasardeux. Car le désir de l'autre (génitif double) est une force vivante : la « scène au miroir » est *postérieure* à la visite de l'homme, c'est-à-dire de son désir. Et s'il échoue, c'est parce que comme Arnolphe il voulait la jeune fille passive, n'a pas éveillé son désir et ainsi n'a rencontré que son narcissisme au miroir qu'il jalouse, qui lui fournit maintenant excuse pour le sien.

Une mise en scène – par exemple des *Acteurs de bonne foi* – aurait à disposer des miroirs en surnombre dans la maison et dans les mains; où tantôt se leurrerait chacun à s'éprendre de soi, tantôt tendus des uns aux autres comme le « mais regarde-toi donc » du parler ordinaire : Merlin à Colette :

« Une coquette et Colette, c'est tout un », vois donc qui tu es. Lutte de miroirs. Où Madame Amelin veut leur tendre le grand miroir de la Représentation : riez au moins de vous connaître !

Le bal de « La Dispute ».

Pour éviter l'abstraction de trop disjoindre le théâtre de Marivaux en un côté des comédies de l'amour et un côté des pièces de l'utopie et de l'idée, nous avons eu intérêt, loin de considérer celles-ci comme un empiècement dans la robe de la Thalie marivaldienne, à reformer un point de vue général à partir des *Ile* et de la dernière œuvre, *Les Acteurs de bonne foi*[1].

Par exemple à relire *La Dispute* comme une *île* et comme une comédie où l'on se donne la comédie.

Marivaux ne tient pas son expérimentation pour vraie ; ne tient pas sa fable pour une fable de l'anthropogenèse, mais du jeu de l'amour. *La Dispute,* même si elle revêt un aspect épistémologique, par tout un réseau de relations avec *l'esprit scientifique* du temps, avec ses croyances philosophiques, voyons là comme une fable qui figure ce qu'il en est de l'amour. Elle imagine une « histoire » pour permettre à w, x, y, z d'y comparer leurs amours aujourd'hui (1744), plutôt qu'un scénario anthropologique. A la fin, je la prendrais plutôt comme un bon argument pour un bal masqué que comme une adaptation pour gens du monde d'une vérité à caractère scientifique, prise au sérieux, expliquée et présentée comme Leibniz ou Fontenelle faisait aux marquises.

Je changerais donc la mise en scène de *La Dispute* et j'en ferais un bal à la cour d'Hermiane, comme s'il s'agissait de la première sortie dans le monde des « débutantes », et de

1. *L'Ile des esclaves*, 1725 ; *L'Ile de la raison*, 1727 ; *La Colonie*, 1729 ; *Les Acteurs de bonne foi*, 1757.

leur « présentation », et de leurs fiançailles avec des jeunes gens de bonne famille; un premier bal[1], avec masques et bergamasques, mascarades et pantomimes, où les jeunes gens joueraient leur rôle avec ironie et toutes sortes de figures, emphases et hyperboles, ellipses et syncopes, comme s'ils étaient conscients et amusés de la situation de la rencontre; et peut-être même, par un effet de recul supplémentaire, le jeu devrait être joué par des comédiens, acteurs de bonne foi, jouant aux rôles que je viens de dire, comme si le Prince se donnait le divertissement d'une représentation où serait jouée la comédie de la présentation. D'une manière générale, c'est le *comme* qui est essentiel; et il s'agit toujours de voir et donner à voir le comme comme comme.

Églé et Azor, Adine et Mesrin flirtent donc, délicieusement, vertigineusement, et se trompent presque les uns les autres, se tromperaient pour un peu, feignent de se tromper, comme on se trompe[2] d'adresse, avant de s'engager dans le mariage; et à la fin Dina et Meslis, un bon couple de fiancés, déjà fiancés depuis quelques mois, arrivent tard dans la soirée, et Hermiane regarde sa montre; il est très tard, « Partons... ».

Nous ne regarderions pas vraiment *La Dispute* comme une expérimentation psychologique pessimiste sur la nature humaine, reconstituée *in vivo,* qui exprimerait une « idéologie » de Marivaux pour que des spectateurs y crussent et que nous croyions qu'ils y ont cru, la partageant par effusion, contagion, et rentrant chez eux (chez nous) hors théâtre, décidés à prendre tout cela au sérieux, prenant le figuré à la lettre[3], et à élever leurs filles en conséquence, dans des mai-

1. *La Dispute,* I, 1 : « [...] la fête que vous m'avez promise. [...] Où me menez-vous? – A un spectacle très curieux. » Et l'argument du bal : « Oui, les hommes et les femmes de ce temps-là, le monde et ses premières amours vont reparaître à nos yeux tels qu'ils étaient, ou du moins tels qu'ils ont dû être. »

2. Pour l'étymologie, cf. *Bloch et Wartburg* (abrégé, p. 652) : *tromper* au sens moderne est issue de *se tromper* de, « se jouer de », 1388, emploi figuré de *tromper* « jouer de la trompe ».

3. Au prologue de *L'Ile de la raison,* Marivaux définit les « barbares », c'est-à-dire, selon l'antique trait qui les caractérise pour nous, ceux qui ne *parlent pas français :* « Il y a quelque chose de rude, de violent, d'étranger à la véritable joie. Leur raison est sans complaisance, il lui manque cette douceur que nous avons et qui invite ceux

sons réellement sans rires, un peu plus compassées qu'avant, comme celle de Madame Argante si Madame Amelin n'avait su la faire éclater de rire, c'est-à-dire si Marivaux n'avait pas su faire éclater de rire Madame Amelin et les acteurs de bonne foi et voler en éclats de ce rire la maison d'Argante.

On ferait de la pièce, *La Dispute,* une *seule scène* qu'aucun des acteurs ne quitterait ayant joué sa partie [1] : ils resteraient, *faisant tapisserie,* traversés par les sons du clavecin de la fête.

On multiplierait les « hommes » (femmes) sur la scène, un peu comme Losey à certains passages de son *Don Juan,* ou comme a fait le peintre, en groupes qu'on ne dénombre pas? Présences ni isolées, ni tumultueuses, ni figées. Sans mouvements autonomes. Pareils à des figurants, de quoi? De la figure à naître, de l'anthropomorphose même? Êtres domestiques? Car le nombre des serviteurs est indéterminé, dans la grande maïson comme dans la liste des personnages d'un drame classique, et un metteur en scène peut les multiplier. Mais si certains le font, c'est pour durcir l'opposition de la servitude et de la maîtrise, et ils traitent en esclaves, en fantômes, ces créatures mal individuées – comme si l'Enfer et le Paradis et le Purgatoire occupaient la même scène, et que le châtiment des punis fût de servir anonymement les élus, et que les maîtres eussent, eux, vaincu la mort, rêve des maîtres? Mais plutôt assez nombreux, peu distincts, mais sans encombrement, pareils à des disciples, à une humanité en éducation, de frères, non méprisés, mais adoubés, enseignés, initiés. Car Marivaux ne veut pas châtier.

Supposons qu'un despote veuille *réaliser* l'Ile, conformer réellement une société humaine sur le modèle de ce système insulaire, ne se contentant pas d'un désir demeuré désir, pré-

qui ne sont pas raisonnables à le devenir : chez eux, tout est sérieux, tout y est grave, tout y est pris à la lettre. »

1. Maintes pièces sont comme une grande scène, avec ses temps forts et faibles. Une mise en scène pourrait dans plusieurs cas ne pas marquer la séparation des Actes; et atténuer celle des scènes, en laissant par exemple les acteurs après « leur » scène demeurer sur des chaises visibles du public, au lieu de disparaître en coulisse, écoutant ce qui se passe maintenant, et attendant de « jouer leur rôle ».

cipitant l'imaginaire – ou comparaison limitée, dogmatique, insciente de soi – en organisation socio-politique effectivement contraignante par une distinction réelle des élites et des sous-hommes (« petits hommes ») : il serait un Hitler ou un tyran tropical « raccourcisseur » d'hommes (c'est arrivé en Afrique tribale il n'y a pas si longtemps). Cette « folie » est une structure complexe qui compare mal; qui prend à la lettre un ensemble imaginaire d'éléments assimilés; qui identifie au lieu de maintenir en pensée, d'un « toutes choses égales d'ailleurs », l'irréductible dissemblance posée par une comparaison réfléchie[1]. Il faudrait revenir en détail sur l'enchaînement de ce détraquage – de ce cauchemar. Je fais allusion au délire, parfois collectif, qui menace le politique. La folie politique, celle qui aboutit à ce qu'on appelle une tyrannie sanguinaire ou au fanatisme de l'idéologie, à un fascisme ou totalitarisme pour prendre les termes qui dénotent les exemples historiques les plus récents de la politique devenue folle, consiste à comparer, à isoler du reste – du Tout, précisément – le tout d'un système de comparants abstraits et réduits, sans réflexion bien sûr, c'est-à-dire en identifiant sur le mode *A est B,* et non pas *A est comme B* qui implique *A n'est pas comme B;* à prendre à la lettre la figure et l'esprit de la figure, et à réaliser l'assimilation illégitime. Ainsi de Facundo traitant les paysans à la façon des vaches[2]; ou d'un dictateur qui réaliserait le programme politique de Sade[3]. A chaque fois on dirait une « poétique », ou « métaphorique », ne se sachant pas comme telle, et « devenue folle », c'est-à-dire se réalisant, ou entreprenant de le faire. Peut-être devrait-on réserver à « idéologie » le sens d'un tel

1. Le « pathologique » souvent, on le sait, somatise des signifiants langagiers, comme si le corps prenait à la lettre des constructions linguistiques, des « expressions toutes faites », des jeux de mots, etc.

2. Voir *Facundo Quiroga,* par Sarmiento, trad. L. Bataillon, éd. L'Herne. Voir Canetti, *passim.*

3. Programme qui construirait un « monde » par dilatation, à l'échelle d'une nation, de l'Enfermement des grands libertins; un programme d'autarcie économique « copié » sur la chimère des mille et une nuits au Château Fort autosuffisant de la débauche et du supplice.

devenir-folle en général d'une vérité par oubli de sa vraisemblance.

La poétique, entendue ici en général comme la vue figurative à l'œuvre dans toute œuvre, consiste à rapprocher dans la distinction maintenue, et sur le fond de la différence radicale du comme-ci de la représentation et de la réalité nouménale, à conjoindre dans la disjonction : dans l'élément de la pensée-qui-se-figure à jamais préservée de croire en l'imaginaire au point de contraindre les choses à se conformer réellement à tel complexe comparatif que l'association mentale peut se figurer. L'imagination poétique lutte contre l'imaginaire phantasmatique; la poétique lutte contre la politique et sa vision contre les visionnaires.

Par exemple au théâtre : la *vis comica* consiste précisément à (feindre de) prendre à la lettre une expression toute faite, celle de « petits hommes »; en l'occurrence de l'*Ile,* à l'exploiter follement en connaissance de folie, par exemple en imaginant un monde, une société, « sur ce modèle », comme disait Pascal, la mettant en scène au théâtre, c'est-à-dire comme vraisemblable, donc pas comme vraie; en étendant à tout ce microcosme simulé le règne d'une différence plus forte que toutes les différences données (celle des géants contre les nains), en généralisant, ou contaminant la totalité de l'étant en réduction sur la scène, avec cette différence « tyrannique » : faisant varier par grossissement hyperbolique contrôlé une des relations prélevée au grand jeu du monde et caricaturée, et soumettant tout, *pour rire,* à cette variation : *Ile de la raison* qui se réclame à bon droit de Swift[1]. Et c'est cela qui est ridicule, qui fait rire : un monde devenu fou, comme celui de Ionesco, plus tard, par encombrement simulé, par prise à la lettre d'une expression du genre : « le remords grandit » – jusqu'à occuper, réellement, toute la scène, d'un « corps étranger[2] » : mais, justement, c'est toute

1. « Les Petits Hommes, Madame! Eh! Oui-da! Pourquoi non? Je trouve cela plaisant. Ce sera peut-être comme dans *Gulliver* [...] [Qu'est-ce] que vos Petits Hommes? Où les avez-vous pris? – Dans la fiction, Madame » (*Ile,* Prologue).

2. Ainsi dans *Amédée ou comment s'en débarrasser,* et, j'allais dire... *passim.*

la scène du théâtre qui n'est jamais identifiée au monde. Aucun « spectateur », sauf à devenir fou, ne prend la scène, désertie du monde, pour le monde. L'*Ile* est comique. Le théâtre joue avec le vrai-semblable pour maintenir la distinction entre celui-ci et le réel; le semblable au vrai, ou « comme de vrai », n'est pas vrai. C'est où viendra réinsister la dernière comédie, *Les Acteurs de bonne foi,* de peur que toute la leçon de la comédie ne soit pas entendue.

La *vue* qualifiée ici de poétique, qui veille sous tous les angles à voir le comme comme comme, en quoi se distingue-t-elle d'une théorie, et comment sa propre autopsie interdit-elle à cette théorie qu'elle est de se prendre pour la Théorie? Quelle différence entre la pratique de la vue poétique et la théorie de cette vue[1]? Et on pourrait, de ces hypothèses, inférer l'un des modes de la *folie littéraire,* d'une folie qui serait la *littéraire* habitant sa possession d'écriture intarissable, mécanique, ne faisant plus confiance qu'en la réalité de l'écrit, comme un mode d'application au langage du fanatisme que je décomposais en phases d'identification et de prise à la lettre réaliste : prise à la lettre de la lettre, dans tous les sens, oubli de la différence – quand bien même indéterminable[2] – entre le jeu littéraire et le jeu du monde?

La poétique lutte; par exemple non pas contre la science, mais contre une épistémologie qui procéderait à son insu de métaphores subreptices, voire d'une métaphorisation quelconque, c'est-à-dire contre une vue : *a)* qui compare sans s'en aviser expressément; *b)* qui ne s'interroge pas sur le sens de la métaphore, c'est-à-dire la subordination déterminée du

1. Le sujet de l'énonciation de cette pratique théorique en est un qui, autobiographique, et donc narratif, ne cesse de s'interroger sur son bien-fondé : son discours auto-interrupteur et digressif s'apparente plus à *Tristram Shandy* qu'aux *Éléments de glossématique.*

2. Différence indéterminable, pure, c'est-à-dire qui ne consiste que dans le non-oubli du *deux en un* sans qu'il soit possible de déterminer à part les différents comme tels dans un réalisme ou dans un idéalisme : aucun ne peut se dire sinon dans son être comme l'autre sur le fond de leur être irréductible l'un à l'autre.

comparant au comparé, la position relative retorse de leurs rôles, la dissymétrie dans leur échange; *c)* qui assimile, faisant sauter le comme jusqu'à l'identification. Une prise à la lettre qui oublie la figure et prend au sérieux, « réaliste », la prise à la lettre.

« Épistémologie » dont je trouve un exemple récent chez un esprit remarquable s'écriant dans une interview au *Monde* : « La ruche, c'est le goulag généralisé »! Où je relève : une métaphorisation inversée (« anthropomorphisme »), une identification qui occulte la comparaison, un effet de dramatisation, « réaliste ». Je crois qu'une attention « poétique » aux choses dirait plutôt : le goulag n'est pas comme la ruche, la ruche n'est pas le goulag; dans un usage du *comme* pour la non-identification et la dissimilation.

D'une telle médisance, mévue (la qualifierais-je de « théorique »?), je tire qu'il y a deux délires : *a)* celui qui réalise (rait) une ruche humaine – délire fasciste; *b)* celui qui crie (rait) : « libérez les abeilles! » – délire gauchiste.

Le libre jeu du *comme,* paradoxal et non dogmatique, disjoignant, peut lui-même jouer grâce à l'intervalle où joue la jointure. L'écart, le vide, permet le jointoiement. La vue dite poétique ne peut perdre de vue la béance, la feuillure, dans laquelle joue la comparaison qui rapproche[1]. Par exemple elle porte au théâtre, elle donne en spectacle, elle refait de la représentation, in-vraisemblable, dans la conscience de la différence du pur intervalle, entre le monde et la salle, la salle et la scène de la représentation du monde.

La littérature, loin de fournir des modèles à la folie identificatoire, appelle à discerner la folie en toute réalisation; en montrant comment une métaphore peut devenir folle.

1. Le monde s'entrebâille, sur fond de néant, grâce à la comparaison rapprochante-disloquante qui, ajustant en langue les éléments d'un bâti, pratique des portes en tout lieu, dont le rythme fait entendre le battement. Ainsi le dire en poème entraîne la vue à suivre le rythme dans la direction de ce qui y bat; l'attente alertée par le rythme regarde par la porte pratiquée en langue, qui laisse voir quelque chose ou figure. Le poème fait entendre ce qu'il a entrevu; le lecteur, dans l'autre sens, entré en aveugle dans le dit, cherche à voir dans l'appel des mots.

Don Quichotte, on l'a dit, ne convoque pas à la folie « romantique » des « sacrifices aux causes perdues », mais donne à voir la folie d'un hidalgo livresque qui se prend pour le Seigneur de la Manche avant de se prendre pour Don Quichotte; et peut-être comment l'imitation de sa propre figure devenue modèle peut le mener à la guérison. Une « politique quichottesque » ferait un chaos sanglant parmi d'autres. La vision imaginaire qui réalise sa « sortie » est montrée comme comique – dans un livre qui prévient les sorties hors du livre. La géniale ambiguïté où, en même temps qu'il le dénonce, Cervantès maintient d'une certaine façon le Quichotte en modèle poétique est perceptible, entre autres, à l'épisode dit de « l'Armet de Mambrin » où le plat du barbier est déclaré heaume de l'enchanteur. Il est vrai que la vision poétique consiste à dé/signifier les choses, reconfiant un *étant* à son vide, à son indétermination, en le dé/nommant, en disjoignant les choses et leurs noms, en reconduisant au chaos les significations d'un « qu'est-ce-que-c'est » qui le refait *rien,* perd l'étant dans l'être pour le re/signifier, l'hétéronomyser en la nouvelle circonstance où son être-comme avec d'autres le fait recomparaître dans la gloire de la comparaison; mais il est non moins vrai que la vision imaginaire qui perd la conscience du jeu, du jeu du *comme* imageant, du coup de dé de la nomination qui n'abolit pas l'arbitraire de la signification, et fige tout dans l'identification, est la folie à conjurer. L'identification est imaginaire (idéologie); la réalisation de cet imaginaire est meurtrière.

Revenons à Marivaux. Loin de proposer des modèles dont on oublierait le caractère de fable, comme tout poète il nous montre que nous devons jouer-à pour éviter d'être-joués-par, entrer dans le jeu, donner la comédie des *acteurs de bonne foi* en représentation, scène sur la scène, car si nous ne jouons plus à jouer, si nous ne feignons plus de croire, mais substantifions et idolâtrons les règles du jeu en oubliant qu'elles symbolisent le jeu de l'être et nous proposent une des manières d'y jouer, nous sommes devenus fous.

Nous devons nous défier de l'emphase même du jeu. Si la formule de type *tout est x* est injuste, par injustice à l'égard de l'être de l'étant, nous devons nous garder de l'affirmation *tout est jeu* comme d'un excès qui menace le jeu par abus de jeu – à moins que l'entente du jeu ne soit telle qu'elle ne fasse pas de différence décisive entre *tout est jeu* et *tout est comme un jeu.* L'être est imprédicable, inidentifiable du nom d'un étant qui symboliserait même le tout de ce qui est.

Le jeu du langage et de la liberté.

> *Et par langage je n'entends pas l'idiome au premier abord insaisissable, mais justement cette sorte de langage théâtral extérieur à toute langue parlée, et où il semble que se retrouve une immense expérience scénique, à côté de laquelle nos réalisations, exclusivement dialoguées, font figure de balbutiements.*
>
> A. Artaud (Sur le théâtre balinais).

Notre culture s'accomplirait en un langage des « conflits du cœur et de la raison » mis en scène dans des drames psychologiques?

S'il s'agissait de cela, s'il n'y allait que de cela, je comprendrais que des « révolutions culturelles » ou des incultures résolues prennent la route de Bali ou de Kyoto, de Bahia ou de Mexico, préfèrent la bibliothèque de Lhassa ou de Buenos Aires, de Bombay ou de Téhéran, voire de Königsberg ou de Freiburg...

Mais il ne faut pas laisser les choses à cette trop sage réduction dont souvent les lectures critiques, la mise en scène de conservatoire, les restitutions universitaires sont responsables, par pudeur, objectivité, mais aussi par lassitude ou détumescence de l'enthousiasme, au point que les études, toujours « classiques », donnent aux assujettis des alibis pour haussements d'épaules ou autodafés mentaux...

Comment Marivaux intéresserait-il à ce point des contemporains s'il n'était qu'une étape de ce devenir culturel pour les « examens »; comment irions-nous encore aux représentations de ses pièces, si leur mise en scène ne visait qu'à imiter un monde révolu, à nous donner le spectacle, comme au musée Grévin, d'une reconstitution historique du disparu, fraîchement disparu et toujours plus disparaissant comme le murmure du « marivaudage » : culottes à la française, mouches sur la pommette ou l'entre-seins, perruques Latour, fauteuils Régence, boiseries Watteau, échanges subjonctifs de fantaisies vivaces, rivales et inoffensives, frôlement d'épidermes et de soieries domestiques, énervements par crises simulées des rapports heureux de maîtres et serviteurs, hobereaux et rustiques, princes à demi engoncés dans la féerie et jardiniers patoisants, riches provinciaux et parisiens snobs, dans l'intimité d'une Demeure bien communicante, microcosme d'un monde de l'entretien poli par l'amour, où nature et culture composent un mixte – *aurea mediocritas* – passant l'une dans l'autre pour se limiter réciproquement (entre la brutalité d'une Nature inimaginable en deçà de la pseudo-genèse de *La Dispute* et l'abstraction d'une catastrophe culturelle par raffinement social d'individus incapables de rejetons, mais délicieusement occupés à la contradiction de leur Amour-Propre et de leur Séduction : *mourant sans s'en apercevoir,* et que la surprise de la mort viendrait trop tard, cette fois vraiment trop tard, sortir de son rêve de vanité coupée du souffrir, du travail, de la lutte sociale) sous les lares déshabitués de sang d'un foyer syncrétique ou équivoque, fait de paganisme à demi superstitieux, de polythéisme décoratif, et de stoïcisme d'un fatum à figure d'Amour bourgeois cousinant encore avec le Dieu chrétien...

Et je ne sous-estime pas le plaisir spécifique des « grévinades », le même qu'un peuple, américain en l'occurrence, prend à la représentation de son histoire proche, aux « tableaux vivants » de Williamsburg ou de Mount Vernon, *funeral-homes* délicatement hantées par la rémanence évocable de ce qu'elles abritèrent, « résurrections intégrales » du passé imaginaire, travail tendre du deuil qui accouche sans douleur des ectoplasmes-son-et-lumière de la fondation. Le non-être sur le mode du ne-plus, il nous appartient de retenir son absence secourable pour conjurer de pense-bêtes l'amnésie galopante.

Mais la mise en scène des représentations de Marivaux ne saurait se borner à telles évocations – sous peine, je me répète, de n'intéresser plus guère les tard-venus que nous sommes, ceux qui viennent longtemps après la transformation de la société française. L'imagination créatrice qui réinstaure un monde peut-elle être remise à l'œuvre par ces œuvres ?

L'inquiétude qui perce sous le harassement de vaines altercations où la hâte d'en finir et la ressource pour différer la bonne fin même, vitesse et frein s'échauffant, rivalisent; l'angoisse dont la compétition pour l'autonomie et la position de supériorité est l'argument, le motif explicite sur le gouffre du latent; l'affrontement insigne et insignifiant entre les êtres, marionnettes d'eux-mêmes (de quoi ? de quelle indéterminité, manque à être, foncière, cherchant son contour d'apparition, la figure à faire – et quelle musique, se demande le dramaturge, consonnerait à cet entêtement ?), s'entretenant de leur résistance mutuelle; donc, ce qu'il y a d'émouvant dans ce combat de leur habileté fatale, c'est qu'il y va dans cette brève crise du tout de leur vie; ce qui fait drame, attendrissant ou poignant, pour un spectateur, c'est que les jeunes femmes sortent du silence (comme les comédiennes qui les masquent surgissent de la fosse) et vont y rentrer, pour toujours, jusqu'à la deuxième chance peut-être de la deuxième surprise de leur être, après le veuvage ou le divorce, y redisparaître. Le théâtre de Marivaux saisit ce moment de la croissance d'être où la liberté vibre entre sa réserve et son geste, son imminence et l'invention de son futur antérieur : « SILVIA : Ah! Monsieur, si vous saviez combien je vous aurai d'obligation! Dorante et moi, nous sommes destinés l'un à l'autre; il doit m'épouser; si vous saviez combien je tiendrai compte de ce qu'il fait aujourd'hui pour moi, combien mon cœur gardera le souvenir de l'excès de tendresse qu'il me montre! si vous saviez combien tout ceci va rendre notre union aimable! Il ne pourra jamais se rappeler notre histoire sans m'aimer; je n'y songerai jamais que je ne l'aime. Vous avez fondé notre bonheur pour la vie, en me laissant faire; c'est un mariage unique; c'est une aventure dont le seul récit est attendrissant; c'est le coup de hasard le plus singulier, le plus heureux, le plus... » (*Le Jeu de l'amour et du hasard,* III, IV). Le moment nuptial est théâtral, par une sorte d'homothétie entre le laps mis en scène (une surexposition entre deux nuits) et l'émergence à soi d'un être dans sa surprise d'être, son doute profond sur l'amour, et son vœu.

Elles apparaissent, encadrées de leurs limbes et de leur disparition; elles voudraient que ça dure, ce saisissement de soi, et en même temps appartenir à l'autre. C'est comme la figure du « premier bal » : qui est le dernier, parce qu'il n'y en aura jamais eu un autre où risquer leur apparition avec une telle intensité symbolique. Elles sont à leur psyché, à leurs fards, elles se préparent, et se font aider, à sortir. C'est l'acmé occidentale avant le couvent de la vie ou la suite privée, avant le bonheur sans histoire de l'outre-scène, où les contraires se distingueront de moins en moins, où les arêtes s'érodent, les différences amoindries se contaminent : et l'heureuse se croira bientôt malheureuse, ou l'inverse.

Regardez le Prince de *La Dispute* (sc. III) en sa cour regarder le premier vol des jeunes filles, saisir la chance de leur lâcher, de leur envol icarien vers le miroir (« ÉGLÉ : Que vois-je? quelle quantité de nouveaux mondes! [...] Que de pays! que d'habitations! il me semble que je ne suis plus rien dans un si grand espace; cela me fait plaisir et peur. Qu'est-ce que c'est que cette eau que je vois et qui roule à terre? [...] Quoi? c'est là moi, c'est mon visage? »), de leur regard naissant hors du chenilloir où les élevait Carise; regardez ces papillons qui battent de l'air avant d'être piqués, et repiqués, la chance de leur échappée, de leur tour de la piste ronde, entre l'élevage et la domestication; leur détente et leur rodéo, avant de se coller aux surfaces miroitantes, aux treillis en trompe-l'œil, aux portraits, aux bords du spacieux changés en cloisons. Sans doute la partition implacable du texte prescrit les relations; mais les comédiennes vont jouer, en distendant les intervalles à leur rythme, inventant leur diction, le volume de leur volte à cette seconde, leur imprévisibilité d'actrice du destin scellé des mariés.

Or la spaciosité du lieu est de langage. Écoutez ce ramage. Observez (songez à) leurs atours, leurs pas de scène, l'improviste mobile qui accompagne... Mais qui accompagne quoi ou qui? Qui commande à ce ballet, faisceau de draps, de lumières, de festons, de coudes, de souliers, de sourcils, de crédences, de portières, de madrigaux, de flambeaux, d'interrogatives trochaïques, de rires dentés, de chignons, de timbres d'incises ou d'exclamations, de chevilles, de trumeaux, de sopranes, de velours, de phonèmes et d'inflexions français, de signes... tout ce que vous percevez en même temps, et que vous anticipez de sympathie. Une mise en scène pourrait, chemin faisant, amplifier tel de ces registres d'images, agrandir de portraits aux murs (comme Planchon dans son deuxième *Tartuffe*) les visages amenuisés par le spectacle, comme les énormités de cols, de fraises, de bustiers, de cothurnes, de paniers, de crinolines, à certains âges de la mode, redoublent le col, le soulier, le corset..., et redupliquer d'échos les correspondances des registres de cette fête, de la demeure, de la couleur, de l'habit, de l'habiter, de l'habitude...

La passion qu'il y ait un texte se réjouit avec Marivaux; et plus encore aujourd'hui où la langue se fait moins entendre, et se métamorphose, et périt; conjoncture qui pousse à un désespoir apparemment inverse de celui d'Artaud à l'égard des « langues parlées » et de « nos réalisations dialoguées »; mais plutôt homologue : cela, langue parlée, réalisations dialoguées, qui est menacé comme le théâtre de Bali depuis vingt ans, résistera peut-être mieux, « langage théâtral » et « immense expérience scénique », devenus mémoire, car nul tourisme ne peut le copier, le photographier, l'emporter en effigie... Essayons... parlons ainsi... et si nous y parvenons, tant mieux, il y a encore à dire...

Mais pourquoi donc *la femme fidèle* veut-elle recommencer tout cela? Niant la mort de l'époux. Elle est fidèle à quoi, au juste? A quel événement, on dirait fondateur si c'était d'une ville, à quelle origine, que sa pulsion est de répéter en recommençant? Cette renaissance, qu'on dit d'amour : (et il y en a qui aiment plus que d'autres, qui aiment aimer, selon la fameuse citation, et le veulent plus que d'autres; qui entraînent les autres dans ce triomphe, à leurs corps défendants, plus placides, ou éteints, mais tant mieux pour eux, et la Comtesse du *Legs* ne le nie pas : « Moi, mépriser ce qu'il y a au monde de plus naturel! Cela ne serait pas raisonnable! Ce n'est pas l'amour, ce sont les amants, tels qu'ils sont pour la plupart, que je méprise, et non pas le sentiment qui fait qu'on aime, qui n'a rien en soi que de fort honnête, de fort permis et de fort involontaire : c'est le plus doux sentiment de la vie, comment le haïrais-je? » (sc. x). *L'épreuve,* c'est aussi de voir si « l'autre » est bon pour l'amour). Églé, Azor, Adine, Mesrin, Meslis, Dina naissent à l'amour, re/naissent par l'amour. Car la première « naissance », nous n'y étions pas. La surprise maintenant de naître à nouveau, vraiment, cet éveil que guette la fée sur le berceau d'Arlequin, mais ce n'est pas elle qui pourra le doter de ce don suprême du sentir, c'est par métaphore, transport des images référées à la lettre des premiers instants de la vie qu'ils vont se dire. L'esprit naît de la lettre, de la figure d'une naissance qui eut lieu pour les autres, et voici que ça a lieu « pour moi », grâce au langage reçu, qui attendait que je m'y insère, y consente, m'y retrouve; que je comprenne maintenant rétroactivement ce que c'est que naître; Arlequin : bel au pré dormant; et la belle dormeuse à laquelle il s'éveille, et qu'il réveille : la langue, qui se délie; le voici qui parle, remarque la fée; et leur histoire elle-même au bois dormant du livre, c'est le lecteur qui la ranime; polyvalence d'un schème de conte. « Je remplis d'un beau nom ce grand espace vide », dit Du Bellay. Ces formes vides transmises, elles ne sont pas vides au sens d'un défaut, c'est comme les grandes pièces du château, vides, spacieuses, d'être en attente pour; fête de l'hospitalité où on se réjouit de voir servir ce qui était dispos : la langue, qui s'éveille avec l'amour, c'est le plaisir que procure une représentation de Marivaux, pareille à ces nappes, ces couverts, ce vermeil, ces parquets, ce luxe qui repose, ou attendait – Et tant pis pour Hortensius et sa bibliothèque, s'il ne veut pas entrer dans le bal...

Et le chiasme, croisement des termes, écusson de ce χ immanquable qui dépose son dessein sur notre papier chaque fois que nous figurons le mouvement des protagonistes marivaldiens ? Il est la trace, marque et guide, signature de l'hésitation, de l'erreur commise qui ailleurs (en régime de « tragédie ») serait l'irréparable; mais ici l'index et le symbole du réparé, du retournement d'un destin auquel les actions humaines coopèrent, dessin de la rencontre de la ruse de la raison et de la ruse de nos raisons. Il figure la différence de l'existence et de la vie, la correction des trajectoires par l'amour et le hasard : figure d'une dynamique humaine où la liberté est à l'œuvre, d'une gravité différente des lois de la gravitation [1]. Tout le jeu de l'être humain dans l'être est sismographé par ce chiasme, qui croise et recroise, mémorise et signe la bifurcation. « Il faut opter », disait Carise à Églé; loi de la liberté qui présuppose le temps où, disant

1. Ainsi, je m'y arrête, un même mot : gravité désigne, dans cette langue, et la détermination « physique » en général pour tout corps (du point de vue de l'entendement : tout ce qui est étant corps) et le « sérieux de l'existence », le poids de sens obscur et pensable d'une vie humaine qui ne se trace pas comme est tracée la parabole du caillou ou de la comète inévitable. Ainsi dans l'homonymie, gravité du lourd, gravité de son regard, se joue le sens double du même, les deux indiscernables l'un de l'autre; la différence du tout au tout, de nécessité à liberté, est celée dans l'indifférence, du « même » mot. Le sens ne tremble pas pour l'oreille d'un sourd à cette langue, à qui ce son non-signifiant resterait monotone et fermé. Il y faut une pensée qui joue dans la langue avec le langage.

cela, je n'opte pas encore, temps où on est libre de la liberté que le XVIIe siècle appelait « d'indifférence » : tel, le mitan des *Serments indiscrets,* dans l'oscillation de la balance, à plateaux indifféremment vides (toutes raisons oubliées d'un « ma foi! je n'en sais plus rien ») ou à plateaux également surchargés (par contrepoids des raisons opposées), cela revient au même; milieu, point commun aux segments de la relation qui se croisent, milieu des mouvements croisés sur la scène (la mise-en-scène demanderait aux comédiens de parcourir effectivement les diagonales et les côtés, cour jardin, haut bas, devant derrière...) des serviteurs et des maîtres, entre autres, qui se rencontrent un temps, centre de gravité réel et sans épaisseur, où ils s'égalisent, faveur du chiasme; moment de la reconnaissance de l'autre comme libre (ce peut être, non moins, celui où l'Angélique de *L'Épreuve* écarte le pseudo-Frontin : « Non que vous ne soyez fort aimable, pourvu que ce ne soit pas moi qui vous aime! »), point de tendresse ou de flottement, point imaginaire et réel, où l'un s'abaissant l'autre s'élevant, et chacun relevant l'autre tour à tour, ils se « croisent ». C'est à dégager ce point – comme dit Breton – où est suspendu le destin qui destine l'une à l'autre des libertés, que tend le théâtre de Marivaux. Faveur du chiasme; grâce du conditionnel, du « ce pourrait être autre; ç'aurait pu être tout à fait autre » dans l'erreur qui ressemble à s'y méprendre à la vérité pendant un regard, une heure, un jour... A un détail près, la différence imperceptible et décisive se joue; Araminte serait partie avec le Chevalier, Dorante aurait épousé la Comtesse, Lucile avec Frontin, Ergaste avec Clarice... qui ne se conviennent pas, comme le redit l'Angélique de cette *Épreuve* tardive (1740) – en un passage où nous pouvons croire entendre Marivaux, l'œuvre-Marivaux.

Le chiasme : sa croisée retracée des dizaines de fois par Marivaux comme le geste économique (au sens du principe d'économie) de dessiner le champ du possible, de balayer, déterminer, l'option humaine : la libration de la différence du tout au tout, où il s'en faut de rien pour que ça ne revienne pas au même; manière d'écarteler les extrêmes, en peu de temps et de place, à la mesure du rectangle de la scène, du cadre de la vie; de déployer l'empan de ce qui est permis à l'homme.

Ainsi la liberté de Descartes pouvait être dite *absolue* (si limitée qu'elle soit « au regard de Dieu ») parce que son champ était égal à la différence qualitative absolue, entendons « telle qu'une plus grande ne peut être figurée », entre le *oui* et le *non* [1]; l'écart du oui au non est tel qu'il n'y en a pas de plus grand « pour nous »; nous avons donc tout ce que nous pouvons demander dans le balancement de l'affirmation au refus, du refus à l'affirmation. C'est celui du mariage, dont l'expérience (l'épreuve) se fait par l'hésitation, « l'erreur » de dire non, ou de dire oui à faux, qui se méprend et se reprend. Tel est le vertige de liberté qui s'ouvre à la conscience des êtres marivaldiens à la mesure et à l'occasion de la question du mariage : affaire de la différence d'un oui à un non où « se joue la vie »; du retournement d'un non initial à un oui final par la médiation (oui, comme au syllogisme) du « moyen terme » d'un pseudo-oui, d'un oui à faux, d'une erreur et errance, duperie, où le sujet apprend à reconjuguer le verbe aimer, à entrer comme sujet et prédicat dans une proposition, à faux sans doute, mais lui-même, et d'où il pourra sortir grâce aux autres, grâce à la langue où ils se parlent et au langage d'amour qui leur est commun – pour conclure la bonne relation, la proposition concrète qui dénoue en nouant heureusement les deux termes qui se conviennent – quels que soient les figurants (au sens fort) de ce drame que le hasard a présentés l'un à l'autre, Silvia pour Lélio, Dorante pour Araminte...

Le mariage se trouve être le cas et le prétexte, le sujet et la figure, du destin; pour ces vies, de citoyens du XVIIIe siècle,

1. La *Quatrième Méditation* : « Il n'y a que la seule volonté que j'expérimente en moi être si grande que je ne conçois point l'idée d'aucune autre plus ample et plus étendue (...) elle consiste seulement en ce que nous pouvons faire une chose *ou* ne la faire pas – c'est-à-dire affirmer *ou* nier, poursuivre *ou* fuir, *ou* plutôt seulement en ce que pour affirmer *ou* nier, poursuivre *ou* fuir les choses que l'entendement nous propose nous agissons en telle sorte que nous ne sentons point qu'aucune force extérieure nous y contraigne. »

il n'y en aura pas eu d'autres; leur « être-homme plutôt que rien » se joue à la faveur de cette différence optimale du oui au non dans l'affaire du mariage prise comme allégorie du destin dans la littérature bourgeoise.

Ailleurs, à d'autres genres, à d'autres scènes, romanesques ou épiques ou... non livresques, ce sera un autre choix dans d'autres termes qui engagera le sérieux dont l'existence est capable, et il peut arriver que le choix d'une robe ou d'un plat m'engage décisivement... chez Marivaux c'est le dandysme du mariage. Et si « je » sors, quitte la lice des fiançailles, avec Araminte ou Angélique, Clarice ou Hortense, j'ai choisi, je vais le savoir, la porte de la vie ou la porte de l'erreur; et pendant un temps j'aurais pu me fourvoyer moi-même, dupe d'un malentendu objectif, d'une cause ne dépendant pas de moi (c'est le cas le plus banal, comme celui qui me fait prendre Clarice pour Hortense à cause de leurs masques – fable que nous pouvons entendre, plus gravement, non pas dans sa lettre mais comme l'allégorie d'une vertigineuse identité des doubles dans une vie où le paraître fait masque de toute façon) ou, plus vertigineusement, plus métaphysiquement, dupe de la stratégie que j'inventais pour ne pas être dupé... Pour « moi », il y a eu choix. Il faut choisir – risquant le tout pour le tout sur des signes qui et sont expressifs, véridiques, et sont équivoques, stéréotypés, trompeurs.

Les êtres qui se jouent ainsi sont des êtres parlants. L'insolence de Lisette ou de Mademoiselle Argante nous y entendons aussi – c'est-à-dire en même temps que le caractère fonctionnel de la repartie à telle phase de l'action – des êtres qui se mesurent, mesurant une distance ontologique. Ils se séparent d'une liberté à l'autre; geste de se reculer, de se rapprocher front à front, de s'envoyer promener... car l'étonnant est qu'il y ait *des* libertés. Le théâtre n'est pas un traité de métaphysique portant sur la liberté; mais théâtre de la liberté au pluriel, de la pluralité des libertés, des mondes. Chacune, pour soi absolue, dans le mouvement de se reprendre, de se méprendre, de s'éprendre; chacune excluant d'abord l'autre, puisque chacune revendique tout – par exemple dans l'instant, le laps temporel et signifiant où l'un refuse que la circonstance fortuite de la coïncidence dans une même maison, un même salon, soit celle de la réponse définitive que la volonté de l'autre sollicite, exige...; là-bas, à quelques pas il y a le même trou d'être qu'où je suis, quelqu'un qui prétend à tout, décidé à décider du tout où je suis inclus pour lui, et réciproquement, inversement, répulsivement. Tels, et en ceci, nous nous mouvons et sommes et mourons. La scène est la scène que se font les libertés, l'intervalle tendu de l'une à l'autre, spacieux et resserré.

Le comique de Marivaux se joue à montrer comment « l'aliénation de désir est récupérable, mais ne va pas au-delà de l'autre », dit Éric Gans.

Aliénation de désir? Oui, si chacun est hors de soi par désir, ce désir dont le refus est devenu un mode de l'amour dit propre, et puisque la vaine, et belle, croyance de n'appartenir qu'à soi-même ne sert qu'à creuser ce recul où il s'horrifie, se capitalise, se bande, comme en une parade éthologique, pour mieux se précipiter sur son « objet » à la place où l'image d'un autre vient s'enlever, désignée en même temps par le narcissisme du sujet et par l'amour des tiers autres. Et dans l'échange – car il y en a un, quand le don de soi à deux, pure « aliénation », forcément, se croise – un moment d'équilibre se fait, aucun ne retombe encore de son côté, c'est le moment de la danse, avant la fatigue où chacun va repeser son poids propre et peser sur l'autre, c'est le moment de comédie, où le jet de cette aliénation réciproque fait un ballet, et la mesure, emportée, bat, belle. Dire que telle aliénation de désir est récupérable, moment heureux de comédie, c'est observer combien, loin d'être infernale, elle refait du social, un monde commun au salon; gloire de la sphère privée, offerte avant son éventuelle refermeture sur le secret de la décomposition du lien domestique – lequel ne se réexposera, publiquement, que dans le « procès » du divorce, ou du déshéritement. Tous « se récupèrent » si l'on veut, comme trapézistes, sauteurs, danseurs dans l'exercice réussi, quand chacun revenu à soi « se reçoit bien » en étant passé par la grâce des mains de l'autre pour capter de lui et lui donner l'énergie de relance et d'appui nécessaire.

Le sourire, donc, de la comédie affleure aux visages, communiqué au public – ou : se communiquant du public aux personnages et aux comédiens.

Or de là un autre enfoncement dans le comique a lieu, et le sourire se change en un rire qui pourrait bien virer au fou rire, au rire tournant fol, indéfini. Parce que le désir ne va jamais au-delà de l'autre? Oui. L'aliénation fut la sublimation, mais le désir consume et consomme de l'autre pour revenir à soi, et il lui faut de l'autre. Ça tourne en rond, dit le parler. Comme un menuet. On recommence – à chaque pièce. Et les personnages le savent, qui promettaient au début de ne pas recommencer, de ne pas entrer à nouveau dans la ronde!

Longtemps le double, l'autre même, ombre et fantôme, fut expulsé de terre par religion. Le mort présent parmi nous pendant quelques heures ou jours, non-vivant parmi les vivants (comme Philoctète, le mort vivant infréquentable dans son île) ni lui-même ni un autre – et déjà semblable à tous, nous identifiant en nous montrant *ce que* nous sommes, intolérablement mortels – était bientôt enseveli et adressé aux morts, expédié par le trou de terre vers l'Hadès tanathophore d'immortels outre-tombe, au nadir du ciel. Pour tous et pour chacun la menace de son autre, de son double, était conjurable; le revenant, si dangereux, du moins revenait de chez les morts. Et la surface où convivre purgée de cette altérité terrible, de la doublure, proche mais distincte, incomparable aux vivants. Si le temps, c'est devenu de plus en plus pour nous « l'enfer des autres », comme a dit Sartre, qui règne, et au théâtre, la comédie n'en fut-elle pas un des modes d'installation si, excluant les morts et la mort (en cela distincte du *Carnaval*), elle fit une île de la vie des hommes entre eux dans le moment du désir reconnu? La croyance en l'autre monde a dépéri, et voici que c'est le séjour des vivants qui s'est peuplé de doubles : pour chacun son autre même, ou rival, c'est l'autre qui est ici à sa place. Monsieur Teste ou l'Éternel Mari, ils ont à vivre ensemble avec leur ennemi intime. La comédie fait tourner l'éternel retour d'un même, la ronde du désir qui ne va pas au-delà de l'autre. Profane et laïque, elle peuple de rivaux notre séjour, la vie est un rêve, et le je qui est un autre proliférant exemplairement, pourquoi pas moi, comment s'assurera-t-il que c'est bien lui qui est aimé et qui aime. « Un monde où les gens ne se *reconnaissent* pas entre eux. Leur principale besogne consisterait à se convaincre mutuellement qu'*ils sont bien eux-mêmes.* » L'immense jalousie à la fois provoque le présent effilé de l'amour sur désir, et menace son devenir. Mon désir – n'est pas moi; il me généralise autant qu'il me spécifie. Si je reviens à moi... nous ne nous connaissions donc pas?

(On croyait se connaître; on ne se connaissait pas. De deux qui s'aiment et vont se marier, il arrive que le tiers s'inquiète : s'avisant qu'ils ne pressentent pas en l'autre cette manière d'être, ce trope, qui fera lâcher prise à l'autre quand il les découvrira. Je crains qu'ils ne se connaissent pas et que la lucidité de chacun sur soi-même empêche l'un de connaître l'autre, d'autant plus insidieusement que cette lucidité que projette sa tache aveugle est *presque* complète. Ou : la méprise serait constitutive? Le désir se méprend, et sa métamorphose est désillusion : c'était donc l'autre (la sœur) que je désirais?! Fatal que le reflux du désir découvre ce côté par où l'autre me repousse? Échéance que s'évitent les *sincères :* parce qu'ils se montrent d'emblée dans leur intraitable idiosyncrasie, les fiançailles ne prennent pas. Leur désillusion réciproque, si l'on peut dire, se préfère aux yeux mi-clos du désir, et rejette chacun vers celui-là, un autre autre, que nulle tâche de sincérité ne prévaudra assez fort pour interdire, empêchant la syncope du désir.)

J'entends nos plaintes, et toutes les plaintes sont légitimes. L'anthropomorphose inventa les dieux et la justice pour que s'apaisent les plaintes à un moment – et qu'est-ce qu'un moment sinon par *simultanéité* (que quelques choses soient ensemble), et qu'est-ce qui peut faire de la simultanéité sinon l'unisson de plusieurs paroles, au point par croisement de deux paroles échangeant le même; et que commence un monde sans autre durée que celle de l'inauguration d'un monde de justice!

Ainsi à tout instant est-ce le Jugement Dernier, qui prononce et échoue, rouvre le temps, le temps infidèle qui dévie aussitôt de son recommencement, jusqu'au prochain jugement, proche pardon, concile de réconciliation...

Ô l'œuvre de Michel-Ange, Sixtine, c'est le Déluge et le Jugement contemporains! Les hommes dressés en effigie contre la paroi, tâtant du bas en haut, cherchant à s'accrocher à la lumière du haut, fuyant le bas du bas, l'enfer où leur pesanteur glisse parce que l'eau qui tombe délite toute prise et dissout les mains; et crient de douleur, d'imploration et de revendication légitimes. Tout est devenu légitime, et il n'y a plus d'autre bruit terrestre que de procès privés et publics, querelles instruites par tous contre tous à toute échelle de personnes, et de personnes morales, et d'énormes entités anthropoïdes, contre les autres et les grands autres; et d'autant plus assourdissant que les confessions et la pénitence ont vécu, et que faute de sacerdotes et de croyants, chacun sort, envahit l'espace et fait retentir le lieu de son grief inexpiable, et, du prétoire de quartier à l'organisation des Nations, l'immense et insoluble Procès des insolvables dettes recouvre la terre.

« D'où les choses ont leur naissance, vers là aussi elles doivent sombrer en perdition, selon la nécessité, car elles doivent expier et être jugées pour leur injustice, selon l'ordre du temps. »

(Traduction de Nietzsche traduisant Anaximandre.)

vitesse, la flèche qui unit, le médium du transport qui rapproche...

Deuxième doxa : le message est moins prompt ; l'aveu, l'échange, la confidence, la déclaration, le *faire* (de) l'amour est moins prompt. Tout message, tout contrat est en retard sur le premier échange, celui qui « a eu lieu » au contact des deux sphères de « regard ». La parole d'amour, l'aveu réciproque, qui vient renouer, confirmer, suit — avec retard. Le message dépêche ; le messager se dépêche ; la confidence se hâte... au risque de ne pas rattraper. Ou : le rayon amoureux rencontre aussi des problèmes de réfringence ; il faut qu'il se fraye un trajet optimal à travers des milieux à indices de réfraction plus ou moins obstructifs ; tels que l'idiome de classe sociale, ou « l'idiolecte » d'un caractère singulier. Le moyen est l'obstacle, l'obstacle est le moyen. Et si Hermocrate, ayant reconnu Phocion, la démasque, c'est pour hâter la victoire de celle-ci, puisque, paraissant en femme, elle aura d'emblée vaincu. Hermocrate veut-il lui barrer l'accès ? Elle lui *donne sa main*. Chaque sujet, de l'amour et à l'amour, en la sphère de son parler, offre un indice d'opacité différent, selon son humeur, sa condition, sa position dans le drame. Autant de *malentendus* constitutifs du milieu du se-l'entendre-dire, où les ondes de l'ouï-dire ne coïncident pas avec celles des regards. Le dire, qui est un *faire,* est moins prompt que l'échange lumineux. Le dire doit composer et compter avec des acolytes et vicaires, d'autres moyens plus lents à *parvenir* : le billet, le portrait... L'amour aura triomphé quand le trajet des messagers sera repassé, le vérifiant, sur le premier transport, et se sera accompli d'un mot *aussi prompt* que le regard : *oui.*

Ce que nous appelons désir, ils l'appelaient amour.

L'échange *muet* des regards en *dit* plus que les mots. Comment cela ? (cette jeune japonaise qui refusait de lever les yeux l'autre soir pour ne pas rencontrer d'autres que ceux de son mari... Dans le métro, dans la foule moderne, ce croisement incessant, harassant... ; milliers de rencontres possibles par les yeux). Les yeux disent tout parce qu'ils ne disent rien. « Vous avez souri, ne dites pas non ! » Vous m'avez regardé, ne dites pas non ! Maintenant, il faut parler ; les « sujets » vont se parler ; se parlent. Et par rapport à cet infini consentement potentiel (cet infini en acte... presque), les mots seront en retrait. Détermination est négation, disait Spinoza. La parole sera dédit ; repli ; refus. Ils ne peuvent contenir autant que l'*intuition.* Ils se dérobent, *se défilent,* littéralement. Acte trois : comment ajuster, accorder les deux, cette immense promesse avec cette trop lente procession des mots, qui ont commencé par s'opposer. Comment revenir là-dessus, faire coïncider paroles et regards ; par quel « changement d'axes » inaugurer un nouveau commencement, de simultanéité ?

Beaux yeux, c'est la synecdoque essentielle ; quelque chose de « l'intérieur » s'élance, passe... Le microcosme psychique du « dedans » et le macrocosme du vaste monde se touchent, s'échangent...

Et que se passe-t-il quand l'un des deux dort ? Qu'est-ce que la beauté aimée sans une réciprocité initiale (au moins équivoque) ? C'est le cas fréquent, car c'est celui de la surprise de l'autre, « en forêt » par exemple. L'un voyait sans être vu, l'autre était offert sans s'offrir. Endymion ; Artémis... Il faut donc recréer la rencontre, la première rencontre qui n'eut pas lieu. Réparer le tort originel de cette précession, de ce quasi-viol, de ce premier rapt, où ne fut saisi et dérobé que le regard, et le cœur, de celui qui dérobait, à la dérobée, l'aspect de l'autre, sa nudité passive, sa beauté aveugle, parce que sa vue ne rencontrait pas « l'objet aimable ». L'amant en premier (la première Fée ; le Prince de Silvia ; Phocion...) doit « se faire pardonner » d'avoir rencontré l'autre sans rencontre, d'avoir vu sans être vu. Cette inégalité. Avoir été le premier ; pas même ! Avoir été avant la relation d'un en-premier avec un en-second qui eût pu être le premier, cela frapperait — si ce ne devait être annulé — d'une déficience la nature de l'échange ultérieur, s'il faut que le croisement (*chiasma*) soit originaire pour que la séquence de la *première fois* (ou commencement) explicite une simultanéité. Tel fut le tort de toute *procuration* (mariage arrangé entre les pères *pour* leurs enfants ; ou mariage de deux générations différentes, quand un « Arnolphe » d'avance se réserve sa fille ; quand la prévenance paternelle — ou maternelle — (divine) a manqué empêcher la surprise, ne pouvant que provoquer l'ingratitude irréparable. Et il faudra le déguisement de Dorante pour que le jeune homme en valet devienne reconnaissable et aimable « lui-même ». Un autre danger sans doute menace « l'expérimentation », celui de jeter les uns sur les autres les enfants du désir (*La Dispute*), et leur confuse mêlée érotique déchaînée par la « dispute » des Princes Parents lui répond bien, chaos pour chaos ! « Nous n'avons pas lieu de plaisanter », dit Hermiane. Affaire de séquence et de ponctuation... Mais revenons au *Triomphe* : Phocion prend soin de dire qu'*Agis* et elle ont *le même âge* ; et qu'elle donnera *tout* (son pouvoir, son règne, sa personne) pour réparer cette avance, d'avoir surpris le prince dans la forêt. Le Triomphe de l'amour doit mettre en phase, si je puis dire, les deux surprises, d'abord trop distantes, de Phocion et d'Agis.

Mais *l'amour propre* en tout cela ? Il y a quelque chose d'indéfini, d'inchoatif, de mou, chez Agis. Il cède, ne disons pas « immédiatement » — car l'extraordinaire vitesse marivaldienne, loin d'escamoter les médiations, en « précipite » rigoureusement le cours. Nouvel équilibre, nouveau temps : *accélération* de certaines médiations pour le *ralenti* (qu'on appellera *marivaudage*) de l'échange retardé du consentement dans le ballet amoureux des phrases — il cède promptement, par l'étape intermédiaire de *l'amitié* philosophique (*philia*) où il fut éduqué, plus platoniquement que platoniciennement, prenant Phocion pour un homme. Dès que Phocion lui aura dit son « sexe », il se découvrira avoir été son... « amant » (un homme est *ami* d'un homme et *amant* d'une femme, par définition). Il ne passe pas par le *non* initial, le refus que l'amour dit « propre » oppose à l'amour. Ou plutôt : le non aura eu lieu bien avant, abstraitement : cette négation de principe qui lui fut inculquée par les philosophes à l'égard de l'amour et de la reine ; mais les philosophes ne pouvaient pas ne pas lui apprendre à l'avance la *philia* platonicienne : d'entrée de jeu Phocion fut son *ami* — et donc *aussitôt* sa maîtresse.

De même *l'argent* abat trop vite les valets ; la disproportion est infinie, trop inégale, si vous préférez, entre la richesse de la reine (qui ruisselle d'or à la demande) et la vénalité de l'Arlequin-Dimas.

Où est donc la résistance ? Chez les philosophes. Il faut donc bien la montrer, la majorer ; ou tout devient ridicule. Il faut que le monde des philosophes résiste, ait de la subsistance — au moins autant que l'Hortensius de la *Seconde Surprise* ; qu'on peut, il est vrai, caricaturer sans frein...

Car deux directions tentent la mise en scène contemporaine : celle de dramatiser la comédie, ou celle de la tirer vers la farce. (Que dirait Aristote, qui définissait la comédie par une altération de l'humain « en pire », et la tragédie par son amélioration ou grandissement ? Les hommes, chez Marivaux, sont-ils « pires » ? oui, « Dimas et Arlequin »... ! Ou « meilleurs » ? oui, certains, sous certains aspects : tels princes, ou comtesses, en amour et en amour propre, et en célérité « spirituelle »... *Tragicomédie* et *drame*.) Dramatisons, et imaginons un premier tableau muet, scène 0, où l'on verrait Phocion, écartant ses prétoriens, dépouillant les insignes d'un grand pouvoir, se déshabiller pour, le temps d'un sein nu entre deux chemises, se travestir en homme et s'enfonçant avec Corine-Hermidas, côté forêt, côté jardin, côté nuit, côté risque ; tandis que, de l'autre côté, le monde des philosophes farci d'in-octavos et de conjurés mûrirait un complot redoutable. Ou bien *ne prenons rien au tragique*, tirons plutôt dans l'autre sens, comique, et plus conforme à l'examen littéral de quelques scènes ; et voici les philosophes célibataires ruminant la représaille impotente, calvitie et canitie chevrotantes, bousculés tour à tour au manège comme des apprentifs sous le fouet d'un maître écuyer, toujours vierges et déjà cocus, plus moliéresque que nature : ils se croyaient séducteurs et les voilà qui se marient avec le même cavalier bisexué, roulés maintenant au char de son triomphe !

Il n'est jusqu'à Dimas même au passage qui ne se moque des philosophes ! Et son bégaiement (II, 9) sur « homme et mortel » est d'un cancre qui râclerait sa mémoire à la recherche du syllogisme en « DARII » le plus fameux de notre culture... Chacun est fol par libido, comme on dirait aujourd'hui. Hermocrate le sait : sait tout de soi comme un autre. Sa philosophie lui sert à cette lucidité qui ne change rien au fait d'être aimé — obligé de *poser*, oui, pour qu'on lui tire le portrait, il est humilié jusqu'à l'o de son *cogito* ; mais il pose. La mise en scène peut « dramatiser », — ou en remettre sur son ridicule : que le public soit à guignol ! Ne l'est-il pas de toute façon, ce public qui sait depuis le début le secret de polichinelle. Ainsi pour Léontine (II, 5) : elle est *presque dans le vrai* (« Et parce que vous êtes désolé, il faut que je vous aime ? Qu'est-ce que cette tyrannie-là ? »). Tout se passerait bien ainsi, si les deux devant nous s'aimaient vraiment. Conditionnel de la vraisemblance surveillé par le public — qui sait que « c'est faux ». Marivaux lui a tout dit ; le public ne peut que rire — et admirer le trompe-l'œil, l'art de feindre l'art d'aimer ; comme en peinture il contemple l'illusion *comme telle. Ut pictura...*

Le Triomphe de l'amour n'est-il pas un cas d'extrême difficulté pour la démonstration marivaldienne ? en un sens oui ; quels obstacles en effet plus opaques que ceux qu'opposent une raison philosophique étrangère à l'amour, et son projet de vengeance qui a résolu « de toujours » la perte de l'amante? Le *non* à l'amour qui l'interdit d'entrée de jeu a été juré. Comme le Lélio de la *Surprise* s'interdisant l'amour une fois pour toutes, ennemi juré du sexe, Agis a opposé à l'amour un NON de principe et un autre pour l'usurpatrice; mais ce fut sans première expérience de l'amour et dès les premiers échanges avec Phocion en cavalier, on dirait qu'un peu de coquetterie se glisse...

Pourtant le plus difficile obstacle, la seule vraie *impossibilité,* c'est celle que l'amour s'oppose à lui-même : amour propre. A peine présent dans le *Triomphe* où l'amour n'a pas de « querelle avec lui-même ». Au contraire, central dans le drame suivant, *Les Serments indiscrets,* où Marivaux affronte cette « insoluble » aporie — pour la résoudre, par d'autres biais : *tertium datur* n'est pas une proposition philosophique.

La *ponctuation* (Watzlawick), caractéristique de la comédie sur la séquence où alternent (ré)conciliations et répudiations, unissons et dissonances, accusations et pardons, représailles et retrouvailles, est celle qui *choisit* de procéder du positif au positif, du bon au meilleur, du commencement prometteur à la bonne fin. Et, le plus constamment, sans reste, sans victime émissaire, sans exclusion, sans irréparable. Pourtant le couple fraternel, ici, des « philosophes », n'est-il pas victime de la machination, puni, et son jardin terrestre à la fin reclos sur lui-même? On le dirait, ça n'est pas sûr...

Je crois que tout le monde y gagne, même les philosophes : car ils ont quitté une passion pour une autre — *par* une autre, comme dans le traité de Descartes. Passion du secret et de la vengeance qui les anime « léthargiquement » (je veux dire : « sans qu'ils s'en aperçoivent », au sens grec de la *lèthè*), pour et par la passion de l'amour : l'amour n'eut qu'à paraître, ils se sont crus aimables, ont songé être *aimés* (nous dirions : désirés), et aussitôt se sont découverts

« amants ». La formule magique, « je t'aime », les *assujettit* à l'amour. Le nom de l'apparition même, dans le « l'un-pour-l'autre », c'est *amour.*

Une passion en neutralise une autre, selon Descartes, et ainsi Phocion les a rendus *libres...* pour la *raison.* Leçon cartésienne, en légère moquerie sans doute, mais tout finit bien, pour eux aussi, selon l'esprit de la comédie.

Héritière malgré elle d'une usurpation — celle de son *oncle,* ce qui atténue la faute originelle —, Phocion trame un complot d'amour aux fins de restituer à Agis son héritage « naturel »; et que tout rentre dans l'ordre par une « révolution » douce, qui est celle de l'amour : combat permettant l'économie de la violence. (C'est le schème des *Iles* de Marivaux.)

Aux questions d'Hermocrate elle répond *en remontant* à l'origine : usurpation de son père, elle-même bien excusable; voire : dont elle s'excuse *absolument* (I, 1) en rejetant le tort *infini* chez les philosophes (« Quel tort n'ont-ils donc pas ? ») *Non, Corine, je n'ai pas de scrupules.* Ils auront ce qu'ils *méritent.* Faute sans faute est la sienne, *felix culpa* — comme celle qui régnera dans *La Nouvelle Héloïse*; aussi éloignée de la transgression tragique des Grecs (crime de l'inceste et du sang des siens répandu, qui « attire » la « colère divine ») que du péché originel chrétien. Faute sans *ubris* ni méchanceté foncière; sans malédiction fatale, sans responsabilité; faute trop humaine, sans dieux ni Dieu; et que l'amour humain peut annuler, réparer. Faute de comédie; que des acteurs de bonne foi peuvent représenter.

Le projet de Phocion est *bon*; il est de mettre sur le trône Agis (« Allons, Seigneur, venez recevoir les hommages de vos sujets », est le dernier mot de la pièce) ; de « rétablir » l'ordre ancien (comme à la fin de *la Colonie* quand les hommes reprennent le pouvoir), après que la prétention « philosophique » aura été moquée (comme à la fin de *L'Ile de la raison*). Il s'agit de rééquilibrer, par des échanges. Et les mouvements de contrepoids (ainsi le *piège* d'amour de Phocion répond au complot de haine d'Hermocrate; Agis est l'enjeu et le gage, il passera d'un camp à l'autre, « furet des bois, Mesdames »), chacun dans leur ordre, par exemple dans l'ordre psychique-amoureux et dans l'ordre politique, se prêtent vraisemblance mutuelle, alibi raisonnable si vous préférez. Le mariage de raison « politique » résolu par Phocion est « naturalisé » par la puissance Amour.

De sorte qu'une mise en scène, mise en perspective, en trompe-l'œil, bien sûr, peut *choisir* de mettre en avant (en « forme ») l'un des deux motifs, érotique *ou* politique, et l'autre en arrière (en « fond »). La fin est optimale : amour sur justice ou justice sur amour.

Mais, entre nous, s'il s'agissait d'une leçon de philosophie politique, la pensée n'aurait pas grand-chose à se mettre sous l'oreille. Quant à la morale? gestion d'alibis. Alors? Cette « Princesse travestie », entre la mytho-féerie du dieu-amour (voir « La Réunion des Amours » et alii) et le drame bourgeois de la psyché amoureuse « en querelle avec elle-même » où le langage est le dieu, voici une pièce ambiguë, une fable intermédiaire, où le ci-devant Eros a pris l'aspect « réaliste » d'une princesse unisexe, dans la série des comédies à costumes « historiques » où les deux puissances, monarchique et érotique (*La Double Inconstance, Le Prince travesti,* etc.) se prêtent travestissement et « causalité » réciproques.

Entre les scènes qui n'exigent pas de continuité parce qu'elles ne se passent pas de l'une à l'autre le relais d'un « voici venir un tel », je plongerais volontiers tout le théâtre dans une brève nuit épaisse, suggérant qu'un temps autre a pu se passer; les scènes isolées par tels cernes noirs seraient autant de médaillons d'apparitions distinctes, qu'un titre imaginaire pourrait recouvrir :

— *III, 2* ou Phocion en *pure impatience* (on se rappelle le frémissement incessant de Casarès dans le rôle).

...

— *I, 2,* Arlequin serviteur de deux maîtres, Arlequin le *poïkilos,* le moiré, l'accélérateur, le catalyseur protéique, et serviteur, peut-être, mais susceptible d'épouser Hermidas et donc potentiel « grand de cour ».

...

— *II, 11,* ou la leçon d'amour dans un parc, jardin de Tendre parcouru en dix pas, sur estime, sur amitié, sur mensonge...

...

Et cependant comme aux meilleurs dessins de ce siècle, la ligne serait *tracée* à toute vitesse, contour élégant fixant l'apparition le temps d'un battement être/néant, crête de partage rapide *entre* la farce (jardiniers jargonnants, vieux célibataires à manies, « reconnaissances » moliéresques : il nous a eus), et le drame de surface politique ; et sur ce fil le prompt funambule Marivaux-Phocion ordonnant la succession des scènes, battant des mains, des pieds, de l'argent, faisant son irréel du présent, son illusion comique avec des possibles, évoqués, révoqués, choisis, « réalisés »...

P.-S. À LA MACHINE MATRIMONIALE

La fascination du bas

Ce qu'est le *bas,* il faut le rechercher, le définir à nouveaux frais. Mais ce pourrait être une approximation que de désigner le bas comme ce qui l'emporte en tant qu'*imitandum*; ce vers quoi porte la mimèsis. Rare et labile, l'imitation dans l'autre sens. Le bas est une sphère close, narcissiquement *suffisante,* comme on dit de la bêtise. Observons les rapports des enfants entre eux : c'est la position basse, vulgaire, qui l'emporte, déchaînant l'imitation. Longtemps je me suis demandé pourquoi les enfants ne suivaient pas l'exemple des « meilleurs », mais suivaient celui de ceux que les parents, voyant de plus haut, précisément, et du même coup plus loin, leur jugent inférieurs.

Idiosyncrasies stables, autarciques, des vulgaires : modèles fascinants. Le renfermé l'emporte sur le disjoint. Le bas fait classe, classe sociale, plus fortement que le haut, plus fragile celui-ci, incertain de sa domination.

Dès lors le schème le plus riche de l'imitation, le cas optimal, serait celui de l'*échange* : le haut et le bas se croisent à mi-chemin pour échanger leur séduction, déposer les signes, insignes, signaux, panoplie de leur fascination réciproque, et *peut-être* apercevoir leur égalité non abstraite dans le moment de la tendresse, et ainsi recevoir réellement de l'autre ce qu'il peut donner.

Et les « valets », ou ceux du monde inférieur, c'est comme s'ils disaient : « Vous qui êtes là-haut, de la haute, vous qui faites le haut, ne vous détruisez pas ! Ne condamnez pas votre monde à mort par votre *amour-propre,* votre refus passionné les uns des autres. Laissez-nous vous rejoindre, nous voulons monter jusqu'à vous, *parvenir* à votre monde. » Ce sont eux qui restaurent ou confirment un monde où ils veulent pénétrer. Quant aux Maîtres : ils *tutoient* cette humanité qu'ils furent ; travestis en serviteurs, ou soumis à la condition féerique de l'*Ile* et à la loi d'un Maître plus fort, ils consentent à l'épreuve du renversement social où le pacte d'humanité, retrempé de tendresse, se rescelle dans un moment de *naturel.*

Double bind

De quoi s'agit-il ? De la crise moderne de l'amour-propre, et de sa guérison par la comédie. Crise de l'*amour*-propre ? *Intro*version du désir. Qu'il faut *duper* l'autre pour le guérir. L'*Autre* (prévenance de la société, du langage, de la loi) limite cette duperie. L'Autre fait garde-fou, bord ; empêche l'infinitisation, le débordement, l'abîme de la duperie. Et cela est représentable par ce qu'on entend ordinairement par « représentation » (théâtrale). La représentation est comme une expérimentation infaillible : du stratagème par lequel les autres provoquent et contrôlent l'homéopathie. Il *faut* duper l'autre *pour* le guérir, parce qu'on ne peut ni *persuader* (le conseil est inutile), ni *violenter* (la contrainte ne résout rien). Il faut faire tomber l'autre dans le piège de la révélation de son « vrai désir » ; « l'amener, à dire oui, de lui-même » ainsi une formule paradoxale dit-elle ce qu'il en est ; dit la vérité. Une proposition contradictoire mais qui ne l'est pas à la façon d'un non-sens logique. Plutôt à la manière du « double bind », double contrainte (*fais*-le, de *toi-même*). Assujettir à sa liberté : paradoxe de l'ordre, de l'ordre social. Mais alors pourquoi arrive-t-il que dans certains cas tel paradoxe fasse blocage, psychose ? Serait-ce par prise à la lettre, qui empêche le double jeu, le double sens, la double entente qui *permet* l'équivoque du paradoxe ?

Le temps

Le désir et la loi peuvent s'allier contre l'amour-propre ! Le désir et la loi ne sont-ils pas ennemis ? Oui, selon la versatilité du désir. Mais cela, on ne le verrait que dans le temps. Or la comédie ne considère pas le temps, le temps de l'inconstance ; mais seulement le temps bref, ou crise, où le désir est ramené à sa vérité : l'amour de celle-ci, de cet autre. Il croit tromper la loi ; la loi le trompera.

Homme – femme

Qui ne croit pas à la différence homme-femme comme à la différence la plus forte, différence qui aurait été refoulée, celui-là n'est pas pour autant « féministe » ; mais qui croit les deux (homme, femme) également privés. De quoi ? De ce qui leur manque ; qui est de ne pas être un. Pas seulement de ne pas être l'autre, mais de n'être, ni l'un ni l'autre... quoi ? D'être en deux. Que l'unité n'a pas lieu, mais dédoublée. Que le même ne peut être l'autre que par le *double*.

Sur quoi le reproche (la querelle, conjugale par excellence) va courir jusqu'à la fin des temps. C'est l'histoire, qui est accusation, parce qu'il y a deux, l'un et l'autre, qui croit chacun que l'un méconnaît l'autre.

Si nous reprenons notre usage de majusculer « l'Autre »

pour désigner ce qui est autre que tout autre pour tout un, autre que l'alter ego, brièvement : la société, nous pouvons dire que Marivaux vise l'Autre comme identité plus forte — même si égale à rien — que la différence sexuelle.

Nous pouvons certes nous demander : n'y a-t-il pas *d'autres figures* de tel Autre, lui donnant autre réalité que sociale ? Sans doute ; et la *poésie,* par exemple, n'a pas affaire — ce n'est pas *son genre* — à l'Altérité sociale comme à ce qui identifie. Sa question est autre et les noms qu'elle lui lance, *Olive* dit l'un, *Douve* dira (peut-être) l'autre, pseudonymisent autrement l'Altérité.

Jeunes étudiants, toute mention de la « Société », de la sociologie, nous irritait, faute que nous comprissions qu'on pût la prendre comme un des modes du symbolique. Ni Substance ni Cause, mais un registre symbolique du symbolique, en symbolisation avec d'autres : comme elle est au théâtre, où elle n'est pas idolâtrée, mais spécifiée. Et si la *famille* est le figurant sempiternel, l'élément obligé de la mise en scène, le représentant de la dimension sociale, c'est comme métonymie du dispositif symbolique de la société.

L'échange

Fable précipitée d'une « genèse idéale », nous pouvons envisager ce théâtre comme une *généalogie* : ce qu'il y a apparaît comme résultante ; le « donné », mariage et famille, est retracé selon le processus de sa condition de possibilité mis en scène comme une histoire : l'échange, le chiasme, « donnant donnant ».

L'*échange* chez Marivaux n'a pas seulement « les femmes » pour objet comme en ethnologie, mais les femmes et les hommes.

Il y a à considérer le milieu de l'échange et les échangeurs. Et d'abord — ou en même temps : ils échangent quoi ? Leur possibilité d'être autre, leur alter ego, leur désir vaguant, représenté par un tiers, objet médiateur (qui peut être, « rentré » à l'intérieur de chacun, son propre double intime, un peu comme quand on dit « je ne suis pas celle que vous croyez — mais une autre, que vous ne connaîtrez pas »). Et comme ils sont deux, les deux de la différence, cela fait deux tiers (un autre homme entre la femme et l'homme dans la relation de désir vue depuis la position féminine, et une autre femme, depuis la position masculine). Chiasme, pour revenir, ou en venir, à la position initiale ou principale.

Cas d'application d'un schème général de l'*antidosis* ? Que les choses, dont il s'agit à chaque fois, éléments d'une relation, termes qui peuvent être « ceci ou cela », par exemple « amants et amantes », ont à chiasmer pour être ensemble. Il faut qu'il y ait un échange pour qu'une relation soit *établie*. D'un croisement « antérieur », c'est-à-dire a priori, ou antidose première, résulte l'aspect de la société actuelle dans son « c'est comme ça ». Le marivaudage serait un cas du donnant-donnant structural qui donne le donné.

Dialogues

Je songe à cette petite expérience : à certains moments, par exemple quand nous surprenons deux vieux époux en train de se parler et spécialement s'ils emploient une locution toute faite (« excuse-moi », ou quelque chose de ce genre), c'est comme si la langue où ils communiquent, leur agent de liaison indéfectible et qui les a menés à cette symbiose, les maintenait encore dans trop de distance, baignés dans une médiation encore trop abstraite par rapport à l'intimité que leur procureraient des signifiants privés « idiosyncrasiques », des signes que nous ne comprendrions pas ; ils sont encore séparés de trop par ce qui nous permet de les comprendre, où nous entendons qu'ils s'entendent, et la langue commune est le milieu d'une certaine étrangeté stéréotypée.

Au début de la comédie d'amour au contraire, chez Marivaux par exemple, voici des êtres « jeunes » qui vont s'unir et qui vont croire et nous faire croire que grâce à cette langue vive ils vont pouvoir surmonter l'étrangeté de leur rencontre et « s'appartenir », faire de l'intimité avec ce médium de leur extériorité.

La balançoire

Ces deux petits enfants; ils ont trois ou quatre ans peut-être... Ils demandent la balançoire, à n'en plus finir, le va-et-vient incessant : monter et descendre qui se combinent avec avancer-reculer des deux manières. La répétition du plaisir et le plaisir de la répétition s'indivisent : s'accrocher aux cordes du plaisir, sans fin, « à en mourir » comme on dira plus tard, encore et encore, jusqu'à en perdre le souffle et le temps : rythme, à vif; d'une hauteur donnée, descendre, pour monter, remonter, jusqu'à plus haut peut-être, le souffle aidant, qui lance le train de timbres verbaux, pause de l'akmé, point de rebroussement, césure où le retour va se précipiter, chute en arrière et remontée de dos, jusqu'à la pause symétrique, la rime, suspens pour le recommencement de toute la formule, redépart... (On dirait que l'alexandrin est une escarpolette pour la poésie française, aux épopées et tragédies interminables. La mesure du « il n'y a pas de raison que ça finisse » est donnée par l'Histoire, aux généalogies sans origine ni fin; et pour que ça finisse, pour en finir avec le sans fin, il faut que ça finisse mal : l'interruption fait une fin; elle semble venue de l'extérieur, par accident, comme si la répétition n'avait pas en elle le principe de son arrêt. Pourtant cet accident survient comme ce qui était destiné en toute propriété, précursion de la mort, qui seule arrête, et cependant n'arrête pas la métempsycose ou métamorphose qui enjambe la mort.)

Les enfants demandaient la répétition — jusqu'à la seule issue possible : par pleurs, cris, arrachements, fureur. Leurs deux ennemis, qu'ils jalousent : l'inégalité de la répartition, l'injustice du fait qu' « il en a eu plus que moi »; et la suspension de la répétition. Or ils savent bien que la victoire de ces deux est inévitable : principe de réalité; et l'égalité n'aura pas été, n'aura jamais pu être respectée; la fin du jeu leur sera imposée...

Le plaisir indéfini est hanté par la fin tragique, obsession de ce qu'il ne désire pas. Seule la brutale, inévitable, abhorrée — et donc attendue — interruption pourra introduire la fin. Il « faut bien » arracher les enfants à la balançoire.

Or je songeais à la comédie; n'a-t-elle pas la forme inverse? Puisque non seulement elle ne reproduit aucun plaisir, étant faite des désagréments qui surviennent aux protagonistes. Ce qui leur arrive, scène après scène, n'est pas plaisir mais déplaisir, un mixte angoissant des deux par leur alternance; aggravation. Dirons-nous que c'est cela qui fait plaisir au spectateur? Mais le ridicule des malheurs, même petits, ne suffit pas à faire le plaisir du public, d'autant que celui-ci, apathique par situation, entre plutôt en sympathie avec les jeunes amoureux. Cependant elle se termine sur une récompense, promesse et imminence du plaisir.

Donc il y aurait deux jeux : celui du retardement du plaisir, qui de désagrément en désagrément se clôt sur la promesse d'un bonheur qui s'est « amassée » sur la tête des jeunes gens, capitalisée par délais de la jouissance, accumulée comme les intérêts d'un héritage — comédie! Echéance d'un bonheur enfin, fatale parce que retardée, c'est ce que chacun voudrait croire, et cela se *réalise,* non pas comme à la roulette parce que le sort devait bien finir par céder, vu que, nul ne l'ignore, le sort n' « a aucune raison » de céder, mais grâce aux autres qui le veulent ainsi ; j'ai une chance parce que les autres ont intérêt au bonheur de chacun, chacun son tour ; l'amour est une affaire de société, les hommes y sont passés maîtres, et si la peste ou l'orage ne dépendent pas d'eux, au moins le succès de l'amour qui est le bonheur de la jeunesse, dépend d'eux, de leur organisation. « Ça peut s'arranger. »

On aura sacrifié au principe de réalité en passant par les empêchements, les détours ; en subissant l'initiation, en pratiquant l'impossible (voire, quand il s'agit des enfants retardés de *La Dispute* qui découvrent le plaisir en même temps que la puberté, coïncidence explosive, en ménageant de la différence dans leur demande de satisfaction immédiate, en les mithridatisant par de petites séparations pour les habituer à différer la jouissance et les initier à l'économie de la réalité — ce qu'ils paraissent ne pas vouloir entendre de la bouche de Carise) ; la ruse de la comédie allant même jusqu'à se contenter d'annoncer, outre rideau, la récompense du plaisir partagé de s'aimer.

Et l'autre jeu, tragique, des exécutions sans délai, des jouissances consommées sur place avec enlèvement, fureurs, meurtres... tandis que la dette de mort s'accumule et qu'elle s'acquitte à la fin.

ENTRÉE EN MATIÈRES 9

I. JOURNAL DE LECTURES 17

DU MÊME AUTEUR

Aux Éditions Gallimard

FRAGMENT DU CADASTRE

POÈMES DE LA PRESQU'ÎLE

BIEFS

OUÏ DIRE

ACTES

FIGURATIONS

TOMBEAU DE DU BELLAY

POÈMES 1960-1970

DONNANT DONNANT

GISANTS

Chez d'autres éditeurs

LES MEURTRIÈRES, *P. J. Oswald.*

LE MONDE DE THOMAS MANN, *Plon.*

HISTOIRE DES RECHUTES, *Promesse.*

COUPES, *Origine.*

INTERDICTIONS DU SÉJOUR, *L'Énergumène.*

RELIEFS, *d'Atelier.*

ABRÉVIATIONS USUELLES, *Orange Export Ltd.*

JUMELAGES, *suivi de* MADE IN USA, *Seuil.*

BREVETS, *Champ-Vallon éditeur.*

CHOSES DE LA POÉSIE ET AFFAIRE CULTURELLE, *Hachette.*

Ouvrage reproduit
par procédé photomécanique
Impression S.E.P.C.
à Saint-Amand (Cher), le 15 octobre 1986.
Dépôt légal : octobre 1986.
Numéro d'imprimeur : 1702.
ISBN 2-07-070758-X./Imprimé en France.

39101